公共经济与公共政策 齐鲁文库

马 磊 著

我国 | 高等教育扩展影响大学溢价的研究：机理与效应

Study on the Mechanism and Effects of
Tertiary Education Expansion Influencing
the College Premium in China

中国财经出版传媒集团

经济科学出版社
Economic Science Press

图书在版编目（CIP）数据

我国高等教育扩展影响大学溢价的研究：机理与效应/
马磊著 . —北京：经济科学出版社，2018. 11
（公共经济与公共政策齐鲁文库）
ISBN 978 - 7 - 5218 - 0006 - 7

Ⅰ. ①我…　Ⅱ. ①马…　Ⅲ. ①高等教育 – 教育经费 –
研究 – 中国　Ⅳ. ①G647. 5

中国版本图书馆 CIP 数据核字（2018）第 280964 号

责任编辑：李一心
责任校对：郑淑艳
责任印制：李　鹏

我国高等教育扩展影响大学溢价的研究：机理与效应
马　磊　著
经济科学出版社出版、发行　新华书店经销
社址：北京市海淀区阜成路甲 28 号　邮编：100142
总编部电话：010 - 88191217　发行部电话：010 - 88191522
网址：www. esp. com. cn
电子邮件：esp@ esp. com. cn
天猫网店：经济科学出版社旗舰店
网址：http：//jjkxcbs. tmall. com
北京季蜂印刷有限公司印装
710 × 1000　16 开　17 印张　240000 字
2019 年 2 月第 1 版　2019 年 2 月第 1 次印刷
ISBN 978 - 7 - 5218 - 0006 - 7　定价：59. 00 元
（图书出现印装问题，本社负责调换。电话：010 - 88191510）
（版权所有　侵权必究　打击盗版　举报热线：010 - 88191661
QQ：2242791300　营销中心电话：010 - 88191537
电子邮箱：dbts@ esp. com. cn）

总　序

　　年末岁尾，回望 2018，波澜壮阔，意义非凡。它不仅是中国特色社会主义事业进入新时代、全面开启发展新征程的元年，也是中国经济逐步驶上高质量发展轨道、总量跃上 90 万亿元台阶、人均 GDP 达到 1 万美元的一年，更是纪念中国改革开放 40 周年、全面总结改革开放历史经验、深化改革扩大开放再出发之年。

　　身处伟大新时代，全力做好筑梦人。山东大学公共经济和公共政策研究中心、山东省公共经济和公共政策研究基地的师生们同心同德，将自己的"小课题"与国家改革发展的大目标、大战略紧密联系，将自己的"小论文"与国家财税改革的大问题、大文章密切结合，产出了系列研究成果。此次呈现给读者的是经专家委员会认真甄选，入选"齐鲁公共经济与公共政策文库"和"齐鲁公共经济与公共政策研究报告"的第九批著作。

　　李齐云教授领衔的《深化税收制度改革与完善地方税体系研究》是历时四年完成的国家社会科学基金重点项目（14AZD023）的最终研究成果。该项研究将深化税收制度改革与健全地方税体系提升到国家治理体系和治理能力现代化的高度加以认识和研究，运用最优税收理论对税收制度设计进行系统分析，并对税制优化和地方税体系建设的核心要素——最优税权配置的基本理论、税权配置模式和最优税权配置评价指标体系等做出了系统阐述，厘清了"税权配置"这一深刻影响税收制度改进的关键性要素的运行机理；通过深入分析部分发达国家和发展中国家的税权配置、税收制度和地方税体系的演化进程，提炼出政治体制模式、地方税管理体制的类型与特征、世界税制改革三个关键要素对地方税体系变迁的影响，从中总结出可供借鉴的经验；对当前我国税收制度状况，尤其是税权配置和税权划分情况及效应、地方税体系的运行情况等进行了深入细致的实证分析，模拟检测了税权配置的不同程度与经济增长的关联度、地方税系和税种的社会经济效应等，为科学界定税收配置和管理权限的必要性和理论假说，并且为我国地方税体系建设提供了坚实的客观佐证；对我国税收制度改革和地方税体系建设的目标、方向、思路和方案进行了系统谋划，并从几个重要税种的设计入手重点勾画了健全地方税体系的构想和策略，旨在为构建适应我国国情的，有利于科学发展、社会公平、市场统一的税收制度体系提供参照方案和对策建议。

李昕凝博士的《金砖国家税制结构变迁：历程、成因及效应研究》，是各国税制结构研究方面有特色、有价值、有新意的成果。作者以艰苦的资料搜集与梳理工作为基础，力求全面细致地分析金砖国家税制结构变迁规律，得出了一些新颖清晰的结论。在税制结构变迁的研究口径、概念分类及量化标准上进行了新探索，明确提出税制结构变迁的比较研究应包含"税收组合结构"与"税收收入结构"，根据前者变迁特点将税制结构变迁分为"剧变型"和"渐变型"，根据后者变迁特点将税制结构变迁分为

"集中型""平稳型"和"发散型",并提出了税制结构模式以及税制结构变迁的数量化表达方式;基于大量历史数据分析归纳出金砖国家税制结构变迁路径、类型和特点,运用长面板数据对金砖国家税制结构变迁的成因进行了实证检验,结果显示税制改革、税负水平、经济发展水平、开放度、城镇化率、通货膨胀等主客观因素均对其产生影响,并具有与发达国家不同的特点,且构建向量自回归模型研究了金砖国家税制结构的经济增长效应;综合考虑税制结构变迁的效率与公平效应,探讨了我国"逐步提高直接税比重"的实施路径及效果,对中国提高直接税比重的效率与公平效应做了可计算一般均衡(CGE)模拟。

李占一博士的《博弈视角下的国际公共品供给困境与破解之道——以国际环境治理为例》,是在中国逐步走向世界舞台中央的时代背景下,对分析解决环境治理等国际公共品有效供给进行的有益理论探索。该书构建了博弈理论框架,运用国际公共品理论,深入研究了国际公共品供给问题,分析了影响国际公共品供给与国际合作的主要因素,阐述了博弈困境的产生原因与机理,找到了相应的破解之道,重点回答了如下问题:不同性质的国际公共品由谁提供、如何提供更为有效?产生国际公共品供给不足困境的原因及影响合作形成的具体因素有哪些?国际公共品供给中的不合作博弈向合作均衡转变的条件与措施是什么?对于已经形成的国际公共品供给合作,如何进行收益分配和成本分摊?维持合作继续进展的条件和措施是什么?

朱洁博士的《基于人口流动视角的地方财政平衡研究》是以人口流动作为逻辑起点,着眼于其对流出地、流入地财政收入、支出和平衡的不同影响进行的一项具有很强的现实性、专业性、系统性的研究，旨在为促进地方财政收支平衡提供一种新的政策工具。该项研究阐明，人口流入通过影响地区生产总值和存量资产价格来促进流入地财政收入增加，人口流入通过制度因素和人口流动因素增加流入地的财政支出；分别实证检验了人口流动对地方财政收入和支出的影响，证明了人口流入能够促进地区生产总值和存量资产价格增长，从而使流入地财政收入增加，且能够显著增加消费型支出；综合分析以上两种效应，得出如下结论：人口流入能够提高流入地的财政自给率，而人口流出降低流出地的财政自给率，从而加剧了地区间财力不均等和财政收支不平衡的局面。作者据此提出，实行人口流入地向流出地横向转移支付的政策，将有利于改善我国地区间财政收支不平衡的现状，进而更好地实现基本公共服务均等化的目标。

马磊博士的《我国高等教育扩展影响大学溢价的研究：机理与效应》是针对近年来我国大学生"就业难""读书无用论"回潮的现实进行的研究。作者根据相关理论基础剖析并阐述了大学溢价的形成与变动规律，对高等教育扩展影响大学溢价的机理与传导路径进行了理论刻画，以高等教育扩展的分流功能作为机理分析的切入点，并基于阿西莫格鲁与墨菲提出的技能劳动相对供需框架，通过多部门模型的经济均衡分析，将高等教育扩展引入技能劳动相对供需框架之中，推导了高等教育扩展影响大学溢价变动的数理模型；从宏观数据、微观数据两个层面分别进行回归分析，对我国高等教育规模扩展影响大学溢价进行了效应检验。大学溢价显著存在说明了选择上大学、接受高等教育在当今仍然是一项相对收益丰厚的人力资本投资行为，这一点对高等教育工作者来讲是一种欣慰。高等教育扩展与大学溢价变动之间的作用关系，如果结合考虑高校毕业生的专业结构开展比较研究将会更加完善，对高等教育未来发展更有参考意义。

总的来看，这批著作选题视野宏阔，研究领域广泛，但都表现出学者学生对国家公共经济与政策重大问题的现实关切；研究方法各异，材料异彩纷呈，但都体现着学者学生对现代化国家公共治理规律及制度的探索追寻。就将它们作为我们团队献给祖国改革开放40周年的礼物吧。

谨此为序。

樊丽明

2018年末于泉城

摘　要

　　自1999年我国高等教育实施大规模扩招以来，大学学历劳动者在劳动力市场上的供给急剧增加。在现实社会中伴随着就业难而产生了"大学无用论""读书无用论"的社会认知，其可能的原因就是高等教育扩展在迅速增加大学毕业生规模的同时，降低了大学学历相对收益率，缩减了大学溢价水平。然而，从知识经济发展的内在要求来看，高等教育必须不断扩展以提升人力资本水平与技能劳动力的相对占比，推动技能偏态型技术进步，进而提高大学学历劳动者的相对需求，并扩大大学溢价。因此，高等教育扩展影响大学溢价变动的效应方向，在现实判断与理论分析之间出现了矛盾、对立。那么，高等教育扩展对大学溢价的影响究竟是扩大还是减小呢？针对这个疑问，本书认为不论是从理论层面探讨知识经济发展对高等教育扩展的内在要求，还是从现实层面回应"大学无用论"的社会现象，都需要厘清高等教育扩展与大学溢价变动之间的作用机理，并对高等教育扩展影响大学溢价变动的具体效应进行实证检验。

　　在此基础上，本书提出以下具体研究问题：高等教育扩展影响大学溢价的路径与机理，如何在理论层面进行刻画？基于高等教育扩展影响大学溢价的路径与机理，如何进行数理模型构建？通过我国经验数据检验，高等教育扩展对大学溢价是否存在影响？我国高等教育扩展对大学溢价的具体效应，究竟是增加还是降低？以上疑问就是本书尝试通过理论分析与实证检验进行探讨与回答的研究问题。

围绕高等教育扩展影响大学溢价变动这一研究主题，本书主要采用规范分析与实证分析相结合的研究方法展开具体研究，总体内容框架分为两部分：机理分析、效应检验。其中，机理分析是以高等教育扩展的分流功能为切入点展开传导路径刻画与数理模型构建；效应检验则是从宏观数据、微观数据两个层面分别进行回归分析。本书共划分为七章展开具体研究，每个章节的主要研究内容安排，具体如下所述：

第1章概要介绍了本书的主要概念、研究思路与研究方法等内容。

第2章梳理与述评了高等教育扩展影响大学溢价的现有研究文献。

第3章根据相关理论基础，剖析并阐述了大学溢价的形成与变动规律，对高等教育扩展影响大学溢价的机理与传导路径进行了刻画。在理论刻画的基础上，本章以高等教育扩展的分流功能作为机理分析的切入点，并基于阿西莫格鲁与墨菲提出的技能劳动相对供需框架，通过多部门模型的经济均衡分析将高等教育扩展引入技能劳动相对供需框架之中，推导了高等教育扩展影响大学溢价变动的数理模型。

第4章为我国高等教育规模扩展影响大学溢价的实证检验。本章根据第3章的数理模型推导，构建了高等教育规模扩展影响大学溢价的估计模型。基于相关数据的可获得性，本章使用2004～2010年我国31个省份的省级面板数据，回归估计高等教育扩展影响大学溢价的具体效应，并通过变换估计方法、替换解释变量、替换被解释变量三种方法对实证结果进行了稳健性检验。最后，本章归纳总结我国高等教育扩展影响大学溢价的宏观作用情况，得出本部分的研究结论。

第5章为我国高等教育经费投入扩展影响大学溢价的效应检验。本章结合第3章的机理分析与第4章实证检验的面板模型，以及高等教育经费投入与人力资本积累效率之间的数量关系，构建了高等教育经费投入扩展影响大学溢价的计量模型。然后，使用省级面板数据实证检验了公共教育经费、私人教育经费对大学溢价变动的规模效应，并分别从学校层级、学校类型两个维度对实证估计了高等教育经费投入影响大学溢价的结构效应。

第6章为我国高等教育扩展影响大学溢价变动的微观分析。本章根据第2章中对现有文献的梳理，基于明瑟教育收益率方程构建了微观大学溢价的估计模型，并使用 2003~2013 年的 CGSS 数据，测算了我国微观大学溢价在高等教育扩展期间的变动趋势。然后，本章使用双重差分模型（DID）技术构建了我国高等教育扩展影响大学溢价水平变动的三重差分计量模型，并使用 1989~2011 年的 CHNS 数据构建混合横截面进行了实证检验，以从微观层面探讨我国高等教育扩展影响大学溢价的具体效应。本章以收入水平差异作为大学生群体异质性的变量指标，使用分位数回归方法检验了高等教育扩展对不同收入分位大学生群体溢价水平的影响作用。

第7章根据实证检验结果，归纳总结了主要研究结论，并为高等教育扩展的未来发展提出了相应的政策建议。

在上述研究框架的具体研究过程中，本书主要在以下四个方面进行了新的尝试。

第一，本书在理论分析与数量模型两个层面，选取高等教育扩展的分流功能作为切入点，刻画了高等教育扩展影响大学溢价的传导路径与作用机理，对现有研究做出了一定的推进。鉴于现有研究尚未剖析高等教育扩展影响大学溢价的作用机理，本书通过结合人力资本异质性理论、劳动力市场供需均衡理论，同时由高等教育扩展的分流功能切入，理论分析了高等教育扩展引致劳动力市场中的增量异质结构变动，进而影响劳动力市场供需均衡，最终引起大学溢价变动的传导路径。在此基础上，本研究基于技能劳动相对供需框架，通过构建多部门均衡模型将高等教育扩展引入大学溢价决定方程之中，构建出高等教育扩展影响大学溢价变动的数理模型。

第二，本书使用宏观数据实证检验得到的研究结论，对大多从微观层面进行分析与探讨的现有研究，具有一定的补充作用。本书根据我国高等教育扩展实践，运用我国省级面板数据进行了回归估计，验证了高等教育扩展影响大学溢价的传导路径与数量模型是成立的。同时，本书分别以高等教育规模扩展作为总量维度，以高等教育经费投入扩展作为结构维度实证检验了高等教育扩展影响大学溢价的具体效应。本书得出在技能劳动相对供需框架中，由于高等教育扩展对大学溢价的相对需求渠道效应大于相对供给渠道效应，故在宏观层面上我国高等教育扩展并没有减小大学溢价，反而扩大了大学溢价的研究结论。

第三，本书综合宏观、微观两个层面的实证分析，相对于现有文献中的单一层面来讲，可以更加全面地考察我国高等教育扩展影响大学溢价变动的具体效应。具体来说，在宏观层面分析中，本书将高等教育扩展划分为总量维度与结构维度，考察我国高等教育扩展对大学溢价变动的总量效应与结构效应。在微观层面分析中，本书在三重差分模型的基础上引入大学生群体异质性因素，使用分位数回归比较分析了我国高等教育扩展影响不同群组微观大学溢价的效应差异。本研究期望通过两个层面与多个维度的实证分析，可以更加全面与深入地探讨我国高等教育扩展对大学溢价的影响效应。

第四，本书对人力资本积累效率的测算，不仅有助于加深对我国高等教育经费投入扩展与人力资本结构优化之间关系的理解，同时也丰富了分析高等教育技术效率的研究视角。本书尝试使用随机前沿分析 SFA 方法，以高等教育经费投入作为投入项，以高等教育规模扩展引致的劳动力异质结构变动作为产出项，测算了我国高等教育的人力资本积累效率。在测算过程中，本书对不同地区之间的人力资本积累效率进行了比较分析，得出了我国各省份的高等教育人力资本积累效率以及地区差异情况。其中，各地区高等教育人力资本积累效率由高到低依次为：东部、西部、中部，高等教育技术效率最低的是中部地区。

最后，本书综合宏观与微观两个层面实证检验结果，证明了我国高等教育扩展并没有导致大学溢价的持续降低，并且总体上反而扩大了大学溢价水平。此研究结论在一定程度上也证明了"读书无用论""大学无用论"的问题根源并不是由高等教育规模扩展引起的。同时,我国高等教育经费投入扩展影响大学溢价的效应表现为:公共经费投入是提高高等教育人力资本积累效率主要因素,可以显著增加技能劳动力相对供给,对大学溢价具有显著的缩减作用;而私人经费投入则对大学溢价具有显著的扩大作用。此外,大学溢价的显著存在说明了选择上大学、接受高等教育是一项相对收益丰厚的人力资本投资行为。而大学溢价随收入分位群组的升高而减小的分布规律,则表明接受高等教育,获得大学学历将更加有利于中低收入人群实现收入水平的增加。这在一定程度上说明了高等教育扩展不仅有利于促进社会公平,同时对中低收入家庭还具有增收、减贫的功能。

目　录

第 1 章

绪　　论

1.1　问题的提出

高等教育扩展主要是伴随着高等教育大众化进程逐步实施的。20 世纪五六十年代，西方发达国家高等教育规模开始大幅扩张，在六七十年代前后西方国家相继实现了毛入学率 15% 的高等教育大众化目标。

我国自 1999 年高等教育大规模扩招以来，大学毕业生在劳动力市场中的供给规模急剧增长。根据历年《中国教育统计年鉴》与教育部发布的《全国教育事业发展统计公报》，1999 年大学毕业生数量为 84.76 万人，2000 年为 94.98 万人，2001 年达到 103.63 万人，2004 年大学毕业规模超过 200 万达到 239.12 万人，2005 年超过 300 万达到 306.80 万人，2007 年大学毕业生数量超过 400 万达到 447.79 万人，2008 年突破 500 万达到 511.95 万人，2011 年超过 600 万达到 608.16 万人，2015 年普通高等教育本专科毕业生数则进一步增加并达到 680.89 万人，2016 年突破 700 万达到 704.18 万人，2018 年突破 800 万达到 820 万人左右。

大学生劳动力的迅速供给，增加了大学毕业生在劳动力市场中的就业难度，并助长了社会上产生一些诸如"大学无用论""读书无用论"的认知观点。以上这些问题的出现，似乎是由于高等教育扩张过度引致就业困难、大学学历收益降低、高等教育需求减弱而造成的。然而，根据麦可思研究院发布的《中国大学生就业报告》，发现全国大学毕业生半年后就业率 2007 年为 87%，2008 年为 85.5%，2009 年为 86.6%，2010 年 89.6%，2011 年之后基本稳定在 90% 以上，并略有上升。因此，高等教育扩展导致就业率持续降低的结论并不成立。同时，每年高考之前相当多的家长都会采取各种形式的"高考陪读"与家教辅导，这种已经非常普遍的现象直接反映出社会对高等教育的强烈需求。所以，"读书无用论""大学无用论"，并不是由人们拒绝接受高等教育、高等教育需求减弱所引起的。那么，问题的主因又是什么呢？本书认为"读书无用论""大学无用论"问题的根源，可能是在于诸如"大学生起薪低于农民工"此类不同学历之间收益的横向比较，本质上是基于大学学历相对收益（大学溢价）降低的权衡。从经济学供需均衡的基本理论出发，高等教育扩展增加了大学生供给数量，直观地推导则可得出降低大学溢价的结论。但是，这种直观判断，在事实上并不一定完全成立，我国 1999 年后的高等教育扩展究竟有没有导致大学学历溢价的降低需要进一步实证检验。

近年来，我国经济发展正逐步转入"新常态"，经济增长速度正从高速增长转向中高速增长；经济发展方式正从规模速度型增长转向质量效率型增长；经济结构正从增量扩能为主转向调整存量、做优增量并举的深度调整；发展动力正从要素驱动、投资驱动转向创新驱动。那么，在经济新常态背后究竟隐含有什么更加深入的理论含义呢？本书认为经济新常态，在本质上是中国经济发展在后工业化阶段，通过产业结构升级转换，逐渐从工业经济转移到知识经

济轨道的转型过渡阶段，① 转型落点在知识经济。所谓知识经济，
是指知识劳动者以高技术为劳动工具（张守一、葛新权，2010），②
以知识和信息的生产、转播和应用为直接依据③创造价值与财富的
经济。它是人类社会在农业经济、工业经济逐渐积累的基础之上，
演化衍生出的新经济形态，将是 21 世纪及未来全球经济发展的主
导方向，并成为衡量一个国家经济、社会综合实力的基本指标。从
人类文明发展阶段的角度来讲，知识经济时代（或称为知识文明时
代），将成为继农耕文明、工业文明之后的新文明时代。④ 在知识
经济时代，人类生存与社会发展的主导生产要素将从土地、资
本、劳动，逐渐转向知识与技术，本质上是转向人力资本。上述
这种不同文明阶段主导要素的变化，在经济理论思想的发展进程
中也有所印证。经济理论思想从古典经济学到新古典经济学，再
到内生经济增长理论，从理论层面推导演绎了经济增长从依赖于
增加资本要素、劳动要素投入向增加人力资本要素投资转变，这
种转变是人力资本对经济增长贡献率不断提高的必然结果。因
此，中国当前的经济发展现实背景，以及经济理论思想演变历程
两个方面，都体现出了知识经济正逐渐凸显深入，并将逐步演化
成为主导经济形态。

　　知识经济的发展以人力资本内生经济增长理论为基本逻辑，其
必然特征就是人力资本对经济增长、技术进步具有决定性作用，同
时技术进步呈现出显著的人力资本偏向性，且是偏向于高技能人力
资本。知识经济发展的高技能人力资本偏向性，将会导致劳动力市
场需求与供给两个方面产生显著变化：（1）知识经济发展更加强调

---

　　① 本书认为从工业经济向知识经济转型过渡的起点并不是新常态，而是先于新常
态提出就已经处于逐渐转变的过程中。一般来讲，一种经济形态在其中后期就已经开始
向后续新的经济形态逐渐转变。因此，新常态是工业经济与知识经济从交叠状态逐步演
化为分化状态的转型过渡阶段。

　　② 张守一，葛新权．知识经济学原理［M］．北京：经济科学出版社，2010：15.

　　③ 李京文．知识经济学概论［M］．北京：社会科学文献出版社，1999：10.

　　④ 马克思认为，各种经济时代之间的区别，不在于生产什么，而在于用什么生产，
用什么劳动资料生产。农耕文明时代劳动者使用土地生产农产品，工业文明时代劳动者
应用机器和资本制造工业品，而知识经济时代劳动者则利用知识与高技术创造价值与
财富。

"知识劳动者""高技术劳动工具"。在劳动市场上的信号反映就是对高技能劳动力的需求增长，而对低技能劳动力的需求则会减少，表现为知识经济的高技能人力资本偏向性。知识经济发展对高技能人力资本的偏向性相对需求，其结果将会扰动劳动力市场均衡，导致高技能人力资本的市场收益快速上升，并扩大以学历水平区分的高低技能劳动力之间的相对工资差距，即产生大学溢价。（2）高等教育作为高技能人力资本的主要来源，为满足劳动力市场的需求，相应地就要求高技能人力资本的生产与供给部门——高等教育院校，实施高等教育扩展，扩大高技能人力资本的供给。同时，知识经济发展对高技能人力资本的需求偏好，将导致高等教育对一个国家或经济体的劳动生产率、技术进步具有更为直接且重要的决定性作用（岳昌君，2011）。[①] 即高等教育在知识经济时代对经济社会发展的贡献度要远远高于初等教育和中等教育。因此，高等教育扩展是知识经济兴起与发展的必然要求。

综上所述，我国高等教育扩展影响大学溢价变动的效应方向，在现实判断与理论分析之间出现了矛盾与对立。那么，我国高等教育扩展影响大学溢价变动的具体效应究竟是增加还是降低的呢？因此，无论从知识经济发展内在要求的理论层面，还是从回应"读书无用论"现象是否是由高等教育扩展引发的现实层面来讲，厘清高等教育扩展对大学溢价的影响机理与具体作用都是具有研究意义的问题。因此，本书提出以下具体研究问题：高等教育扩展影响大学溢价的路径与机理，如何在理论层面进行刻画？基于高等教育扩展影响大学溢价的路径与机理，如何进行数理模型构建？通过我国经验数据检验，高等教育扩展对大学溢价是否存在影响？我国高等教育扩展对大学溢价的具体效应，基于经验数据的统计检验，其结果究竟是增加还是降低？以上疑问就是本书进行尝试进行分析与探讨的研究问题，本书试图通过理论分析与实证检验，对以上研究问题给予回答与解释。

---

① 岳昌君. 高等教育经费供给与需求的国际比较研究 [J]. 北京大学教育评论，2011（3）：92 – 104.

1.2 研究意义

1.2.1 理论意义

在理论层面上，本书刻画高等教育扩展影响大学溢价的作用机理与传导路径，并使用经验数据进行实证检验，将为高等教育扩展、大学溢价等相关理论研究提供新的研究视角和研究参考。

(1) 厘清高等教育扩展影响大学溢价的传导路径，有助于廓清高等教育扩展与大学溢价之间的理论关系。根据前文简述，无论是现实现象还是理论认识，从经济学供需均衡的基本理论出发，高等教育扩展与大学溢价之间均可能存在一种关联。但是，这种可能的推测尚属一种直观层面的模糊认知，缺乏深入的理论分析与研究验证。因此，从理论剖析的层面，通过把两者之间的模糊关系进行具体分析，刻画高等教育扩展与大学溢价之间的作用机理与传导路径，将有助于形成更加深入并稳健的理论认知，并为高等教育扩展影响大学溢价相关主题的理论研究提供参考。

(2) 丰富高等教育扩展的效应评估视角，有利于更加全面地分析高等教育扩展的经济效应。高等教育扩展政策已经实行了近 20 年，其对社会经济发展产生了多方面的影响效应，众多研究者对此开展了丰富、深入的学术研究。在一定程度上，这些学术研究可以视为对高等教育扩展政策的效应评估。大学溢价水平反映了不同学历水平收益率的横向比较，属于高等教育扩展政策实施后的经济效应之一，但是从大学溢价的视角进行的分析与研究还相对偏少。因而，本书通过量化高等教育扩展影响大学溢价的机理路径，并运用经验数据展开实证研究，可以为高等教育扩展政策评估，提供更加丰富的视角与经验证据。

1.2.2 现实意义

在现实层面上，对高等教育扩展影响大学溢价展开实证研究，在一定程度上可以回应以下现实问题：高等教育扩展对大学学历相对收益率（大学溢价）的效应究竟是提高还是降低，以及新常态背景下高等教育如何实现更加良好地发展与改革实践。

（1）回应高等教育扩展是否降低了大学溢价，以及诸如"读书无用论"等问题是否是高等教育扩展引起的疑问。"读书无用论"的问题根源在于大学学历相对收益率降低，即大学溢价水平不断下滑。从经济学供需均衡的基本理论出发，高等教育扩展增加了大学生供给数量，直观地推导得出降低大学学历相对收益率的结论。但是，本书认为这种结论由于忽视了高等教育扩展对大学生需求方面的影响，而具有片面性，在经验数据基础上进行实证检验并不一定完全成立。所以，本书通过综合劳动力市场供给与需求两个方面，更加全面地对高等教育扩展影响大学溢价的问题进行理论分析并基于实证检验，回答"高等教育扩展是否降低了大学溢价"这个现实疑问。

（2）新常态背景下，为高等教育发展与高等教育深化改革提供研究参考。高等教育扩展与新常态要求具有高度契合性，可以说高等教育扩展是实现新常态的重要突破口。经济转型升级、创新驱动转变过程中，一个必然结果就是经济发展对高技能水平劳动力的相对需求急剧增加，不同技能水平劳动力之间的收入水平差距扩大，即产生大学溢价。反过来讲，大学溢价将因增加高等教育的吸引力而有利于高等教育扩展，增加技能劳动力的供给数量进而推动创新驱动转变趋向，促进经济转型升级。因而，剖析高等教育扩展影响大学溢价的机理与效应，有助于探析新常态与高等教育扩展之间的联系，为高等教育发展实现"既要适应新常态，又要引领新常态"① 目标提供相应理论参考。

综上所述，厘清高等教育扩展影响大学溢价作用机理与传导路径，并通过经验数据进行实证检验，不仅具有丰富的理论意义，还具有积极的现实意义。

1.3　主要概念界定

1.3.1　高等教育扩展

高等教育扩展主要是伴随着高等教育大众化进程实施的，而高等教育大众化发展的主要理论依据是美国教育社会学家马丁·特罗提出的高等教育大众化理论，其主要理论观点包括：高等教育发展阶段论、高等教育大众化模式论、高等教育大众化质量关与就业观等论述。其中，高等教育发展阶段论，也被称作为"三阶段理论"，主要是指一个国家的高等教育毛入学率不超过15%，则处于高等教育精英阶段；毛入学率介于15%～50%之间，则视为高等教育大众化阶段；达到50%以上则视为进入高等教育普及化阶段。高等教育大众化理论在世界范围内得到广泛传播与应用，并在各个国家的高等教育大众化实践中得到完善与补充。

在教育经济学领域，衡量教育扩展的指标有多种。在具体研究中，教育扩展的含义通常是指教育招生规模增加，教育机构数量增加，教育毛入学率指标②扩大等（孙百才，2005），因而也有研究者称为教育扩张。

本书将高等教育扩展（tertiary education expansion）定义为高等

---

① 把握新常态下的高教发展 . http：//www. moe. gov. cn/publicfiles/business/html-files/moe/moe_745/201503/184672. html.
② 毛入学率是指某一级教育不分年龄的在校学生总数占该级教育国家规定年龄组人口数的百分比。包括学前教育、初中阶段、高中阶段和高等教育阶段。

教育规模扩大，包括招生数量、在校生数量、毕业生数量的增加，以及毛入学率、教育机构数量、教育经费投入与支出规模等方面的提高。在本书实证研究过程中，高等教育扩展主要包括高等教育规模扩展与高等教育经费投入扩展两个层面。其中，高等教育规模扩展由高等教育招生数与高等教育毕业生数作为代理变量；高等教育经费投入扩展则由公共教育经费投入与私人教育经费投入两部分构成。

由于高等教育扩展主要是伴随着高等教育大众化进程逐步实施的，而且在大众化发展阶段高等教育扩展的扩张幅度最大、扩展指标变动最为显著。因此，本书对高等教育扩展的考察时期选择在高等教育大众化发展过程，即重点考察我国 1999 年高等教育大规模扩招之后的高等教育扩展情况。

1.3.2 大学溢价

教育溢价（education premium）在《教育经济学手册》中的定义是：教育溢价通常被定义为不同受教育水平劳动力之间平均工资的比值。[1] 教育溢价与教育收益之间的区别[2]在于：教育收益是对劳动力额外受教育年限与工资收入之间因果效应的测量，教育溢价是不同受教育水平劳动力之间收入分布差异的统计归纳。其中，大学溢价（college premium），是指具有大学学历劳动力与只具有高中学历劳动力之间平均工资的百分比，[3] 也称作大学工资溢价（college wage premium）、大学学历溢价（college degree premium）或高等教育溢价（tertiary education premium）。

在已有研究中，使用微观数据研究大学溢价变动，通常是基于

---

① Hanushek E, Welch F. Handbook of the Economics of Education ［M］. Amsterdam：North Holland, 2006 (1)：190 – 192.

② Hanushek E, Welch F. Handbook of the Economics of Education ［M］. Amsterdam：North Holland, 2006 (1)：192 – 193.

③ Hanushek E, Welch F. Handbook of the Economics of Education ［M］. Amsterdam：North Holland, 2006 (1)：191 – 193.

明瑟（Mincer）工资方程所估计的大学学历与高中学历之间的相对教育收益率表示大学溢价（李雪松、詹姆斯·赫克曼，2004；颜敏，2013a；彭树宏，2014）。同时，研究者还经常使用一个近似概念——技能溢价（skill premium）——具有大学学历劳动力与具有高中学历劳动者之间的相对平均工资，即不同学历水平劳动力之间平均工资的比值（Katz et al.，1992；Juhn et al.，1993；Autor et al.，1998；Acemoglu，2002；郭庆旺等，2009；宋冬林等，2010；徐舒，2010；Oreopoulos & Petronijevic，2013；Lindley & Machin，2014；董直庆，2014）。由于大学溢价与技能溢价两个概念都是使用大学学历劳动力的平均工资除以高中学历劳动力的平均工资所得比值表示，因此，在现有大多数研究中，技能溢价与大学溢价是同义概念（刘兰、邹薇，2010）。有鉴于此，本书将两个概念统一为大学溢价。

因此，根据《教育经济学手册》与现有研究文献的界定，在本书中大学溢价在宏观、微观两个层面的定义分别为：在宏观层面，大学溢价是指具有大学学历劳动力与高中学历劳动力之间平均工资比值；而在微观层面，大学溢价则是指具有大学学历的劳动者与高中学历劳动者之间的相对教育收益率，具体定义为大学学历与高中学历之间明瑟收益率[①]的比值。

1.4 研究思路与研究框架

1.4.1 研究思路

本书的研究主题是高等教育扩展影响大学溢价变动的机理与效应。围绕此研究主题，本书展开研究的总体思路是：首先，根据人力资本异质性与劳动力市场供需均衡理论，探讨大学溢价的形成与

---

① 明瑟收益率是指基于明瑟工资决定方程测算得到的不同学历水平的教育收益率。

变动的影响因素，刻画高等教育扩展影响大学溢价之间的机理与路径；其次，基于技能劳动相对供需框架，通过多部门均衡模型推导，构建高等教育扩展影响大学溢价的数理模型；再其次，分别从宏观层面、微观层面，使用我国相关统计数据实证检验高等教育扩展影响大学溢价的具体效应；最后，根据宏观层面、微观层面的实证分析结果，阐述高等教育扩展对大学溢价的影响作用，在归纳总结研究结论的基础上提出相应的政策建议。

根据以上研究思路，本书的主要研究内容可以分为两个部分：一部分是高等教育扩展影响大学溢价的机理分析；另一部分是高等教育扩展影响大学溢价的实证检验。两个部分的具体研究思路，如下所述：

1. 高等教育扩展影响大学溢价的机理分析

在分析高等教育扩展影响大学溢价之前，需要首先厘清大学溢价是如何形成的及其变动规律。然后，在大学溢价的形成与变动规律中，引入高等教育扩展，通过理论分析将高等教育扩展与大学溢价变动关联起来，并将两者中间的传导路径刻画出来。之后，在理论分析高等教育扩展影响大学溢价变动的作用机理基础上，依据多部门均衡模型分析，构建高等教育扩展影响大学溢价的数量模型，量化阐述两者之间的影响作用。概括而言，本书在高等教育扩展影响大学溢价的机理分析部分，主要包括三个方面的研究内容：大学溢价形成机理与变动规律分析；高等教育扩展影响大学溢价的传导路径刻画；高等教育扩展影响大学溢价的数理模型构建。

2. 高等教育扩展影响大学溢价的实证检验

本书主要是从宏观、微观两个层面，实证检验高等教育扩展对大学溢价变动的影响作用。

宏观层面的实证检验细分为总体与结构两个维度，并使用省级面板数据逐层深入展开分析。其中，总体维度是从高等教育规模扩展角度，首先检验总体数量规模对大学溢价变动的 D－S 分渠道效应与综合净效应，然后对高等教育规模扩展影响大学溢价的宏观作用进行探讨。结构维度是从高等教育经费投入扩展的角度，首先分析高等教育经费投入与人力资本积累间的数量关系，然后分别从高等教育经费投入规模与结构两个方面实证检验其对大学溢价变动的影响效应。

微观层面的实证检验，首先使用微观个体数据，通过明瑟工资决定方程，分别估计大学学历与高中学历之间的教育收益率，进而测算出我国历年微观大学溢价及其变动趋势。然后，通过构建三重差分模型，实证检验高等教育扩展对大学溢价水平的政策效应。

综上两个层面，本书在高等教育扩展影响大学溢价的实证检验部分，主要包括三个方面的研究内容：宏观层面实证检验（总体维度）；宏观层面实证检验（结构维度）；微观层面实证检验。

根据以上研究思路，本书的总体分析框架与逻辑结构如图1-1所示。

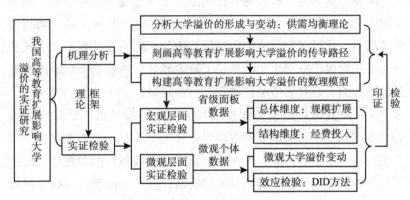

图1-1　主要研究思路与逻辑结构

1.4.2　章节安排

根据以上研究思路与研究内容界定，本书共划分为七章展开具体研究。每个章节的研究内容如下所述：

第1章绪论。本章主要介绍了本书的选题背景和研究意义，界定了大学溢价、高等教育扩展等主要概念的含义，概括了本书的主要研究思路与本书结构框架，并对本书所使用的研究方法进行说明，最后归纳并提出本书的主要创新点和不足之处。

第2章文献综述。本书回顾了现有相关研究，并从大学溢价形成与变动的机理研究、大学溢价相关影响因素研究、大学溢价的经济效应研究、高等教育扩展影响大学溢价的研究等方面进行文献梳理。之后，在文献简要述评的基础上，本章总结了现有研究的主要贡献及不足之处，并指出了现有研究需要深化与完善的方面，作为本书重点关注的切入点与研究方向。

第3章高等教育扩展影响大学溢价的机理分析。首先，选择人力资本异质性理论、劳动力市场供需均衡理论作为本书的理论基础。其次，根据理论铺垫剖析并阐述了大学溢价的形成与变动规律。最后，本章结合大学溢价的形成与变动规律，对高等教育扩展影响大学溢价的机理与传导路径进行了刻画。在机理分析的基础上，本章以高等教育扩展的分流功能为切入点刻画传导路径，并基于阿西莫格鲁与墨菲（Acemoglu & Murphy）提出的技能劳动相对供需框架，通过多部门模型的经济均衡分析将高等教育扩展引入技能劳动相对供需框架之中，推导了高等教育扩展影响大学溢价变动的数理模型，并对模型结论进行了初步分析。

第4章我国高等教育规模扩展影响大学溢价的实证检验。首先，本章概述了我国高等教育规模扩展的历程，以及扩展过程中所产生的主要问题与挑战。其次，根据第3章的数理模型推导，构建了高等教育规模扩展影响大学溢价的估计模型。由于高等教育规模扩展影响大学溢价的传导路径为：高等教育规模扩展→技能劳动相对供需框架→大学溢价。所以，本部分基于技能劳动相对供需框架所构建的回归模型，具体包括相对供给渠道效应模型、相对需求渠道效应模型与综合净效应模型。再次，使用2004~2010年我国31个省份的省级面板数据，分别进行了 D-S 分渠道效应、综合净效应实证检验，回归估计高等教育扩展影响大学溢价的具体效应。本章通过变换估计方法、替换解释变量、替换被解释变量三种方法对实证结果进行了稳健性检验，以获得高等教育规模扩展影响大学溢价的稳健结果。最后，本章综合高等教育招生数、高等教育毕业生数两方面的影响效应，归纳总结我国高等教育扩展影响大学溢价的宏观作用情况，得出本部分的研究结论。

第 5 章我国高等教育经费投入扩展影响大学溢价的效应检验。本章首先基于公共产品理论分析了高等教育的准公共产品属性，高等教育的准公共产品属性决定了高等教育扩展所需要的经费投入来源。同时，本章对国内外高等教育经费投入模式、我国高等教育经费投入概况进行了简述分析。之后，基于高等教育经费投入与人力资本积累效率之间的数量关系，本章采用随机前沿分析（SFA）方法，使用我国 1998～2011 年 31 个省份的省级面数据估计了我国高等教育的人力资本积累效率。然后，本章结合第 3 章的机理分析与第 4 章实证检验的面板模型，以及高等教育经费投入与人力资本积累效率之间的数量关系，将高等教育经费投入引入到高等教育经费投入→高等教育规模扩展→技能劳动相对供需框架→大学溢价变动的传导路径中，构建了高等教育经费投入扩展影响大学溢价的计量模型。最后，本章使用省级面板数据，实证检验了公共教育经费、私人教育经费对大学溢价变动的规模效应。同时，本章分别从学校层级、学校类型两个维度对公共教育经费、私人教育经费进行结构分解，并使用面板数据实证估计了不同高等教育经费投入类型影响大学溢价的结构效应。

第 6 章我国高等教育扩展影响大学溢价变动的微观分析。首先，本章比较了不同研究者衡量微观大学溢价的方法，并从中选择出了本章使用的微观大学溢价衡量指标。基于明瑟教育收益率方程，本章构建了微观大学溢价的估计模型，通过使用 2003～2013 年的 CGSS 数据，测算了我国微观大学溢价在高等教育扩展期间的变动趋势。之后，为了考察不同收入群组之间大学溢价水平的变动差异，本章使用分位数回归模型进行了实证检验与比较分析。然后，本章使用双重差分模型（DID）技术构建了我国高等教育扩展影响大学溢价水平变动的三重差分计量模型，并使用 1989～2011

年的 CHNS 数据构建混合横截面进行了实证检验，以从微观层面探讨我国高等教育扩展影响大学溢价的具体效应。由于大学生群体内部存在异质性，高等教育扩展对微观大学溢价变动的影响在异质性大学生群体间可能存在效应差异。因此，本章以收入水平差异作为大学生群体异质性的变量指标，使用分位数回归方法检验了高等教育扩展对不同收入分位大学生群体溢价水平的影响作用，并对实证检验结果进行了比较与讨论。

第 7 章研究结论与政策建议。本章归纳总结了全书的研究结论，并基于前面的理论分析与实证结果提出了相应的政策建议，最后对本研究将来进一步可能深入与拓展的研究方向进行了展望。

为直观展示本书的章节安排与结构，本书将各章内容安排的结构关系，制成章节结构框架图。具体结构关系如图 1 - 2 所示。

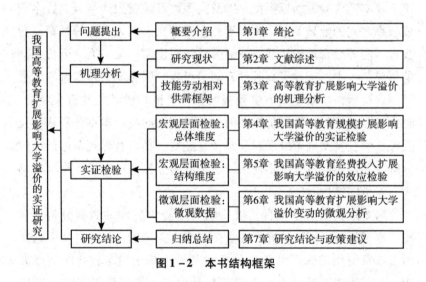

图 1 - 2　本书结构框架

1.5　研 究 方 法

根据本书的研究主题与研究思路，本书主要采用规范分析与实证分析相结合的研究方法展开具体研究。在遵循规范分析与实证分析相结合的研究原则下，根据具体研究问题选择理论推导演绎、计量模型分析等具体分析方法，对高等教育扩展影响大学溢价的机理路径与效应检验进行深入细致的分析，以达到理论研究与现实检验有机结合的研究目的。本书在各章节的具体研究过程中所运用的研究方法，主要表现在如下两个方面：

1. 规范分析方法

在第 3 章机理分析中，本书基于人力资本异质性理论与劳动力市场供需均衡理论，系统剖析了大学溢价形成与变动的机理，以及高等教育扩展影响大学溢价的传导路径。同时，在第 4、第 5 章宏观分析部分，本书根据我国高等教育扩展的实践，分别对我国高等教育规模扩展与经费投入扩展的现状、特点进行了归纳总结。在第 6 章微观分析层面，基于人力资本理论以及社会资本理论，扩展了明瑟教育收益率方程，为实证研究中的模型构建与变量设定奠定了理论分析基础。

2. 实证分析方法

（1）宏观检验层面。本书在第 3、第 4 章中，基于技能劳动相对供需框架的视角，构建了高等教育扩展影响大学溢价的数理模型，并使用统计软件 Stata 12.0 对我国 31 个省份的省级面板数据进行了回归分析，实证检验了我国高等教育扩展影响大学溢价的具体效应。同时，本书在第 5 章通过构建高等教育经费投入与人力资本积累效率之间的关系模型，使用随机前沿分析法（SFA）测算了我国高等教育人力资本积累的技术效率，并通过面板模型检验了高等教育经费投入扩展对大学溢价的影响效应。

（2）微观分析部分。本书在第 6 章，基于明瑟工资决定方程构建了教育收益率的扩展方程模型，使用 CGSS 微观数据，运用 OLS 多元回归、Heckman 两阶段模型等估计方法，测算了微观大学溢价的变动趋势。利用分位数回归方法，分析了不同收入水平群组之间的差异。同时，本书通过采用 DID 双重差分模型方法以及三重差分分析方法，基于 CHNS 混合横截面数据实证检验了高等教育扩展影响大学溢价的微观效应。

综上所述，本书通过规范分析方法与实证分析方法的结合使用，为研究主题的深入剖析提供了理论依据与实证结论，为研究思路的展开提供了有效的分析工具。同时，定性研究与定量研究的综合运用，使得本书在第 7 章归纳总结的研究结论与政策建议具有了可靠的研究基础。

1.6　主要创新与不足

1.6.1　主要创新点

基于本书研究主题与研究思路，本书相对于现有研究与相关文献，主要在以下四个方面进行了新的尝试。

（1）本书在理论分析与数量模型两个层面，选取高等教育扩展的分流功能作为切入点，刻画了高等教育扩展影响大学溢价的传导路径与作用机理，对现有研究做出了一定的推进。鉴于现有研究尚未剖析高等教育扩展影响大学溢价的作用机理，本书通过结合人力资本异质性理论、劳动力市场供需均衡理论，同时由高等教育扩展的分流功能切入，理论剖析了高等教育扩展引致劳动力市场中的增量异质结构变动，进而影响劳动力市场供需均衡，最终引起大学溢价变动的传导路径。在此基础上，本研究基于技能劳动相对供需框架，通过构建多部门均衡模型将高等教育扩展引入大学溢价决定方程之中，构建出高等教育扩展影响大学溢价变动的数理模型。

（2）本书使用宏观数据实证检验得到的研究结论，对大多从微观层面进行分析与探讨的现有研究，具有一定的补充作用。本书根据我国高等教育扩展实践，运用我国省级面板数据进行了回归估计，验证了高等教育扩展影响大学溢价的传导路径与数量模型是成立的。同时，本书分别以高等教育规模扩展作为总量维度，以高等教育经费投入扩展作为结构维度实证检验了高等教育扩展影响大学溢价的具体效应。本书得出在技能劳动相对供需框架中，由于高等教育扩展对大学溢价的相对需求渠道效应大于相对供给渠道效应，故在宏观层面上我国高等教育扩展并没有减小大学溢价水平，反而扩大了大学溢价的研究结论。

（3）本书综合宏观、微观两个层面的实证分析，相对于现有文献中的单一层面来讲，可以更加全面地考察我国高等教育扩展影响大学溢价变动的具体效应。具体来说，在宏观层面分析中，本书将高等教育扩展划分为总量维度与结构维度，考察我国高等教育扩展对大学溢价变动的总量效应与结构效应。在微观层面分析中，本书在三重差分模型的基础上引入大学生群体异质性因素，使用分位数回归以比较分析了我国高等教育扩展影响不同群组微观大学溢价的效应差异。本研究期望通过两个层面与多个维度的实证分析，可以更加全面与深入地探讨我国高等教育扩展对大学溢价的影响效应。

（4）本书对人力资本积累效率的测算，不仅有助于加深对我国高等教育经费投入扩展与人力资本结构优化之间关系的理解，同时也丰富了分析高等教育技术效率的研究视角。本书尝试使用随机前沿分析 SFA 方法，以高等教育经费投入作为投入项，以高等教育规模扩展引致的劳动力异质结构变动作为产出项，测算了我国高等教育的人力资本积累效率。在测算过程中，本书对不同地区之间的人力资本积累效率进行了比较分析，得出了我国各个省份的高等教育人力资本积累效率以及地区差异情况。其中，高等教育人力资本积累效率由高到低依次为：东部地区、西部地区、中部地区，高等教育技术效率最低的是中部地区。

1.6.2　研究不足

本书仍存在一些不足之处，具体体现在以下三个方面：

（1）在实证研究过程中，面板数据的样本期间通常是由计量模型中年份跨度最小的变量所决定。由于高等教育扩展相关解释变量的现已公布统计数据，其时间跨度小于其他模型变量，故本书所使用的宏观数据库为 2004～2010 年的 7 年期短面板数据。同时，由于数据样本期间的限制，本书不能使用动态面板模型技术对高等教育扩展影响大学溢价的动态效应进行相应计量检验与实证探讨。在未来研究中，将尝试搜集更多年份的数据，通过构建长面板数据并采用动态面板模型技术，进一步分析高等教育扩展影响大学溢价的动态效应。

（2）在有关我国高等教育扩展的统计资料中，目前还没有针对不同类型、不同层级学校，如中央属高校、地方属高校、高等本科院校、高等职业教育院校的年度招生数、毕业生数等方面的统计数据与统计年鉴。因此，本书在考察高等教育扩展结构对大学溢价的影响差异时，不能通过类别细分（学校层级、学校类型）进行实证检验，而只能通过高等教育经费投入与高等教育扩展之间的函数关系间接地进行考察。因而，本书采用高等教育经费投入结构作为高等教育扩展的结构维度，分析高等教育扩展影响大学溢价变动的结构效应，是在数据限制条件下的一种次优选择。

（3）本书仅在微观分析部分考虑了个体能力差异因素，而在宏观分析部分由于未能寻找到个体能力差异的代理变量以及引入方法而没有予以考虑。主要原因在于两者数据层次存在差别：微观分析由于使用数据与个体能力差异变量相对应，故相对容易引入实证模型之中；而宏观层面的实证研究由于数据层次与个体层面的能力差异变量不对应，故难以引入回归模型中进行估计，尤其是本书使用的宏观数据是省级面板数据。在未来研究过程中，将尝试使用中观层面的行业面板数据，并在实证模型中引入相应的能力差异因素作为控制变量，以完善这一研究不足之处。

第 2 章

文 献 综 述

　　围绕本书研究主题，本章从大学溢价形成与变动的机理、大学溢价的相关影响因素、大学溢价的经济效应、高等教育扩展对大学溢价的影响四个方面，对相关研究进行了文献梳理。本部分通过对现有研究成果的梳理，了解了与本书研究主题相关研究的现状与不足，期望本书可以为相关主题的研究进展作出一定的补充与推进贡献。

2.1　大学溢价形成与变动的机理研究

　　经济学界对大学溢价的研究，一直是劳动经济学、教育经济学、公共经济学等专业领域的热点。研究大学溢价形成机理最典型的代表文献是卡兹和墨菲（Katz & Murphy）与阿西莫格鲁（Acemoglu）对美国 20 世纪 60 年代到 80 年代期间大学溢价变动情况的研究。卡兹和墨菲（1992）① 使用技能劳动力相对供给—需求框架，估计出美国 60 年代大学溢价稳步上升，到 70 年代下降，80 年代转而急剧骤升的趋势；并且提出造成美国在 30 年间大学溢价变

---

① Katz L F, Murphy K M. Changes in Relative Wages, 1963 – 1987: Supply and Demand Factors [J]. Quarterly Journal of Economics, 1992, 107 (1): 35 – 78.

动趋势的主要因素在于大学毕业生增长率发生了与其相反方向的变动。阿西莫格鲁（2003a）[①]构建了类似的分析框架，并得出相同的结果。但是，阿西莫格鲁认为 60 年代后期大学溢价下降是由相对供给增加引起的，但 70 年代后期大学溢价上升则是由技术进步偏向导致相对需求增加引起的。卡兹和墨菲与阿西莫格鲁两种观点的不同点在于其对大学溢价变动进行解释的侧重点存在一定的区别：[②]阿西莫格鲁强调相对需求主导，卡兹和墨菲强调相对供给主导。有鉴于此，本部分从相对需求因素主导与相对供给因素主导两个方面，对大学溢价形成与变动的现有文献进行梳理。

大多数相关研究倾向于相对需求因素主导，此类文献的研究者主张由技能偏态型技术进步（skill biased technological change）所引发的技能劳动力相对需求的增加，是形成与影响大学溢价变动的决定因素。美国从 20 世纪 70 年代开始，总体工资收入不平等与教育工资溢价同时出现了显著扩展，在解释这一经济现象时邦德和约翰逊（Bound & Johnson，1992）认为原因在于大学溢价随着技能劳动力相对需求的不断增长，而技能劳动力相对需求增加则是由技能偏态型技术进步所驱动导致的。法尔斯和袁（Farès & Yuen，2003）通过分析加拿大 1981～2000 年不同行业之间技术进步对大学溢价的影响差异，发现由技能偏态型技术进步引起的技能劳动相对需求增长，被具有高中以上学历的工人供给增加所抵消；但是若加入年龄因素进行考量，技能偏态需求对年轻群组技能劳动力的作用将更加显著。伊普（CM Yip，2010）使用搜索模型技术分析了技能偏态的效应，认为技能偏态是引起美国 1963～2005 年大学溢价变动趋势的原因，并且可以解释 70 年代大学溢价出现下降而工资不平等加剧，以及 80 年代早起之后大学溢价的扩展速度为什么比工资

---

① Acemoglu D. Patterns of Skill Premia [J]. The Review of Economic Studies, 2003a, 70 (2): 199－230.

② 两种观点在此处的区别仅仅体现在对美国 20 世纪 70～80 年代大学溢价变化的解释过程中。由于墨菲与阿西莫格鲁两人构建数量模型一致，而且对大学溢价的分析均从需求—供给框架出发，即两人模型工具一致，分析框架相同。所以，在对其他时间段以及其他地区的大学溢价进行估计时，两种观点的方法在本质上是没有差别的。

差距扩大的速度更快。董直庆与王林辉（2011）构建了区分技能与非技能劳动的内生经济增长模型，以技能偏向性视角考察了技能需求增长、大学溢价与技术进步之间的关系，模型验证了技能劳动需求增长和大学溢价源于技术进步技能偏向性，而技能偏向型技术进步的变化取决于技能型和非技能型劳动力间的相对规模。奥利波罗斯和佩特洛尼耶维奇（Oreopoulos & Petronijevic，2013）发现从1980年左右开始，美国劳动力市场中由技能偏态型技术进步引发的对技能劳动力的需求增加，且需求增长速度超过供给增加速度。所以，虽然大学毕业生逐年增加，同时技能劳动力的相对供给也稳步增加，但美国在之后30年内的大学溢价仍然稳步扩大，并且在2010年左右达到峰值。林德利和梅钦（Lindley & Machin，2014）使用空间相对供需模型的技术方法，估计了美国1980～2010年期间的劳动力数据，得出虽然教育供给一直在快速增加，由于劳动力市场对大学毕业生的相对需求的增长速度更快，故美国在之后30年的时间内仍表现出显著的大学溢价扩大趋势。

在众多经济学家基于技能偏态型技术进步，强调相对需求因素是大学溢价形成与变动的主导原因时，也有部分研究者从供给角度研究了大学溢价。墨菲、里德尔和罗默（Murphy，Riddell & Romer，1998）使用卡兹和墨菲（1992）[①] 所构建的梳理模型，比较了美国与加拿大两国大学溢价的变动，经过数据检验认为相对供给是造成两国大学溢价差异的最重要力量，并从政策制定者角度提出通过调节相对供给来影响大学溢价变动将更加简单有效。伊达尔戈（Hidalgo，2010）使用需求—供给框架分析了西班牙1980～1990年大学溢价的变动，认为虽然20年时间内对大学毕业生的相对需求与技能相对供给以大致相同的速率增长，但相对供给因素是导致西班牙大学溢价下降的主要因素。巴拉尼（Barany，2011）构建了一个强调技术进步方向与技能结构的均衡模型，研究发现：技术进步是由利润导向的研究与发展部门所驱动，而

---

① Katz L F, Murphy K M. Changes in Relative Wages, 1963－1987: Supply and Demand Factors [J]. Quarterly Journal of Economics, 1992, 107 (1): 35－78.

R&D 部门的利润来源于能够使用技术的技能劳动力数量。当高技能工人供给增加时，将会使技术进步内生地表现为更加显著的技能偏态，进而形成较高的大学溢价，即大学溢价是由技能工人相对供给增加导致生成的。

以卡兹和墨菲以及阿西莫格鲁为代表的两种观点，虽然对大学溢价变动进行解释的侧重点存在区别，但两种解释关于大学溢价形成与变动的机理具有共同点，即均基于柯布—道格拉斯生产函数推导出大学溢价的决定模型，并以技能劳动相对供给—需求框架分析大学溢价变动，即大学溢价的形成与变动取决于相对需求因素与相对供给因素[①]两个方面的综合效应。

2.2　大学溢价的相关影响因素研究

经济发展过程中究竟有哪些因素会对大学溢价的变动产生影响，是研究大学溢价过程中的热点问题。诸多学者从多个角度考察了多种因素对大学溢价的影响，归纳起来主要有国际贸易、新技术应用、资本技能互补性以及劳动力市场机构等因素。

在开放经济条件下，国际贸易对工资差距变动所产生的影响不断增强。阿西莫格鲁（2003b）首次将国际贸易因素引入大学溢价形成模型构建中，研究发现大学溢价是由技能偏态型技术进步、相对供给与国际贸易三个因素共同决定。由于国际贸易可以导致技能偏态型技术进步，所以国际贸易对大学溢价的影响比技能偏向型技术进步更加重要。芬斯特拉和汉森（Feenstra & Hanson，2003）重点研究了中间品贸易（全球产品分享）对大学溢价的作用，发现中间品贸易同技能偏态型技术进步一样都会减少对低技能劳动力的需求，转向增加对高技能劳动力的需求，并且中间品贸易对大学溢价

---

①　相对需求因素是由技术进步发生偏态，即技能偏态型技术进步所引起的对高技能劳动力更多的雇用需求。而相对供给因素表示的是劳动力市场中大学学历工人与高中学历工人之间的相对比例关系。

的扩大影响要大于最终产品贸易所产生的影响程度。克里特索夫等人（Kryvtsov et al.，2009）使用克鲁塞尔等人（Krusell et al.，2000）① 提出的均衡模型方法对这一现象进行了深入分析，发现初始物质资本的有效积累、技能劳动力的相对供给以及技能劳动力的丰裕度，是造成加拿大与美国两国间大学溢价变动差异的主要因素。伯斯坦和沃格尔（Burstein & Vogel，2010）构建模型检验了国际贸易对技能丰裕国家与技能缺乏国家大学溢价的影响，发现美国在1966～2006年间大学溢价增长了24%，其中国际贸易和跨国生产的贡献率均介于1/9～1/6之间，所以跨国生产和国际贸易对大学溢价的影响同等重要。俞美辞（2010）运用中国制造业的面板数据，使用动态面板模型估计了我国制造业相对工资差距扩大的现象。实证研究结果表明：从发达国家的进口贸易通过R&D溢出途径使我国制造业，特别是技术密集制造部门增加了熟练劳动力的相对需求和工资收入，拉大大学溢价并呈现不断扩大的趋势。帕罗（Parro，2010）基于资本—技能互补性假设构建了跨国国际贸易模型，发现技能偏向型国际贸易对大学溢价的影响要远大于斯托尔珀—萨缪尔森（Stolper - Samuelson）效应，并且国际贸易会导致所有国家的大学溢价均有所扩大，尤其是在发展中国家。哈里斯和罗伯森（Harris & Robertson，2013）使用中国与印度两国的数据证明国际贸易（Wood，1998）② 不仅通过斯托尔珀—萨缪尔森路径加剧收入分配不平等程度，同时导致大学溢价在短期内急剧上升。其中，资本—技能互补性（KSC）会进一步放大大学溢价，但国际贸易的长期动态效应会促进资本与技能积累、教育需求增加，导致技能劳动力供给增加，大学溢价将表现出明显的下降而并不是单调上升。

　　同时，也有众多学者从新技术应用、资本技能互补性以及劳

　　① Krusell Per, Lee E. Ohanian, Jose - Victor Rios - Rull, Giovanni L. Violante. Capital - Skill Complementarity and Inequality: A Macroeconomic Analysis [J]. Econometrica, 2000, 68 (5): 1029 - 1053.

　　② Wood A. Globalisation and the Rise in Labour Market Inequalities [J]. The Economic Journal, 1998, 108 (450): 1463 - 1482.

动力市场机构等角度，研究其对大学溢价的影响作用。利维和穆尔纳尼（Levy & Murnane，1996）[1] 及多姆斯等人（Doms et al.，1997）[2] 认为对高技能劳动力的相对更多的雇用，主要是来自资本密集与新技术应用的需要。而迪纳尔多等人（DiNardo et al.，1996）则认为工会下降、最低工资的实际价值和薪酬支付准则等方面的变化，是挤压工资结构并影响大学溢价的因素。克鲁塞尔等人（Krussel et al.，2000）认为技术进步过程中，资本设备与技能劳动力是逐渐互补的，而与非技能劳动力是不断替代的，所以导致技能劳动力工资收入与非技能劳动力工资收入的比率扩大，进而产生了大学溢价。霍恩斯坦等人（Hornstein et al.，2005）认为无论从尼尔森—菲尔普斯机制将技能作为创新媒介的视角，还是从资本与技能在生产中存在互补的角度来讲，即使技能劳动力相对供给持续增加，由信息技术革命引致的技能偏态和资本技能互补性提高，才是解释大学溢价不断攀升的决定性因素。比约瓦顿和卡珀朗（Bjorvatn & Cappelen，2010）认为随着经济一体化以及信息技术与通信技术的发展，发达国家经济体对技能劳动力的需求增长相对于非技能劳动力更加快速，所以导致了大学溢价随之扩大。邵敏、刘重力（2011）将外资进入（FDI）引入大学溢价决定方程中，考察了我国 FDI 技术外溢的偏向性，通过计量检验发现：外资进入会通过偏向非技能劳动力型技术外溢，对我国技能劳动力相对需求产生显著负向影响，进而降低了我国大学溢价水平。

此外，林德利和梅钦（Lindley & Machin，2014）[3] 考察了 R&D 经费、计算机的使用（Krueger，1993）[4] 与工会弱化（Freeman，

---

① Levy F, Murnane R J. With What Skills are Computers a Complement? [J]. The American Economic Review, 1996, 86（2）: 258 – 262.

② Doms M, Dunne T, Troske K R. Workers, Wages, and Technology [J]. The Quarterly Journal of Economics, 1997, 112（1）: 253 – 290.

③ Lindley J, Machin S. Spatial Changes in Labour Market Inequality [J]. Journal of Urban Economics, 2014, 79（1）: 121 – 138.

④ Krueger A, How Computers Have Changed the Wage Structure: Evidence from Microdata, 1984 – 1989 [J]. The Quarterly Journal of Economics, 1993, 108（1）: 33 – 60.

1991)① 等因素对大学溢价的影响，得出 R&D 经费、计算机的使用率对大学毕业生的相对需求存在正向影响，而劳动力市场机构（如工会组织）因素对大学毕业生的相对需求存在负向影响。因而，在研究与发展活动密集与计算机使用度高，以及工会下降明显的州与行业，其大学溢价的增长更快。

2.3　大学溢价的经济效应研究

随着经济发展，劳动者的工资收入不断提高，但是不同学历水平的劳动力并不是以相同比例提升的。工资增长比例存在显著差异，即产生大学溢价，将会影响不同学历劳动力之间的收入分配差异。因此，很多研究者将大学溢价引入收入分配领域的研究之中，将大学溢价的收入分配效应作为考察劳动力之间收入分配不平等程度的影响指标之一。

巴特尔和西歇尔曼（Bartel & Sicherman，1999）② 以及艾伦（Allen，2001）③ 发现技术进步与行业间大学溢价差异存在正向相关关系，并且在研究与发展活动密集的行业以及资本劳动比率高的行业中，大学毕业生与高中毕业生之间的工资收入差距将会愈加显著地拉大。巴罗和劳斯（Barrow & Rouse，2005）测算了美国 1980 ~ 2004 年具有大学学历与非大学学历工人小时平均工资收入差距，发现在 20 世纪 80 年代学历收入差距增长了 25%，在 90 年代增长了 10%。特别是在 90 年代中期，只有大学学历以上的工人小时工资出现上涨，而高中及以下学历工人的实际工资是下降的，不同学历工人之间收入差距被拉大。塞萨尔 - 帕特里西奥 · 布伊隆（César

---

① Freeman R，How Much Has De – Unionisation Contributed to the Rise in Male Earnings Inequality? NBER Working Paper No. 3826，1991.

② Bartel，A. P. and Sicherman N. Technological Change and Wages：An Interindustry Analysis ［J］. Journal of Political Economy，1999，107（2）：285 – 325.

③ Allen S，Technology and the Wage Structure ［J］. Journal of Labor Economics，2001，19（2）：440 – 483.

Patricio Bouillon，2000）通过对墨西哥 1984～1994 年的家庭住户数据的分析，得出男性就业人员中只有至少具有大学预科学历，其工资才呈现出上升，低于大学预科学历水平的劳动者其工资均呈现下降趋势；同时就业率也表现出类似规律：至少具有中等学历者的就业率才呈现增长趋势。综合两方面的影响，这种由于技能偏态型技术进步导致的大学溢价，最终加重了工资收入不平等程度（Card & DiNardo，2002；[1] Acemoglu，2003a；[2] Hornstein et al.，2005；[3] Autor et al.，2008[4]）。林德利和梅钦（Lindley & Machin，2014）在考察美国 1980～2010 年各州工资差距的空间差异过程中，发现高技能劳动力聚集与地区大学溢价之间的关系在增强，将导致劳动力市场的极化现象（Autor，2011）。[5] 劳动力市场极化不仅会加快对高技能劳动力需求，同时会加剧低技能劳动能力工资的降低，从而扩大不同类型劳动力之间的工资收入差距（Goldin & Katz，2007；[6] Acemoglu & Autor，2012；[7] Oreopoulos & Petronijevic，2013[8]）。

因此，大学溢价的收入分配效应主要表现为：大学溢价的扩大会拉大收入分配差距，而减小大学溢价则对收入分配差距的缩减具

---

[1] Card & DiNardo. Skill – Biased Technological Change and Rising Wage Inequality：Some Problems and Puzzles ［J］. Journal of Labor Economics，2002，20 (4)：733 – 783.

[2] Acemoglu D. Patterns of Skill Premia ［J］. The Review of Economic Studies，2003a，70 (2)：199 – 230.

[3] Hornstein，A.，Krusell，P.，Violante，G.，2005. The effects of technical change on labour market inequalities. Handbook of Economic Growth. Volume 1，Part B，2005：1275 – 1370.

[4] Autor D，Katz L and Kearney M，Trends in U. S. Wage Inequality：Revising the Revisionists ［J］. The Review of Economics and Statistics，2008，90 (2)：300 – 323.

[5] Autor D. The polarization of job opportunities in the U. S. labor market：implications for employment and earnings ［J］. Community Investments，2011 (Fall)：11 – 16，40 – 41.

[6] Goldin and Katz. The Race between Education and Technology：The Evolution of U. S. Educational Wage Differentials，1890 to 2005，NBER Working Paper No. 12984，2007.

[7] Acemoglu D and Autor D，What Does Human Capital Do？A Review of Goldin and Katz's "The Race between Education and Technology" ［J］. Journal of Economic Literature，2012，50 (2)：426 – 463.

[8] Oreopoulos P and Petronijevic U. Making College Worth It：A Review of the Returns to Higher Education ［J］. The Future of Children，2013，23 (1)：41 – 65.

有积极作用（杜鹏，2005；[1] 张车伟，2006；[2] 刘泽云，2009；[3] 徐舒，2010[4]）。

2.4 高等教育扩展影响大学溢价的相关研究

在国内外现有研究中，从高等教育扩展的角度研究大学溢价变动的文献相对较少。基于本书的研究思路，根据研究过程中所使用的经验数据层面，可以将高等教育扩展影响大学溢价的现有研究划分为两类：宏观数据分析与微观数据分析。

2.4.1 宏观数据分析层面

宏观层面展开分析的研究文献，所使用的数据多是地区面板数据，或者是高等教育扩展过程中毛入学率、扩招规模等宏观因素，在实证分析的基础上对大学溢价的变动情况进行考察。德拉·克洛伊和多克奎尔（De la Croix & Docquier，2007）通过比较美国与法国自 20 世纪 70 年代以来学校入学率对大学溢价的影响差异，发现美国实行的限制性教育政策持续 30 多年推升了大学溢价，而法国的教育扩张政策促进了技能劳动力的积累，但对大学溢价产生了负向抵减作用。因此，在宏观层面上，德拉·克洛伊和多克奎尔认为由大学入学率所引起的技能劳动力供给变化，是解释法国大学溢价降低的根本因素。郭庆旺、贾俊雪（2009）构建了一个包含基础教育和高等教育的两阶段人力资本积累模型，考察了公共教育支出规模、结构对经济增长和人力资本溢价的影响机制，实证研究表明：

① 杜鹏．我国教育发展对收入差距影响的实证分析［J］．南开经济研究，2005（4）：47－52.
② 张车伟．人力资本回报率变化与收入差距："马太效应"及其政策含义［J］．经济研究，2006（12）：59－70.
③ 刘泽云．教育与工资不平等——中国城镇地区的经验研究［J］．统计研究，2009（4）：53－59.
④ 徐舒．技术进步、教育收益与收入不平等［J］．经济研究，2010（9）：79－92.

我国教育资源更多地向基础教育倾斜将更好地促进我国地区经济增长，但对降低人力资本溢价影响不显著，高等教育对地区经济增长的促进作用不显著，但高校扩招政策有助于降低大学溢价。徐舒（2010）基于技能偏向型技术进步的一般均衡模型，推导分解出了教育的要素回报效应与要素结构效应，研究表明前者拉大了收入不平等，后者降低了收入不平等，并且始于1999年的高校扩招在一定程度上强化了要素结构效应，但总效应仍然是不同学历劳动者之间的收入不平等扩大。陆雪琴、文雁兵（2013）利用1997~2010年的省级面板数据进行实证研究，发现大学溢价同时取决于技术进步偏向、技能劳动与非技能劳动之间的替代弹性以及技能劳动的相对供给三个方面。其中，高等教育快速扩张引起技能劳动力相对供给增加是引起大学溢价发生"溢价逆转"效应的可能因素之一。董直庆等（2014）结合我国现实社会的数据，考察技术进步的不同偏向性对技能劳动供给和大学溢价的作用机制，得出技术进步不论是技能偏向型还是中性技术进步，都会提高技能劳动力的工资水平，使个体选择高等教育以增加技能劳动力相对供给，进而影响大学溢价发生变动。颜敏、王维国（2014）采用空间面板估计方法利用中国2002~2010年地区面板数据，实证检验了我国技能偏态性技术进步的存在性，认为技能偏态型技术进步为我国高等教育1999年扩招以来大学溢价的不断上升，提供了一定的解释。李平等（2014）通过构建大学溢价的决定方程，运用中国1998~2010年30个地区面板数据进行实证检验。结果表明：中国普通高等教育质量的提高，在短期内推动了高技能劳动力供给增加以及高技能劳动力比例的增加，引致技能偏向型技术进步产生，从而提高了大学溢价；当中国普通高等教育质量跨过门槛值，大学溢价将随着技能劳动力供给的持续增加而降低。

2.4.2 微观数据分析层面

大部分的微观数据研究，其实证结果显示：我国高等教育扩展提高了大学溢价水平。其中，根据实证分析所采用的具体估计方法，可以将相关研究文献划分为参数分析方法、半参数或非参数分析方法两种类型。

1. 参数分析方法

此类文献大多是基于明瑟教育收益方程，构建扩展的回归模型并使用相关数据进行回归检验，得到相应变量的估计系数，进而分析大学溢价水平随高等教育扩展的变动情况。彭树宏（2014）使用中国社会综合调查（CGSS）2003 年和 2010 年的调查数据，通过基本的明瑟工资方程与扩展的明瑟工资方程，实证估计了我国大学扩招前后大学溢价的变动。估计结果显示，高校扩招后，大学学历溢价不仅没有下降，反而上升了。这表明，劳动力市场对大学生劳动力的需求超过了扩招带来的供给增加。刘泽云（2015）使用 1988 ~ 2007 年的 CHIP 城镇住户调查数据，将工具变量法与 Heckman 两阶段模型相结合，估计出我国高等教育回报率在 1988 年、1995 年、2002 年、2007 年分别为 11.72%、29.13%、42.32% 和 61.53%，呈现持续上升的趋势。同时，从 1988 年到 2007 年，大学学历与高中学历劳动者平均工资的比值从 1.14 上升到 1.54，表明经历了 1999 年开始的高等教育大规模扩展，大学学历与高中学历劳动者之间平均工资差异仍在进一步拉大。颜敏（2013b）使用 CHNS 数据，利用泰尔指数测算了我国高中以上劳动力工资差距以及大学教育对工资不平等贡献。研究表明：自 1999 年我国高等教育大幅扩招以后，2000 年平均大学溢价效应明显，2004 ~ 2006 年继续增长，2009 年大学溢价稍有下降。同时，我国现阶段工资收入差距逐渐增大，大学教育是工资差距形成的重要因素，而大学学位在解释工资差距中的贡献度将随着时间逐渐增强。赵西亮、朱喜（2009）运用倾向指数匹配方法估计了 2002 年我国城镇居民的大学教育收益率。估计结果显示，大学毕业相对于高中毕业的教育收益率在 79.1% 以上，年均超过 19.8%。传统的 OLS 方法估计的大学教育收益率仅为 56.1%，低于匹配方法的估计结果。另外，高中组个体的潜在大学教育收益率可能高于大学组的大学教育收益率，说明大学相对收益率随着时间的推移表现出上升趋势。

也有研究者在干预—控制框架下，使用双重差分（DID）模型分析方法，分析高等教育扩展政策对大学溢价的影响方向与效应程度。邢春冰、李实（2011）使用2000年全国人口普查数据和2005年全国1%人口抽样调查数据，利用双重差分模型考察了始于1999年的大学扩招对不同人群的高等教育机会和大学毕业生就业的影响。研究发现，大学扩招对于大学毕业生劳动力市场结果的短期影响确实造成了很大的压力，扩招使得大学毕业生失业的概率显著提高。但是，从长期效应来看，这些失业的大学毕业生很可能会进入劳动力市场，然后经历一个工资上涨的过程。颜敏（2013a）使用2006年的CGSS数据，构建DID模型分析了高等教育扩展对大学溢价的影响效应。研究结果表明，随着我国高等教育扩招，劳动力市场发育进一步完善，大学教育溢价不但没有下降反而持续上升。而且随着工资分位数提高，上升的幅度先加快，说明大学学位是形成个体工资差距的重要原因之一。姚先国、方昕、钱雪亚（2014）基于"控制—干预"的思想构建了双差分模型和三次差分模型，使用1998~2009年中国城镇住户调查数据，分析了高校扩招政策对大学毕业生工资的干预效应。研究结果表明：在大学毕业生群体中，受到扩招影响的大学新毕业生确实遭受了工资损失，但考虑高中毕业生的工资变化，扩招对大学新毕业生工资的干预效应明显缩小，大学毕业生的工资回报依然显著高于高中毕业生。随着时间的推移，扩招对大学新毕业生工资的负效应将逐渐减弱。

2. 非参数或半参数分析方法

部分研究者认为由于选择偏差与能力差异因素的存在，使用传统的回归分析方法得到的估计系数将有所偏差，故使用半参数或非参数分析方法可以有效消除或者减弱估计偏差问题。因此，张巍巍、李雪松（2014）运用半参数局部工具变量（LIV）估计方法，使用1992年、2000年和2009年三个年份的中国城镇居民收入与支出调查数据（CUHIES）中 6 个省份的微观调查数据，对大学教育回报率进行了计量估计。LIV 估计结果表明，2000 年大学教育回报率较 1992 年有大幅上升，由于 1999 年开始的高等教育大规模扩招使得大学毕业生供给显著增加，导致 2009 年的大学教育回报率较 2000 年仅有小幅上升。但是，总体上中国高等教育回报率仍然维持在一个较高水平上。同时，三个年份的边际处理效应（MTE）均向右下倾斜，说明越倾向于上大学的人，其教育回报率越高。李雪松、詹姆斯·赫克曼（2004）根据 2000 年中国城镇居民家庭收入与支出调查（CUHIES）所公布的横截面微观数据，在半参数分析框架基础上使用局部工具变量法，估计了 20 世纪末中国高等教育的异质性回报。研究结果表明：在经历了 20 多年的以市场为导向的经济改革后，中国的平均教育回报有了显著提高。与受教育水平相关的收益在人们中间存在显著的异质性，2000 年对于中国 6 个省区城镇青年大学四年教育平均回报为 43%，对大学生来说，该回报值更高。许玲丽、李雪松、周亚虹（2012）基于边际处理效应分析框架，运用非参数与半参数方法，研究了我国高等教育大众化对教育回报产生的影响。研究发现，在高等教育大众化过程中，1999 年的大规模扩招的政策不仅创造了更多上大学的机会，促进了高等教育大众化的实现，而且高度教育扩招过程对个人教育回报具有显著的积极作用。也就是在高等教育扩招过程中，个人的大学教育投资收益率获得提升。袁诚、张磊（2009）使用 2002 年 CHIP 数据，基于教育收益存在异质性的假设，通过 Roy 模型研究了家庭收入对子女大学收益率的影响，并计算出每个子女潜在的大学毕业收入和高中毕业收入，以及因人而异的大学收益率。在大学毕业和高中毕业的收入对比中发现，上大学群体的收益率为 0.452，高中毕业群体的收益率为 0.113；大学毕业生的平均年收入要比高中毕业生高出 3000 元，并且前者所在的职位和行业也都要优于后者。

在控制—干预框架下，马汴京、蔡海静、姚先国（2016）在"反事实"与"局部干预效应"概念框架下，将大学毕业生区分为扩招前不能升学扩招后却可考上大学者和即使没有发生扩招也能升学者，应用双重差分模型定量评估了高校扩招政策对大学教育回报率的异质性干预效应。研究结果表明，扩招后大学毕业生数量的激增，但高校扩招使前者收入增长了约40%，且并未明显削弱后者收入优势。总体而言，相对于未接受大学教育而言，大学教育收益仍相当可观。吴要武、赵泉（2010）使用2000年人口普查和2005年1%人口抽样调查微观数据，在控制—干预框架下利用双差分模型及其扩展的三次差分形式，评估了1999年以来高校扩招政策对大学新毕业生劳动力市场表现的影响。研究发现，大学扩招导致大学新毕业生的劳动参与率下降，失业率上升，小时工资下降。但是，大学毕业生与高中毕业生之间仍存在显著的工资收入差距。

此外，在现有微观数据的实证研究文献中，也有部分研究得到了与上述文献正好相反的实证结果：我国高等教育扩展并没有提高大学溢价，而是降低了大学溢价水平。袁晖光、谢作诗（2012）使用明瑟收入函数考察了我国在2000～2006年期间高校扩招前后的大学生相对工资变化和调整。估计结果显示，教育收益率在扩招后的2004年和2006年出现了持续下降，我国大学生劳动力的相对工资收益在高校扩招后明显下降。何亦名（2009）分析了我国高等教育扩张过程中居民工资收入的变化规律，并重点估计了高等教育收益率的变化情况。回归结果显示，高等教育的教育收益率经历了1991～2000年的快速增长之后，2004～2006年增长势头减缓，甚至出现停止增长的迹象。说明高等教育教育扩张压低了高等教育收益率，并且将会引起大学毕业生平均起薪的明显降低。简必希、宁光杰（2013）在考虑选择偏差和个体异质性的基础上，运用倾向性得分匹配法，分别估计了中国劳动力市场1997～2006年的中国高中教育和大学教育的教育收益率。结果发现，无论是否考虑学费以及其他机会成本因素，1997年和2006年高中教育的年收益率均高于大学教育的年收益率。

2.5 文献述评

通过梳理与比较有关高等教育扩展影响大学溢价的现有文献，可以发现不同研究者对高等教育扩展影响大学溢价变动的方向，在总体上倾向于扩大效应的研究居多，但仍然有一定数量的研究得出了相反结论，故究竟是扩大还是减小尚存在研究争议。同时，大多数研究者对大学溢价水平变动以及影响因素的研究思路，基本上都是以技能劳动相对供需框架为基础展开模型构建与实证检验的。本书将借鉴与沿用此研究思路，尝试在技能劳动相对供需框架中引入高等教育扩展，探讨高等教育扩展影响大学溢价变动的作用机理以及具体效应。

然而，大多数研究者仅仅是在研究某一因素影响大学溢价变动的过程中，将高等教育或高等教育扩展作为一个补充因素或相关控制变量，并没有对高等教育扩展影响大学溢价的效应进行考察。在现有研究中，目前只有郭庆旺与贾俊雪（2009）[①]、李平等（2014）[②] 两篇文献将高等教育作为影响大学溢价的解释变量。但是，本书认为郭庆旺等（2009）[③]虽然实证检验了高等教育支出对大学溢价的影响，间接得到高等教育与大学溢价之间的作用关系，但是并没有明确刻画高等教育对大学溢价影响的作用机理；而李平等（2014）[④]仅仅将高等教育质量作为影响技能劳动相对需求的因素，但没有考虑其对相对供给所产生的分渠道效应进行检验，而缺少对技能劳动相对供需框架是否成立的验证。除此之外，现有文献对高等教育扩展影响大学溢价的研究，还存在以下有待补充的不足之处：（1）尚没有对高等教育扩展影响大学溢价的作用机理与传导

[①][③] 郭庆旺，贾俊雪. 公共教育政策、经济增长与人力资本溢价 [J]. 经济研究，2009（10）：22-35.

[②][④] 李平，高敬云，李蕾蕾. 中国普通高等教育质量对技能溢价的影响——基于技能偏向型技术进步的视角 [J]. 山东大学学报（哲学与社会科学版），2014（4）：10-19.

路径，进行理论分析与模型刻画；（2）也没有将高等教育扩展纳入技能劳动供需框架内，作为大学溢价决定方程中的关键解释变量来考察其对大学溢价的具体影响；（3）尚没有从宏观、微观两个层面相结合的角度，对高等教育扩展影响大学溢价的具体效应进行综合考察。

有鉴于此，本书针对现有文献的研究不足，尝试基于技能劳动相对供需框架将高等教育扩展纳入大学溢价决定方程中，根据相关理论对高等教育扩展影响大学溢价的作用机理与传导路径进行理论分析，并基于多部门均衡模型分析构建数理模型进行模型刻画。然后，使用面板数据对高等教育扩展影响大学溢价的分渠道效应与综合净效应分别进行检验，以验证技能劳动相对供需框架是否成立，并对高等教育扩展影响大学溢价的宏观效应进行探讨。最后，本书从微观层面对高等教育扩展影响大学溢价的具体效应进行实证检验，以从宏观与微观两个层面相结合的角度实证考察高等教育扩展影响大学溢价变动的现实效应，达到相互印证的研究目的。

第 3 章

高等教育扩展影响
大学溢价的机理分析

3.1 相关理论选择

经济学中有许多理论与观点试图对不同学历水平劳动力之间的工资差异进行解释与说明，其中主要包括人力资本异质性、劳动力市场供需均衡理论、劳动力市场分割理论、筛选信号假说差异等思想。这些理论思想从不同的角度出发，探究了不同学历水平劳动力间工资差异是如何形成的，其理论阐释的过程为分析大学溢价的形成与变动，以及如何将高等教育扩展引入大学溢价形成与变动的框架之中以进行理论分析、实证检验提供了理论指导。

从本书研究主题的需要出发，人力资本异质性理论可以将劳动力市场分割理论、筛选信号假说差异的主要思想涵盖其中，对不同学历水平（或技能水平）的劳动力异质性进行理论阐述。同时，劳动力市场供需均衡理论则可以从工资形成与变动的层面，对大学溢价的形成机理与变动规律进行更为基础层面的分析。因此，经过相关理论梳理与比较，本书选择人力资本异质性理论、劳动力市场供需均衡理论作为本研究的分析依据与主要理论基础。

3.1.1 人力资本异质性理论

人力资本异质性理论是在人力资本理论的基础上发展、演变而形成的思想观点。总体而言，人力资本理论是将经济增长中的资本要素进行了区分，具体包括两种资本形态：物质资本与人力资本；而异质型人力资本理论则认为在人力资本因素内部也是异质可分的，即人力资本具有异质性。

1. 人力资本理论的形成

人力资本理论的主要代表人物为两诺贝尔经济学奖获得者舒尔茨（T. W. Schultz）与贝克尔（Gary Becker），以及明瑟（Jacob Mincer）。

1960 年，舒尔茨在美国经济学年会上发表了著名的《人力资本投资》演讲，第一次系统地阐述了人力资本理论，明确界定了人力资本投资的内容与途径以及人力资本对经济增长的作用。之后，人力资本理论在经济学中逐渐成为一门新的分支学科，舒尔茨在人力资本理论创立与发展过程中被誉为"人力资本之父"，并获得1979 年的诺贝尔经济学奖。虽然，舒尔茨首次提出了人力资本理论，并对人力资本投资的收益率及其对经济增长的贡献进行了实证研究。但其仍存在一定的理论缺陷，[①] 主要表现为侧重于从宏观视野分析，而缺乏微观层面分析作为依据；实证研究中采用统计分析的方法较多，而数学模型分析运用较少；研究了人力资本投资与形成，但未能将人力资本引入经济增长分析框架之中形成一般模型。

贝克尔在 1964 年的著作《人力资本》中，将人力资本理论引入家庭经济行为领域，为人力资本理论奠定了微观经济学分析基

① 胡学勤. 劳动经济学（第四版）［M］. 北京：高等教育出版社，2015：175.

础，弥补了舒尔茨只注重宏观研究的缺陷。贝克尔特别关注在职培训的重要作用，把在职培训分为一般培训与特殊培训两种类型，同时贝克尔认为收集价格和收入相关的信息也属于人力资本投资的形式，两方面均丰富了人力资本投资的内容。此外，贝克尔首次使用人力资本投资均衡模型，分析了影响个人与家庭是否进行人力资本投资与投资数量的决定因素——人力资本投资收益率。在其成本—收益分析模型中，人力资本投资成本不仅包括各项开支费用所形成的直接成本，还包括由于选择人力资本投资而放弃的收入，也就是人力资本投资的机会成本。在贝克尔微观分析的基础上，新经济增长理论提出了包含人力资本的经济增长模型，使人力资本理论成为新经济增长理论的重要组成部分。

明瑟在 1974 年出版的《学校教育、经验和工资收入》一书中，提出了著名的明瑟工资决定方程，首次用数学模型将人力资本投资与收入分配联系起来，揭示了劳动者之间工资收入差距是由人力资本投资所决定的。由于明瑟收入方程只考虑两种人力资本投资形式：一是学校教育；二是工作经验对个人工资收入的影响，具有简洁性与易操作性的特点。因而，明瑟收入方程被广泛应用于人力资本投资收益分析、教育收益率估计、收入分配差距形成原因分析等领域中，成为以上领域中相关研究主题进行实证计量的经典函数模型。在明瑟收入方程的应用过程中，不同的研究者从不同视角引入了若干相关变量作为控制变量，构建了明瑟收入方程的扩展形式，完善了明瑟收入方程中影响因素相对简单的不足，使明瑟方程具有了更丰富的应用范围与理论解释力。

2. 人力资本理论的深化发展：人力资本异质性理论

20 世纪 70 年代西方国家出现了严重的经济滞涨，大量的教育投资并没有带动经济复苏，同时又产生了文凭膨胀、知识失业与过度教育的新问题。由此，一些学者开始质疑人力资本理论，对人力资本理论进行重新审视与完善补充，并诞生了一些新的理论，如筛选信号假说、劳动力市场分割理论、社会化理论与过度教育理论。

以上四种理论对人力资本进行了不同视角的重新分析。其中，在筛选信号假说、劳动力市场分割理论的观点主张中，已经萌生并包含了对人力资本异质性的探讨与论述。人力资本异质性理论的主要观点，是认为不同劳动者个体之间的生产率水平（或技能水平、熟练程度）是不同的。[①] 所以，人力资本异质性思想是人力资本理论的深化发展，具体是以不同分类标准对人力资本因素的内部构成进行异质分解。

本书认为可以将内容构成维度和要素性质维度作为分类标准，对人力资本的异质性进行具体考察。[②]

人力资本内容构成维度的异质性，主要是指人力资本是由不同类型的人力资本形式构成的。其内容类型主要包括：（1）舒尔茨所定义的人力资本表现形式，具体包括医疗与保健、在职人员培训、学校正规教育、非企业组织的学习项目，以及为适应就业机会的劳动力迁移流动五种人力资本形式，也是舒尔茨认为的人力资本投资的方式与范围，以及形成人力资本的主要途径。（2）贝克尔提出的人力资本投资内容，与舒尔茨的观点基本相同，主要包括正规学校教育、在职培训、卫生保健、迁移流动以及收集价格和收入信息。贝克尔认为通过对此五项经济行为进行投资，就可以影响未来货币和心理收入。舒尔茨与贝克尔对人力资本投资主要内容的定义，说明人力资本的具体内容也可以细分为五种不同形式，体现了人力资本内容类别构成维度的异质性。

人力资本要素性质维度的异质性，可以通过筛选信号假说与劳动力市场分割理论的相关论述予以说明与佐证。（1）筛选信号假说。斯彭斯（Spence）在1974年提出了信号模型，认为由于劳动力市场上信息不对称情况的存在，教育水平成为证明求职者能力高低的一种信号发送机制。在没有其他信息可以用来甄别能力的情况

---

① 加里·贝克尔著，郭虹，熊晓琳，王筱，谭帙浩译. 人力资本理论［M］. 北京：中信出版社，2007：90.

② 钱雪亚. 人力资本水平：方法与实证［M］. 北京：商务印书馆，2011：275－279.

下，雇主一般将劳动者的教育水平作为信号对其生产能力的高低进行筛选判断：高学历水平的劳动者具有高人力资本，低学历水平的劳动者具有低人力资本。可见，筛选信号理论是以教育水平或者文凭证书作为人力资本分类的标准对人力资本进行了异质分解，并将劳动者划分为高能力劳动力、低能力劳动力两类。因此，在筛选信号理论中，教育的主要功能是对具有不同能力的劳动者进行筛选，而不是提高劳动者的能力水平（陆铭，2002）。[①] 筛选信号理论认为教育投资不能提高劳动者的人力资本与生产率水平（鲍哈斯，2010）[②] 的观点，也使其受到了人力资本理论的批判。[③] （2）劳动力市场分割理论批判了新古典主义的市场假定，[④] 认为劳动力市场不是统一的且交易对象也不是同质的，构成了 20 世纪 70 年代以来对传统劳动力市场理论的重大挑战。[⑤] 由多林格（Doeringer）和皮奥雷（Piore）提出的劳动力市场分割理论，采用制度经济学视角将劳动力市场划分为主要劳动力市场和次要劳动力市场。其中，主要劳动力市场的工作稳定，工资福利和工作条件优越，职业培训与职位晋升机会较多，技术水平和资本密集程度较高；而次要劳动力市场的状况恰恰相反。主要劳动力市场与次要劳动力市场之间具有较强的制度性壁垒，两个市场间的劳动力流动受到严格限制。导致劳动力市场分割的因素主要有技能水平、产业属性、地理因素（如人口特征、地区制度和经济发展特征的差异），以上因素在一定程度

---

① 陆铭. 劳动经济学——当代经济体制的视角 [M]. 上海：复旦大学出版社，2002：104.

② 乔治·鲍哈斯著，夏业良译. 劳动经济学（第三版）[M]. 北京：中国人民大学出版社，2010：295 - 298.

③ 陆铭（2002）指出：如果教育的作用只不过是将能干的、自律的并有进取心的人与其他人区分开来，那么一个国家耗费巨资来办从小学到大学的各级教育是否值得呢？仅凭直觉就可以知道，教育不可能对一个人的能力没有一点提高作用。因此，陆铭认为筛选信号假说将教育简化为一种信号功能，但其忽略了教育提高受教育者能力水平的作用。

④ 新古典主义的主要特征是假定劳动力市场是完善而统一的，所交易的对象是同质的，价格是可以自由调整的，市场可以无摩擦地运作。新凯恩斯主义批评了传统理论的后两个假定，而分割劳动力市场理论则批评了前两个假定，并构成了 20 世纪 70 年代以来对传统劳动力市场理论的重大挑战。

⑤ 陆铭. 劳动经济学——当代经济体制的视角 [M]. 上海：复旦大学出版社，2002：189.

上发挥了人力资本异质分解标准的作用，对劳动力进行不同类型的区分。

通过以上分析，可以发现在筛选信号理论与劳动力市场分割理论中均内含了一项前提假设：劳动力之间是异质的。因为，如果劳动力之间是同质的，那么教育水平就不能发挥信号指示作用对劳动力进行甄别以获得工资水平高低不同的职位，市场分割因素也无法将劳动力区分为不同的类型以进入不同的劳动力市场中就业。因此，教育水平与劳动力市场分割因素作为具体的分类标准，对人力资本进行了要素异质性差异维度的分解，不同类型的劳动力通过信号筛选机制或市场分割作用而产生了工资收入差距。

3.1.2 劳动力供需均衡理论

劳动力市场供需均衡理论认为，在充分竞争与自由流动的市场条件下，市场均衡工资是由劳动力市场的供给—需求两方面因素共同决定的。具体来讲，市场均衡工资通常是取决于由市场供给与市场需求之间的相对关系，一般表现为劳动力市场需求大于供给时，由于产生供需缺口，将导致市场均衡工资水平上升，进而诱发劳动力供给数量随之增加，以缩小供需缺口；而当劳动力市场供给大于市场需求时，由于供过于求，将导致市场均衡工资下降，进而抑制劳动力供给数量增长。

劳动力市场供需均衡理论，可以通过劳动力市场供需均衡曲线的变动进行说明，如图3-1所示。在图3-1中，纵轴 W 表示劳动力市场工资水平，横轴 L 表示劳动力雇用数量。S 表示劳动力供给曲线，D 表示劳动力需求曲线。实线箭头表示劳动力市场中需求增加，或劳动力供给增加。虚线剪头表示劳动力市场需求降低，或者劳动力供给减少。

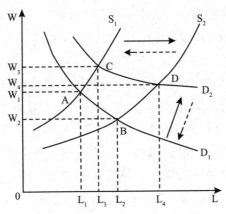

图 3 - 1 劳动力市场供需均衡曲线

为了便于对劳动力市场供需均衡理论的分析，本章将供需均衡曲线的变动规律划分为三种情况：

（1）市场供给与市场需求两者中，一个因素发生变动而另一因素保持不变。在劳动力市场需求 D_1 不变的条件下，劳动力供给的增加将会使劳动力供给曲线由 S_1 向右移动到 S_2，市场供需均衡点相应地从 A 点向右移动 B 点，劳动力市场均衡价格从 W_1 降低为 W_2，即劳动力工资水平由于供给增加而降低，反之则反然。在劳动力市场供给 S_1 不变的条件下，劳动力市场需求增加将会导致劳动力需求曲线由 D_1 向上移动到 D_2，市场供需均衡点相应地从 A 点向上移动 C 点，劳动力市场均衡价格从 W_1 上升为 W_3，即劳动力工资水平由于需求增加而提高，反之则反然。

（2）市场供给与市场需求两个因素发生同方向变化。当劳动力需求由 D_1 增加到 D_2，同时劳动力供给由 S_1 增加到 S_2 时，劳动力市场供需均衡点先上升后下降最终落在 D 点，劳动力工资水平为 W_4。当劳动力市场供给由 S_1 增加到 S_2，同时劳动力需求由 D_1 增加到 D_2 时，劳动力市场供需均衡工资水平亦为 W_4，只是中间变化过程为由 A 点先下降到 B 点再上升到 D 点。当劳动力需求由 D_2 减少到 D_1，同时劳动力供给由 S_2 减小到 S_1 时，劳动力市场供需均衡点由 D 点先下降到 B 点后上升到 A 点，市场均衡工资水平为 W_1。当劳动力市场供给曲线由 S_2 减少到 S_1，同时劳动力需求由 D_2 减少到 D_1 时，劳动力市场供需均衡工资水平先由 D 点上升到 C 点后下降到 A 点，供需均衡的劳动力工资水平亦为 W_1。

（3）市场供给与市场需求两个因素发生反方向变动。如劳动力市场需求增加时，供给反而减少；劳动力需求减少时，市场供给反而增加；劳动力供给增加时，市场需求反而减少；劳动力供给减少时，需求反而增加。以上四种变动情况并不符合市场供需均衡规律，在现实经济中一般表现市场经济的"无形的手"发生失效情况。此时则需要由政府"有形的手"施加宏观调控，恢复劳动力市场供需均衡。

在经济形势周期性变动过程中，劳动力市场的需求侧总是更加灵敏地伴随经济状况发生同向起伏，并通过市场供需均衡规律传导至供给侧。也就是在经济形势繁荣时期，劳动力市场需求旺盛，通过价格信号拉动供给增加；经济形势萧条时期，劳动力市场需求萎缩，亦通过价格信号缩减供给规模。但是，由于知识经济背景下人力资本偏向型技术进步与科技创新的发生，劳动力市场需求可能会对技能劳动力、非技能劳动力产生需求偏好差异。此时，通过市场信号指示所发生的劳动力市场供需均衡变动，可能会在技能劳动力与非技能劳动力之间产生不同方向、不同幅度的变化，进而影响两种类型劳动力之间的工资收入差距，最终导致大学溢价的形成与变动。

综合以上人力资本异质性理论与劳动力市场供需均衡理论，可以得出正是由于劳动力间是非同质的，不同类型劳动力在劳动力市场中的均衡工资才会形成差距，异质劳动力在劳动力市场中的供需变动方向与幅度才会存在差异。也就是说，基于以上两点差异，在理论上为本书探讨大学溢价的形成变动的作用机理与具体效应，提供了桥接可能与工具支持。因此，在对以上各相关理论观点进行讨论的基础上，本章选择劳动力市场供需均衡理论与人力资本异质性理论作为本书的理论基础。本部分将基于人力资本异质性条件下的劳动力市场供需均衡变动，剖析大学溢价的形成与变动规律，并对高等教育扩展影响大学溢价的传导路径与作用机理进行刻画分析。

3.2 大学溢价形成与变动的理论分析

根据人力资本异质性、劳动力市场供需均衡等理论基础，本部分将技能劳动力与非技能劳动力的市场供需均衡变动进行对比分析，以发现大学溢价在劳动力市场中究竟是如何形成与发生变动的。

3.2.1 异质劳动力工资差距的形成

人力资本异质性决定了异质劳动力对同一市场供需信号变动的反应规律是存在差异的。在图3-2中，纵轴表示工资水平，横轴表示劳动力雇用数量；S表示劳动力供给曲线，D表示劳动力需求曲线；实线箭头表示偏向技能劳动力的技能偏态型技术进步，虚线剪头表示偏向非技能劳动力的非技能偏态型技术进步；图（a）表示技能劳动力的市场供需均衡变动曲线，图（b）则是非技能劳动力的供需均衡变动曲线。

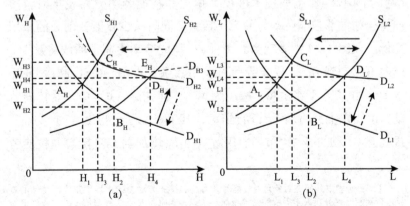

图3-2 人力资本异质条件下的劳动力市场供需均衡

　　根据劳动力市场供需均衡理论，劳动力工资水平将随着需求增加而上升，随着供给增加而下降。然而，由于人力资本是异质的，不同技能水平劳动力在发生有偏技术进步[①]时，其市场需求曲线将发生截然不同的变化。(1) 技能偏态型技术进步（偏向技能劳动力）条件下，厂商需求更加倾向于增加雇用技能劳动力，同时减少非技能劳动力的雇用数量。需求变动差异表现在供需均衡曲线中，则如图 3-2 所示：在图 (a) 中，技能劳动力的需求曲线将会随着技能偏态型技术进步的发生，由 D_{H1} 向上移动到 D_{H2}，技能劳动力雇用数量从均衡点 A_H 的 H_1 增加到均衡点 C_H 的 H_3，工资水平将由 W_{H1} 上升到 W_{H3}；市场雇用需求的增加刺激供给数量增长，供给曲线由 S_{H1} 移动到 S_{H2}，虽然工资水平随之下降为 D_H 点的 W_{H4}，而技能劳动力的雇用数量则进一步增加到了 H_4；同时，由于人力资本水平的提升，技术进步将会进一步发生，需求曲线推移到 D_{H3}，技能劳动力的雇用数量与工资水平都将有所上升。而在图 (b) 中，非技能劳动力的需求曲线，反而从 D_{L2} 向下移动到 D_{L1}，其工资水平也将由 C_L 点的 W_{L3} 下降到 A_L 点的 W_{L1}，市场雇用数量也由 L_3 减少到 L_1。所以，在技能偏态型技术进步条件下，技能劳动力的工资水平将升高，非技能劳动力的工资水平将降低，技能劳动力与非技能劳动力之间的工资收入差距将会拉大，收入不平等程度将会加剧。(2) 当非技能偏态型技术进步（偏向非技能劳动力）发生时，厂商将会增加非技能劳动力的雇用数量，同时减少技能劳动力的雇用比例。在图 3-2 中表现为：图 (a) 技能劳动力需求曲线将从 D_{H2} 向左下移动到 D_{H1}，技能劳动力雇用数量从点 D_H 的 H_4 减少到 B_H 的 H_2，工资水平将由 W_{H4} 减少为 W_{H2}；而在图 (b) 中，非技能劳动力的需求曲线将向上移动到 D_{L2}，其工资水平也将由 A_L 点的 W_{L1} 提高至 C_L 点的 W_{L3}，市场雇用数量由 L_1 增加到 L_3；随着非技能劳

---

　　① 由于本书的研究对象是对技能劳动力、非技能劳动力的市场供需均衡变动的差异进行比较，以分析大学溢价的变动规律。所以，本书主要是在有偏技术进步条件下对技能劳动力、非技能劳动力的市场供需均衡变动进行考察，包括技能偏态型技术进步（偏向技能劳动力）与非技能偏态型技术进步（偏向非技能劳动力）两种情况。

动力供给的增加，新的市场均衡在 D_L 点。所以，在偏向非技能劳动力的技术进步条件下，非技能劳动力的工资水平将增加，而技能劳动力的工资水平将减少，技能劳动力与非技能劳动力之间的工资收入差距将会缩小。

3.2.2　大学溢价的形成与变动

图3-2说明了根据劳动力市场供需均衡理论，人力资本异质条件下技能劳动力与非技能劳动力之间的工资水平将会发生不同方向的变动，最终形成收入差距的变化。根据本书对大学溢价的定义界定，是指技能劳动力与非技能劳动力之间平均工资的比值。因此，本部分将图3-2中两类劳动力工资差值变动转化为比率形式，将技能劳动力与非技能劳动力的变动曲线综合到统一框架内，就可以直观地对大学溢价的形成与变动进行阐述，如图3-3所示。在图3-3中，纵轴 RW 表示技能工作者与非技能工作者之间的工资比率（即大学溢价）；横轴 P 为技能劳动力与非技能劳动力之间的雇用数量比率。RS 表示技能劳动力的相对供给曲线，RD 表示技能劳动力的相对需求曲线；实线箭头表示偏向技能劳动力的技能偏态型技术进步，虚线剪头表示偏向非技能劳动力的非技能偏态型技术进步。

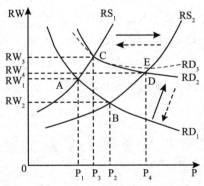

图3-3　大学溢价在劳动力市场中的形成与变动

大学溢价在劳动力市场中的形成与变动规律为：（1）当发生技能偏态型技术进步时，相对需求曲线由 RD_1 移动到 RD_2，假定相对供给不变时，劳动力市场均衡点从 A 上升到 C 点位置，劳动力雇用水平由 P_1 增加到 P_3，此时技能劳动力与非技能劳动力之间的相对工资比率显著增加，从 RW_1 升高到 RW_3 水平。由于劳动力市场供需均衡规律的存在，相对供给曲线将随相对需求的增加而发生变动：通过高等教育扩展增加技能劳动力的供给数量，使供给曲线从 RS_1 向右移动到 RS_2，市场均衡点由 C 点移向 D 点，劳动力市场中的相对雇用比率由 P_3 进一步扩大到 P_4，而相对工资比率则相应地从 RW_3 下降到 RW_4。但是，由于知识经济发展的人力资本偏向性，以及人力资本水平提升对技术进步的内生作用，高等教育扩展在增加技能劳动力相对供给的同时，也将促进技能偏态型技术进步（Acemoglu，1998），导致相对需求曲线产生上扬，转移到 RD_3 曲线上。因此，相对供给增加后的最终市场均衡点并不是落在 D 点，而是在 D 点与 C 点之间的 E 点，所对应的相对工资比率在 RW_4 与 RW_3 之间。（2）当发生非技能偏态型技术进步时，相对需求曲线由 RD_2 移动到 RD_1，劳动力市场中的供需均衡点从 D 点转变为 B 点，技能劳动力相对雇用数量比例将由 P_4 大幅降低到 P_5，相对工资比率也由 RW_4 减小到 RW_2，随着技能劳动力相对供给数量比例的降低，相对工资比例有可能逐渐回升到 A 点 RW_1 水平。

所以，综上分析可以得到大学溢价在劳动力市场中的形成与变动规律为在技能偏态型技术进步发生时，大学溢价将先上升，然后随着技能劳动力相对供给的增加再下降，同时由于技能劳动力相对供给增加对技术进步的促进作用，最终有所回升；而在非技能偏态型技术进步发生时，大学溢价会大幅下降，然后逐渐回升。

3.3　高等教育扩展影响大学溢价的机理与模型

本部分将结合上文大学溢价变动的规律，以及第 2 章的现有研究文献梳理，尝试对高等教育扩展影响大学溢价的机理与传导路径进行刻画，并在机理分析的基础上结合相关影响因素与变量指标进行数理模型推导，以构建设立出可以使用现实经验数据进行实证检验的估计模型。

3.3.1 高等教育扩展影响大学溢价的路径分析

根据本章前面对大学溢价形成与变动的理论分析，可以得出大学溢价是劳动力异质条件下市场供需均衡变动的结果，因而在探讨高等教育扩展影响大学溢价的机理与路径之前，需要说明一个前导基础，即高等教育扩展是如何影响劳动力市场供需均衡变动。

本书认为高等教育院校是经济体中技能劳动力的主要供给单位，同时技能人力资本将有利于技术进步而影响劳动力市场需求曲线。因此，高等教育扩展将对人力资本异质性条件下的劳动力市场供需均衡，同时产生供给、需求两方面影响。其中，高等教育扩展影响劳动力市场的作用机理在于高等教育的分流功能，其具体作用机制如图 3 - 4 所示。

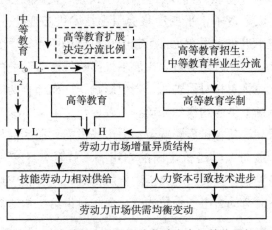

图 3 - 4　高等教育扩展影响劳动力市场的作用机理

假设不存在高等教育的情况下，中等教育的毕业生 L_0 将全部进入劳动力市场就业，成为不同行业的从业人员。在现实情况下，由于教育体制中不同学历层次之间的衔接，在接受中等教育完成后，将有一部分中等教育院校毕业生 L_1 通过高等教育招生入学考试，进入高等教育院校继续接受学历教育而未进入劳动力市场；此外，还有一定数量的落榜学生选择重新复读。因此，高等教育将中等教育毕业生进行了生源分流，有意愿接受高等教育且通过高等教育入学筛选的学生 L_1 进入高等教育院校，剩余部分 L_2 则直接进入劳动力市场就业。因此，在高等教育生源分流功能存在的情况下，中等教育只是部分毕业生 $L = L_2$ 进入劳动力市场实现就业，同时高等教育毕业生 H 进入劳动力市场就业，形成了 T 年当期的人力资本增量异质性。从高等教育学制的角度分析，T－4 年的高等教育分流 L_1 确定了 T 年毕业生数的数量上限 H，也就是说 T 年高等教育毕业生 H 在一定程度上已经包含了 T－4 年高等教育分流 L_1 的滞后期效应（厉以宁，2001）。[①]

所以，在充分就业条件下，T 年劳动力市场中的增量异质结构，即技能劳动力增量与非技能劳动力增量之间的构成是由高等教育毕业生 H 与中等教育部分毕业生 L 所决定。同时，根据内生经济增长理论，人力资本水平变动将会引起技术进步变化。如图 3－4 所分析，技术进步水平变化将引起劳动力市场中，异质劳动力的需求发生变化。因此，高等教育扩展不仅影响技能劳动力的相对供给曲线移动，还将对相对需求曲线产生影响，进而综合两方面作用影响劳动力市场上供需均衡的变动。

在剖析高等教育扩展影响劳动力市场供需均衡的前提下，分析高等教育扩展与大学溢价之间的作用关系就具备了逻辑基础。因此，分析高等教育扩展影响大学溢价的传导路径，相应地就要从高等教育扩展对劳动力市场中技能劳动力相对供给、相对需求两个方

[①] 滞后期效应，或者延迟效应，厉以宁认为在分析 1999 年以来普通高校扩大招生对就业与收入差距的影响，仅仅分析对当年就业的影响是不够的，还有必要分析扩招的大学生毕业之后对劳动力市场的影响，也就是可能存在一定的滞后影响。

面进行探讨，而其净效应则取决于两种效应的强度比较。

在现实条件下，高等教育扩展在政策实践上具体表现为高等教育招生数与高等教育毕业生数的波动。因此，在上述作用机理分析的基础之上，本部分对高等教育扩展影响大学溢价传导路径的刻画，如图 3-5 所示。具体路径为：高等教育扩展通过招生过程中的分流作用，决定了 T 年进入劳动力市场的非技能劳动力增量 L；同时，高等教育扩展通过毕业生作用，决定了 T 年劳动力市场的技能劳动力增量 H。T 年进入劳动力市场的异质劳动力，决定了对一个地区的劳动力增量异质结构，同时也对将导致劳动力市场上对技能劳动力的相对供给 S 产生直接影响，并对技能劳动力的相对需求 D 产生作用。综合相对供给渠道效应、相对需求渠道效应，最终引起大学溢价产生变动。

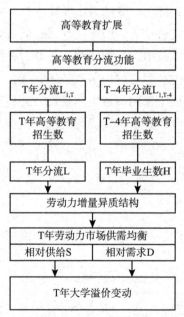

图 3-5 高等教育扩展影响大学溢价变动的传导路径

概括而言，高等教育扩展影响大学溢价的传导路径为：高等教育扩展通过招生数、毕业生数两个方面的变动，经过对劳动力市场上技能劳动力的相对供给、相对需求的作用，最终对大学溢价变动产生影响效应。

3.3.2 多部门模型的经济均衡分析：技能劳动相对供需框架

基于高等教育扩展影响大学溢价的机理分析，本书从卡兹和墨菲（1992）[1] 和阿西莫格鲁（1998，[2] 2002b，[3] 2003a[4]）提出的技能劳动相对供需框架出发，将高等教育扩展引入框架中，从而对高等教育扩展影响大学溢价的传导机理进行数理模型推导。

假设经济中只存在物质资本与人力资本两种生产要素。其中，物质资本由研究与发展部门（R&D）通过开发与创新出一定质量水平的机器设备的形式提供，且是经济体中唯一的物质资本形式；人力资本供给是由教育部门向劳动力市场输送，其中高等教育部门向劳动力市场输送技能劳动力，中等教育部门向劳动力市场供给非技能劳动力。同时，经济中存在中间产品环节，最终产品的生产必须通过中间产品部门生产制造的中间产品来完成，并且中间产品部门在生产中间产品过程中使用两种生产要素，高品质类型的机器设备与技能劳动力相结合而生产出技能密集型中间产品，低品质的机器设备与非技能劳动力相结合而产出劳动密集型中间产品。各个部门的生产过程，具体如下说明：

1. 中间产品部门

经济体中存在两类相互互补的中间产品部门：技能型中间产品

---

① Katz L F, Murphy K M. Changes in Relative Wages, 1963 – 1987：Supply and Demand Factors ［J］. Quarterly Journal of Economics, 1992, 107 (1)：35 – 78.

② Acemoglu, D. Why Do New Technologies Complement Skills? Directed Technical Change and Wage Inequality ［J］. The Quarterly Journal of Economics, 1998, 113 (4)：1055 – 1089.

③ Acemoglu D. Directed Technical Change ［J］. The Review of Economic Studies, 2002b, 69 (4)：781 – 809.

④ Acemoglu D. Patterns of Skill Premia ［J］. The Review of Economic Studies, 2003a, 70 (2)：199 – 230.

部门与非技能型中间产品部门，分别生产两类不同类型的产品 y_h、y_l，并且两类中间部门的产品存在市场竞争，其生产过程中所使用的生产要素只有两种：劳动力与机器设备。具体来讲，在两类中间产品部门中，技能劳动力 n_h 与技能互补型机器设备 m_h 相结合生产制造出技能密集型中间产品 y_h，非技能劳动力 n_l 与劳动互补型机器设备 m_l 结合生产制造出劳动密集型中间产品 y_l。两类中间产品部门中，分别有数量为 f_h、f_l 家企业。由于不同类型中间产品部门规模报酬不变，厂商数量不影响分析，因此将企业数量进行标准化处理，即 $f_h = f_l = 1$。令 $s = h$，l，则厂商 i 的生产函数为：

$$y_s(i) = n_s(i)^\beta A_s(i) \tag{3.1}$$

中间产品部门生产函数中，$n_s(i)$ 表示中间产品部门中厂商 i 雇用的工人数量，$\beta \leqslant 1$ 表示劳动力要素弹性。由于劳动力市场在任意时刻都遵守自由竞争与市场出清原则，并且技能产品部门只雇用技能劳动力，非技能产品部门只雇用非技能劳动力，所以市场出清意味着：

$$\int n_h(i)\,di \equiv N_h = H \tag{3.2}$$

$$\int n_l(i)\,di \equiv N_l = L \tag{3.3}$$

在式（3.1）中，等号右侧第二项 $A_s(i)$ 表示中间产品部门的生产效率，取决于厂商 i 采用的技术类型 $m(j)$ 与机器设备数量 $q(i, j)$，则中间产品部门的生产效率为：

$$A_s(i) = \int_0^1 m_s(j) q_s(i, j)^{1-\beta}\,dj \tag{3.4}$$

中间产品部门生产函数可以转换为：

$$y_s(i) = n_s(i)^\beta \int_0^1 m_s(j) q_s(i, j)^{1-\beta}\,dj \tag{3.5}$$

中间产品部门中 s 类型厂商 i 使用价格为 $x_s(j)$，数量为 $q_s(i, j)$ 的机器设备 $m_s(j)$ 生产制造中间产品 $y_s(i)$，产品市场价格为 $P_s(i)$，工人获得的工资水平为 $w_s(i)$。厂商行为遵循利润最大化原则，由厂商收入减去机器设备成本与劳动力成本，可得：

$$\max_{n_s(i),\ q_s(i,\ j)} P_s(i)y_s(i) - \int_0^1 x_s(j)q_s(i,\ j) - w_s(i)n_s(i) \quad (3.6)$$

厂商实现利润最大化的内部解，为其一阶偏导条件：

$$\frac{\partial[P_s(i)y_s(i)]}{\partial[n_s(i)]} - \frac{\partial[w_s(i)n_s(i)]}{\partial[n_s(i)]} = 0 \quad (3.7)$$

$$\frac{\partial[P_s(i)y_s(i)]}{\partial[n_s(i)]} - \int_0^1 x_s(i)\frac{\partial[q_s(i,\ j)]}{\partial[q_s(i,\ i)]}dj = 0 \quad (3.8)$$

由式（3.7）可以计算得到，利润最大化时中间产品部门的平均工资水平为：

$$w_s(i) = \beta P_s(i)A_s(i)N_s^{-(1-\beta)} \quad (3.9)$$

由式（3.8）可得利润最大化时，中间产品部门 s 对 j 类型技术机器设备的加总需求数量为：

$$Q_s(j) = \left[\frac{P_s(i)m_s(j)N_s^{\beta}}{x_s(j)}\right]^{1/\beta} \quad (3.10)$$

式（3.10）表明厂商利润最大化时，中间产品部门对机器设备需求的数量由中间产品价格、机器设备质量、雇用劳动力数量以及机器设备价格所共同决定。

2. 研究与发展部门

技术创新是研究与发展部门通过 R&D 厂商研发一定品质的机器设备作为生产要素的结果。同时，经济中机器设备一经使用则完全贬值，即机器设备由中间产品部门使用后完全折损。

由于对技术的加总需求是等弹性的，故品质为 $m_s(j)$ 机器设备的利润最大化时价格是超过边际成本的不变利润，即使下一时期的最优技术 $\hat{m}_s(j)$ 以边际成本出售，研发厂商也会倾向于以垄断价格出售设备 $m_s(j)$，以确保垄断价格策略是最优的。从最终产品的角度对于 j 类型技术来讲，发明品质为 $m_s(j)$ 的机器设备，其研究与发展努力的边际成本即为最优出售价格为：

$$x_s(j) = \frac{m_s(j)}{\beta} \quad (3.11)$$

垄断价格下中间产品部门购买机器设备数量，可将利润最大化时价格式（3.11）代入式（3.10），即得：

$$q_s(i, j) = Q_s(j) = [\beta P_s(i) N_s^\beta]^{1/\beta} \qquad (3.12)$$

中间产品部门 i 所使用 j 类型技术机器设备的平均质量水平为：

$$M_s(j) = \int_0^1 m_s(j) dj \qquad (3.13)$$

则中间产品部门的技术效率 $A_s(i)$，由式（3.12）、式（3.13）代入中间产品部门的均衡技术效率式（3.4）中，可以转换为：

$$A_s(i) = M_s(j)[\beta P_s(i) N_s^\beta]^{(1-\beta)/\beta} \qquad (3.14)$$

由于一定时间内研究与发展厂商对其所发明 j 类技术，品质为 $m_s(j)$ 的机器设备拥有完全的专利权利，故 R&D 厂商会以利润最大化价格，如式（3.11）定价为垄断价格出售机器设备，以获得最大化流量利润：

$$\pi_s(j) = Q_s(j) \frac{m_s(j)}{\beta} \qquad (3.15)$$

由式（3.15）可以得到，研究与发展部门发明生产新技术机器设备的最大化利润，由边际成本作为最优出售价格以及机器设备数量所共同决定。

3. 教育部门

新增长理论将知识和人力资本引入经济增长模式，将经济增长的源泉完全内生化，因此也称作内生增长理论（endogenous growth theory）。其中，宇泽弘文（1965）和卢卡斯（1988）提出的宇泽弘文—卢卡斯模型，[①] 构建了技术变化内生、人力资本积累内生的经济增长框架。宇泽弘文于 1965 年在《经济增长总量模式中的最

① 宇泽弘文—卢卡斯模型一般也被称为两部门模型，这一点与阿西莫格鲁构建的多部门均衡模型并不矛盾。主要理由有：首先，两者的理论基础都是基于内生经济增长模型，两者经济思想统一的；其次，两个模型的最终生产函数是相同的，均为包含人力资本、物质资本与技术进步的柯布—道格拉斯生产函数；最后，阿西莫格鲁的多部门均衡模型中的中间产品部门只使用物质资本进行生产不使用人力资本，与宇泽弘文—卢卡斯模型中教育部门不占用物质资本，人力资本存量是教育部门唯一投入的假定是兼容的。因此，两类模型的内涵是统一的，本质上是一致的。

优技术变化》中，运用两部门模式结构，描述了一个人力资本和物质资本都能生产的最优增长模式。[①] 在这一模式中，线性产出的人力资本会导致无限增长。[②] 也就是说，在宇泽模式中，无须外在的"增长发动机"，仅由于人力资本积累就能导致人均收入的持续增长。宇泽模式的重要贡献是为解释内生技术变化提供了一个可能的尝试，这种尝试后来成为卢卡斯人力资本积累模式以及罗默内生技术变化模式的重要理论基础。[③] 卢卡斯在 1988 年在生产函数中，引入了人力资本，而不是简单的"劳动力"要素，并且假定不仅物质资本，而且人力资本都是可以积累的。卢卡斯模式与其他模式不同的是人力资本不是外生于生产的，而是通过投资活动进行积累的，即个人可以选择投资多少时间和努力来接受教育或培训实现人力资本要素生产。[④] 这一点其实隐含一个假设前提，就是在生产函数中人力资本的边际收益率非减，人们才会始终具有动力对教育或培训等人力资本积累活动进行投资，进而不断推动经济增长。也就是说，在卢卡斯（1988）模式中，经济增长的动力显然来自人力资本的生产部门[⑤]——教育部门。

因此，宇泽弘文—卢卡斯模型不仅首次区分了物质资本与人力资本的不同生产函数，而且明确提出经济中物质资本由制造部门生产，人力资本由教育部门生产，且现有人力资本存量是教育部门的唯一投入。宇泽弘文—卢卡斯模型构建的教育部门生产函数为：[⑥][⑦]

---

① 宇泽弘文模式的基本思路是：技术变化源于专门生产思想的教育部门。假定社会配置一定的资源到教育部门则会产生新的人力资本增量，新人力资本不仅会提高生产率且物质生产部门零成本获取，进而提高物质生产部门的产出水平。

② 邹薇. 发展经济学——一种新古典政治经济学的研究框架 [M]. 北京：经济日报出版社，2007：84.

③ 邹薇. 发展经济学——一种新古典政治经济学的研究框架 [M]. 北京：经济日报出版社，2007：84–85.

④ 邹薇. 发展经济学——一种新古典政治经济学的研究框架 [M]. 北京：经济日报出版社，2007：100.

⑤ 邹薇. 发展经济学——一种新古典政治经济学的研究框架 [M]. 北京：经济日报出版社，2007：103.

⑥ 巴罗，萨拉-伊-马丁著，夏俊译. 经济增长（第2版）[M]. 上海：上海人民出版社，2010：199.

⑦ 邹薇. 发展经济学——一种新古典政治经济学的研究框架 [M]. 北京：经济日报出版社，2007：101.

$$\Delta H = [B \cdot (1 - u) - \delta] \cdot H \qquad (3.16)$$

其中，ΔH 表示人力资本增量，即教育部门生产出的新增人力资本；H 为经济中人力资本存量；B 为教育部门的技术参数；$u \in [0，1]$，$1 - u$ 表示教育部门使用人力资本的份额；δ 表示折旧率。宇泽弘文—卢卡斯模型中教育部门的生产函数，说明经济中人力资本增量与人力资本存量存在正向比例关系，[①] 且是一种线性关系。[②]

人力资本存在异质性的条件下，将教育部门分为高等教育部门与中等教育部门。其中，高等教育部门生产技能型人力资本 H，中等教育部门生产非技能型人力资本 L。

令 $a = B \cdot (1 - u) - \delta$，根据人力资本增量与存量之间的比例关系，可以得到：

$$\Delta H = a_h \cdot H \qquad (3.17)$$

$$\Delta L = a_l \cdot L \qquad (3.18)$$

卢卡斯（1988）在构建模型，分析人力资本增量与存量之间的关系过程中，设定了两者之间的时间关系：

$$\Delta H(t) = H(t)\delta[1 - u(t)] \qquad (3.19)$$

根据卢卡斯所规定的函数中变量之间的时间关系，在式 (3.17) 与式 (3.18) 中加入时间因素 t 后，转化为：

$$\Delta H_t = a_{ht} \cdot H_t \qquad (3.20)$$

$$\Delta L_t = a_{lt} \cdot L_t \qquad (3.21)$$

式 (3.20)、式 (3.21) 说明，高等教育部门 t 年生产的技能劳动力增量与 t 年的技能劳动力存量是正比例关系，中等教育部门 t 年生产的非技能劳动力也正比于 t 年非技能劳动力存量。

人力资本增量中异质结构的相对占比，由式 (3.20) 与式 (3.21) 进行转化，可以得到：

---

① 教育部门生产函数，实际上也是宇泽弘文—卢卡斯内生经济增长模型中人力资本积累方程。人力资本的线性产出，表明了人力资本积累具有规模收益不变的特征，也就是人力资本增量与人力资本存量之间成正比。

② 邹薇. 发展经济学——一种新古典政治经济学的研究框架 [M]. 北京：经济日报出版社，2007：84.

$$\frac{\Delta H_t}{\Delta L_t} = \frac{a_{ht}}{a_{lt}} \cdot \frac{H_t}{L_t} \tag{3.22}$$

令 $a_t = \frac{a_{ht}}{a_{lt}}$，则式（3.22）可以简化为：

$$\frac{\Delta H_t}{\Delta L_t} = a_t \cdot \frac{H_t}{L_t} \tag{3.23}$$

式（3.23）表明经济体中，人力资本增量中异质结构的相对占比与人力资本存量中异质结构的相对比例之间存在正比例线性关系。

根据前面高等教育扩展影响大学溢价的机理与路径分析，得到人力资本结构的最主要影响因素是高等教育发展，且人力资本增量结构则直接由高等教育规模扩展所决定。高等教育规模扩展通过招生数可以减少当年非技能劳动力的供给，降低了非技能劳动力在劳动力市场中的所占比重；同时高等教育扩展通过输出毕业生，增加了当年技能劳动力的供给，提高了技能劳动力在劳动力市场中的比重。也就是说，高等教育招生数与毕业生数，均可以影响当年技能劳动力与非技能劳动间比例关系，共同决定了的人力资本增量结构。

首先，一个地区技能劳动力增量由本地大学毕业生数量、因迁移流动而导致的大学毕业生流入流出以及本地大学毕业生就业率所决定。也就是，一个地区的技能劳动力增量 = 本地大学毕业生数 ×（1 + 净流入率）× 本地大学毕业生就业率，具体数量关系由式（3.24）说明：

$$\Delta H_t = TEBY_t \cdot (1 + JLR_t) \cdot JYL_t \tag{3.24}$$

式（3.24）中，ΔH_t 表示一个地区 t 年技能劳动力供给的增量，$TEBY_t$ 表示一个地区 t 年大学毕业生数量，JLR_t 表示一个地区 t 年大学生迁移流动的净流入率，JYL_t 表示一个地区 t 年大学毕业生的就业率。

其次，一个地区非技能劳动力的增量问题，由于涉及多类型学历水平的群体。但是，考虑到进入劳动力市场的年龄，以及与高等教育扩展的关联程度，本章选择将高中毕业生的变动情况作为高等教育扩展对非技能劳动力供给增量的影响。因此,本部分假设未考入大学接收高等教育的高中毕业完全进入劳动力市场,则一个地区非技能劳动力增量由本地大学招生数量、本地生源比以及大学升学率所决定。也就是,一个地区非技能劳动力增量 = 本地大学招生数 × 本地生源比例 × (1/本地大学升学率 − 1),具体数量关系由式(3.25)说明:

$$\Delta L_t = TEZS_t \cdot SYB_t \cdot \left(\frac{1}{SXL_t} - 1 \right) \tag{3.25}$$

式(3.25)中,ΔL_t 表示一个地区 t 年非技能劳动力供给的增量,$TEZS_t$ 表示一个地区 t 年大学招生数量,SYB_t 表示一个地区 t 年大学招生中本地生源比例,SXL_t 表示一个地区 t 年大学升学率。

综合式(3.24)、式(3.25)可以得到:

$$\frac{\Delta H_t}{\Delta L_t} = \frac{TEBY_t \cdot (1 + JLR_t) \cdot JYL_t}{TEZS_t \cdot SYB_t \cdot (1/SXL_t - 1)} \tag{3.26}$$

式(3.26)表明:人力资本增量异质结构相对占比,随着高等教育毕业生数量、净流入率、大学毕业生就业率以及大学入学率的上升而增大,随着高等教育招生数量、本地生源比的上升而减小。

4. 最终产品部门

最终产品部门运用中间产品进行生产,经济生产满足规模报酬不变,则最终产品的加总生产函数为:

$$Y = \left[\gamma y_h(i)^\rho + (1 - \gamma) y_1(i)^\rho \right]^{1/\rho} \tag{3.27}$$

其中,γ 表示技能型中间产品部门的要素分布密度,$1 - \gamma$ 表示非技能型中间产品部门的要素分布密度,分别反映了不同类型中间产品对最终产品的重要程度,$\gamma \in (0, 1)$ 且不随时间而改变。式中,$\rho \leq 1$,两类中间产品的替代弹性为 $1/(1 - \rho)$。

由于两类中间产品的价格为 $P_s(i)$,把最终产品的价格标准化为 1,则两类中间产品的相对价格为:

$$P = \frac{P_h(i)}{P_1(i)} = \left(\frac{\gamma}{1 - \gamma} \right) \cdot \left[\frac{y_1(i)}{y_h(i)} \right]^{1 - \rho} = \left(\frac{\gamma}{1 - \gamma} \right) \cdot \left[\frac{y_h(i)}{y_1(i)} \right]^{-(1 - \rho)}$$

$$\tag{3.28}$$

由中间产品部门的生产函数，如式（3.1）所示，可将式（3.28）转化为：

$$P = \frac{P_h(i)}{P_1(i)} = \left(\frac{\gamma}{1-\gamma}\right) \cdot \left[\frac{A_h(i) N_h^\beta}{A_1(i) N_1^\beta}\right]^{-(1-\rho)} \qquad (3.29)$$

在市场竞争条件下，两类中间产品的相对价格可以用作表示中间产品的相对需求方程，式（3.29）表明技能型劳动力与非技能型劳动力的相对供给增加，会减小技术密集型中间产品与劳动密集型中间产品之间的相对价格，即降低了技术密集型中间产品与劳动密集型中间产品的相对需求。

5. 部门均衡分析

根据标准动态规划方程（标准贝尔曼方程），具有 j 类型技术中最优品质机器设备的市场价值以及市场价值变化之间存在以下关系：

$$rV_s(j) - \Delta V_s(j) = \pi_s(j) - z_s(j)\phi[z_s(j)]V_s(j) \qquad (3.30)$$

其中，r 表示利率，$V_s(j)$ 表示 j 类型技术中最优品质机器设备的市场价值，$\Delta V_s(j)$ 表示机器设备市场价值随时间所产生变动的增长量，$z_s(j)$ 表示改进 j 类型技术机器设备的研究与发展行为的加总努力，$\phi[z_s(j)]$ 表示此类型技术的技术创新概率。

研究与发展行为自由进入的均衡条件为利润最大化时，所有投入要素的使用数量以及技术创新者都遵守利润最大价格策略与劳动力市场出清原则，同时任一研究与发展厂商的进入与退出均不改变其利润，即满足边际回报等于边际成本，[1] 也就是需要满足均衡条件：

$$\phi[z_s(j)]V_s(j) = \frac{m_s(j)}{\beta} = x_s(j) \qquad (3.31)$$

---

[1] 由于技术机器设备研究与发展行为是遵循自由进入的市场，当研究与发展行为的市场预期利润大于技术机器设备研发成本时，将会有大量研究与发展厂商的进入研发市场；当技术机器设备研发行为的市场预期利润小于研究与发展行为成本时，将会有大量研发厂商退出市场。所以，市场均衡条件是技术机器设备研究与发展行为的边际回报等于边际成本。

式中等号左边是 j 类型技术机器设备研究与发展行为的边际回报，等号右边是 j 类型技术机器设备研究与发展行为的边际成本。

令 $z_s(j) = \eta_s$，$\phi[z_s(j)] = \tau_s$，则可以将式（3.30）转化为：

$$(r + \eta_s \tau_s) V_s(j) = \pi_s(j) + \Delta V_s(j) \qquad (3.32)$$

式（3.31）可以转化为：

$$\tau_s V_s(j) = \frac{m_s(j)}{\beta} \qquad (3.33)$$

在均衡增长路径条件下，所有变量按照恒定比率增长或者满足时间不变，则各变量满足：$\Delta V_s(j) = 0$，$z_h(j) = z_1(j)$，且由于规模效益不变条件下 $\phi[z_h(j)] = \phi[z_1(j)] \equiv 1$，即满足 $\eta_h = \eta_1$，$\tau_h = \tau_1$。所以，结合式（3.15）、式（3.32）、式（3.33）可以得到：

$$\frac{(r + \eta_s \tau_s)}{\tau_s} = Q_s(j) \qquad (3.34)$$

根据均衡增长路径条件下各个变量满足的条件以及式（3.34），可以得到：

$$\frac{Q_h(j)}{Q_1(j)} = \frac{(r + \eta_h \tau_h)/\tau_h}{(r + \eta_1 \tau_1)/\tau_1} = 1 \qquad (3.35)$$

又同式（3.12）可以将式（3.35）转化为：

$$\frac{Q_h(j)}{Q_1(j)} = \frac{[\beta P_h(i) N_h^\beta]^{1/\beta}}{[\beta P_1(i) N_1^\beta]^{1/\beta}} = 1 \qquad (3.36)$$

进一步化简得到：

$$\frac{P_h(i)}{P_1(i)} = \left(\frac{N_h}{N_1}\right)^{-\beta} = \left(\frac{H}{L}\right)^{-\beta} \qquad (3.37)$$

结合式（3.14）、式（3.29）可以将式（3.37）转化为：

$$\frac{P_h(i)}{P_1(i)} = \frac{\gamma}{1 - \gamma} \cdot \left[\frac{M_h(j)}{M_1(j)}\right]^{-(1-\rho)} \cdot \left(\frac{N_h}{N_1}\right)^{-\beta/(1-\rho)} \qquad (3.38)$$

式（3.37）、式（3.38）表明技能劳动力相对供给的减少，会提高技能型中间产品的相对价格，增加技能型中间产品部门对机器设备的需求，刺激技能型机器设备质量的提升，进而促进技能偏型技术进步；而技能劳动力相对供给的增加，降低了技能型中间产品的相对价格，减少了技能型中间产品部门对机器设备的需求，对技能偏态型技术进步产生抑制作用，也就是技能劳动力相对供给通过相对价格效应（Acemoglu，2002b)[1] 影响技能偏态型技术进步。

结合式（3.37）、式（3.38），可以得到下式：

$$\frac{M_h(j)}{M_1(j)} = \left(\frac{\gamma}{1-\gamma}\right)^{1/(1-\rho)} \cdot \left(\frac{N_h}{N_1}\right)^{\beta\rho/(1-\rho)} = \left(\frac{\gamma}{1-\gamma}\right)^{1/(1-\rho)} \cdot \left(\frac{H}{L}\right)^{\beta\rho/(1-\rho)}$$

$$(3.39)$$

由式（3.14）、式（3.39）可以得到：

$$\frac{A_h(i)}{A_1(i)} = \frac{M_h(j)\left[\beta P_h(i)N_h^\beta\right]^{(1-\beta)/\beta}}{M_1(j)\left[\beta P_1(i)N_1^\beta\right]^{(1-\beta)/\beta}} = \frac{M_h(j)}{M_1(j)}$$

$$= \left(\frac{\gamma}{1-\gamma}\right)^{1/(1-\rho)} \cdot \left(\frac{H}{L}\right)^{\beta\rho/(1-\rho)} \quad (3.40)$$

式（3.40）表明：技能劳动力相对供给的增加，会促进技能偏态型技术进步，同时由于技能劳动力相对供给的增加导致市场规模扩大，市场需要更多的技能型机器设备与技能劳动力相结合，诱致技术进步沿着技能偏态型方向发展。阿西莫格鲁（2002b)[2] 将此效应，如式（3.40），称为市场规模效应。市场规模效应证明了技能偏态型技术进步是内生的，同时进一步佐证了阿西莫格鲁模型与宇泽弘文—卢卡斯模型之间是可以兼容扩展的。[3]

结合式（3.9）、式（3.28）、式（3.29）、式（3.37）以及式（3.40）可得两种类型生产要素的相对报酬，即大学溢价为：

$$w = \frac{w_h(i)}{w_1(i)} = \left(\frac{\gamma}{1-\gamma}\right) \cdot \left[\frac{y_h(i)}{y_1(i)}\right]^{-(1-\rho)} \cdot \frac{A_h(i)N_h^{-(1-\beta)}}{A_1(i)N_1^{-(1-\beta)}}$$

$$= \left(\frac{\gamma}{1-\gamma}\right) \cdot \left[\frac{A_h(i)}{A_1(i)}\right]^\rho \cdot \left(\frac{H}{L}\right)^{-(1-\beta\rho)} \quad (3.41)$$

式（3.41）是大学溢价的形成与决定方程。其中，w 表示大学溢价水平，指代技能劳动力与非技能劳动力的平均工资比值。$w_h(i)$ 表示技能劳动力的平均工资水平，$w_1(i)$ 表示非技能劳动力的平均

---

①② Acemoglu D. Directed Technical Change ［J］. The Review of Economic Studies, 2002b, 69 (4)：781 - 809.

③ 阿西莫格鲁均衡模型与宇泽弘文—卢卡斯模型都是内生经济增长模型，且都将人力资本作为内生因素决定经济体技术进步水平。

工资水平。同时，式（3.41）表明：大学溢价是由技能劳动相对供需决定，即技能劳动力相对需求渠道 $\dfrac{A_h(i)}{A_1(i)}$ 与相对供给渠道 $\dfrac{H}{L}$ 共同作用，决定大学溢价的变动。具体来讲，技能偏态型技术进步所决定的相对需求渠道表现为扩大大学溢价的效应（市场规模效应），技能劳动力相对供给数量所决定的相对供给渠道表现为减小大学溢价的效应（相对价格效应），两条渠道共同作用的净效应最终决定大学溢价的变动情况。

将式（3.41）进一步简化，可以得到简化形式：

$$w = \frac{w_h(i)}{w_1(i)} = \left(\frac{\gamma}{1-\gamma}\right)^{1/(1-\rho)} \cdot \left(\frac{H}{L}\right)^{\beta\rho^2/(1-\rho)-(1-\beta\rho)} \qquad (3.42)$$

令 $\lambda = \beta\rho^2/(1-\rho) - (1-\beta\rho)$ 简化系数（Acemoglu，1998），[①] 表示技能劳动力相对供给的弹性。则式（3.42）转化为：

$$w = \frac{w_h(i)}{w_1(i)} = \left(\frac{\gamma}{1-\gamma}\right)^{1/(1-\rho)} \cdot \left(\frac{H}{L}\right)^{\lambda} \qquad (3.43)$$

式（3.43）表明了技能劳动力相对供给与大学溢价变动之间的效应关系（Acemoglu，1998，[②] 2003a[③]）。两者之间的影响作用，具体表现为：当技能劳动力相对供给的弹性 $\lambda > 0$ 时，则在等式（3.41）中 $\rho > (1-\beta\rho)$，即表示在技能劳动相对供需框架中相对需求渠道效应大于相对供给渠道效应，且在式（3.40）中，$\beta\rho/(1-\rho) > 1$，即技能劳动力相对供给增加所引致的市场规模效应显著，综合效应表现为技能劳动力相对供给的增加将扩大大学溢价；而技能劳动力相对供给的弹性 $\lambda < 0$ 时，则在式（3.41）中 $\rho < (1-\beta\rho)$，即相对需求渠道效应小于相对供给渠道效应，且在式（3.40）中，$\beta\rho/(1-\rho) < 1$，即由技能劳动力相对供给增加所引致的市场规模效应相对不显著，综合效应表现为技能劳动力相对供给的增加将减

①② Acemoglu, D. Why Do New Technologies Complement Skills? Directed Technical Change and Wage Inequality [J]. The Quarterly Journal of Economics, 1998, 113 (4): 1055 – 1089.

③ Acemoglu D. Patterns of Skill Premia [J]. The Review of Economic Studies, 2003a, 70 (2): 199 – 230.

小大学溢价；技能劳动力相对供给的弹性 $\lambda = 0$ 时，技能劳动力相对供给的变化对大学溢价的变动不产生影响。

结合式（3.23），可以将式（3.43）所表示的大学溢价与人力资本存量异质结构相对占比之间的关系，转化为与人力资本增量异质结构相对占比之间的关系，简化得到下式：

$$w_t = \frac{w_{ht}}{w_{lt}} = \left(\frac{\gamma}{1-\gamma}\right)^{1/(1-\rho)} \cdot a_t^{-\lambda} \cdot \left(\frac{\Delta H_t}{\Delta L_t}\right)^{\lambda} \qquad (3.44)$$

式（3.44）表明了人力资本增量异质结构相对占比对大学溢价的影响关系：当技能劳动力相对供给的弹性 $\lambda > 0$ 时，人力资本增量异质结构相对占比的增加，将会导致大学溢价的升高，而人力资本增量异质结构相对占比下降则大学溢价随之降低；在技能劳动力相对供给的弹性 $\lambda < 0$ 时，人力资本增量异质结构相对占比的增加，将会导致大学溢价的减小，反之人力资本增量异质结构相对占比下降，则大学溢价将出现上升；如果技能劳动力相对供给的弹性 $\lambda = 0$，人力资本增量异质结构相对占比的变动，不会引起大学溢价的变化，大学溢价保持稳定。

将式（3.26）代入式（3.44）中，得到下式：

$$w_t = \left(\frac{\gamma}{1-\gamma}\right)^{1/(1-\rho)} \cdot a_t^{-\lambda} \cdot \left[\frac{TEBY_t \cdot (1+JLR_{rt}) \cdot JYL_t}{TEZS_t \cdot SYB_t \cdot (1/SXL_t - 1)}\right]^{\lambda}$$

$$(3.45)$$

为了简化等式，令

$$JLC_t = (1 + JLR_t) \qquad (3.46)$$

其中，JLC_t 表示一个地区大学毕业生经过地区间就业流动之后的净留存率；令

$$LSL_t = (1/SXL_t - 1) = (1 - SXL_t)/SXL_t \qquad (3.47)$$

其中，LSL_t 表示一个地区高等教育招生考试过程中，未录取率与高考录取率之间的比例，本章将其定义为高等教育招生中的落升比率。

则式（3.45）可以转化为：

$$w_t = \left(\frac{\gamma}{1-\gamma}\right)^{1/(1-\rho)} \cdot a_t^{-\lambda} \cdot \left[\frac{TEBY_t \cdot JLC_t \cdot JYL_t}{TEZS_t \cdot SYB_t \cdot LSL_t}\right]^{\lambda} \qquad (3.48)$$

3.3.3 模型结论分析

由式 (3.48) 可以得到高等教育扩展影响大学溢价的初步模型，根据数理模型中各变量关系，可以得出以下模型结论为：

(1) 当技能劳动力相对供给的弹性系数 $\lambda > 0$ 时，由高等教育毕业生数量、大学毕业生净流入率、大学毕业生就业率所决定的技能劳动力增量，与由高等教育招生数量、本地生源比、大学升学率所决定的非技能劳动力增量之间相对占比的提高，则会导致地区大学溢价的扩大。每个变量的具体影响方向是：高等教育毕业生数的增加，将扩大当年大学溢价；而高等教育招生数的增加，会缩小当年大学溢价；地区高等教育毕业生的净留存率、就业率的提高，将会扩大当年大学溢价；高等教育招生过程中落升比的提高，会减小当年大学溢价，即大学升学率的降低将减小大学溢价；而高等教育招生过程中本地生源比的提高，会减小当年大学溢价；反之则相反。

(2) 当技能劳动力相对供给的弹性系数 $\lambda < 0$ 时，由高等教育毕业生数量、大学毕业生净流入率、大学毕业生就业率所决定的技能劳动力增量，与由高等教育招生数量、本地生源比、大学升学率所决定的非技能劳动力增量之间相对占比的提高，则会缩小地区大学溢价。每个变量的具体作用方向是：高等教育毕业生数的增加，将减小当年大学溢价；高等教育招生数的增加，会扩大当年大学溢价；地区高等教育毕业生的净留存率、就业率的提高，将会缩小当年大学溢价；高等教育招生过程中落升比的提高，会扩大当年大学溢价，即大学升学率的降低将扩大大学溢价；高等教育招生过程中本地生源比的提高，会增加当年大学溢价；反之则相反。

(3) 当技能劳动力相对供给的弹性系数 $\lambda = 0$ 时，高等教育毕业生数量、大学毕业生就业率、高等教育招生数量、大学升学率以及本地生源比的变动对地区大学溢价没有影响，即高等教育扩展各变量不会引起大学溢价的变动。

3.4　本章小结

本章根据人力资本异质性理论、劳动力市场供需均衡理论剖析了大学溢价形成与变动的规律。在此基础上，本章以高等教育扩展的分流功能作为机理分析的切入点，认为高等教育院校是劳动力市场中技能劳动力的主要供给单位，同时高等教育提供的技能人力资本有利于技术进步进而影响劳动力市场需求曲线。因此，高等教育扩展对人力资本异质性条件下的劳动力市场供需均衡，同时具有供给、需求两方面影响。在剖析高等教育扩展影响劳动力市场供需均衡的前提下，本章分析与刻画高等教育扩展与大学溢价之间的作用关系就具备了逻辑基础。

由于在现实条件下，高等教育扩展在政策实践上具体表现为高等教育招生数与高等教育毕业生数的波动。因此，本章对高等教育扩展影响大学溢价传导路径的刻画为：高等教育扩展通过招生过程中的分流作用，决定了 T 年进入劳动力市场的非技能劳动力增量；同时，高等教育扩展通过毕业生作用，决定了 T 年劳动力市场的技能劳动力增量。因此，高等教育扩展决定了对一个地区的劳动力增量异质结构，对将导致劳动力市场上对技能劳动力的相对供给 S 产生直接影响，并对技能劳动力的相对需求 D 产生作用。综合相对供给渠道效应、相对需求渠道效应，最终引起大学溢价产生变动。

基于高等教育扩展影响大学溢价的机理分析，本章从卡兹和墨菲（1992）[1] 和阿西莫格鲁（1998，[2] 2002b，[3] 2003a[4]）提出的技

---

① Katz L F, Murphy K M. Changes in Relative Wages, 1963 – 1987: Supply and Demand Factors [J]. Quarterly Journal of Economics, 1992, 107 (1): 35 – 78.

② Acemoglu, D. Why Do New Technologies Complement Skills? Directed Technical Change and Wage Inequality [J]. The Quarterly Journal of Economics, 1998, 113 (4): 1055 – 1089.

③ Acemoglu D. Directed Technical Change [J]. The Review of Economic Studies, 2002b, 69 (4): 781 – 809.

④ Acemoglu D. Patterns of Skill Premia [J]. The Review of Economic Studies, 2003a, 70 (2): 199 – 230.

能劳动相对供需框架出发，假设经济中只存在物质资本与人力资本两种生产要素。其中，物质资本由研究与发展部门（R&D）通过开发与创新出一定质量水平的机器设备的形式提供，且是经济体中唯一的物质资本形式；人力资本供给是由教育部门向劳动力市场输送，其中高等教育部门向劳动力市场输送技能劳动力，中等教育部门向劳动力市场供给非技能劳动力。同时，经济中存在中间产品环节，最终产品的生产必须通过中间产品部门生产制造的中间产品来完成，并且中间产品部门在生产中间产品过程中使用两种生产要素。通过多部门模型均衡分析，本书将高等教育扩展引入技能劳动相对供需框架之中，推导并构建了高等教育扩展影响大学溢价的数理模型。

第 4 章

我国高等教育规模扩展影响大学溢价的实证检验

中国的高等教育在 1977 年恢复高考招生制度之后，为中国社会经济的发展培养了一代时代精英。经过 20 多年的发展，1999 年国务院批转《面向 21 世纪教育振兴行动计划》，为高等教育发展提出了非常明确与清晰的扩展目标，[①] 就是高等教育毛入学率逐渐达到 15%，逐步实现高等教育大众化。由此发端，我国高等教育拉开了规模扩展的序幕，高等学校开始推行大学扩招，我国高等教育开始从精英教育逐渐转变到大众教育的轨道，处于高等教育大众化实践起步阶段的中国，其首要任务是实现规模扩张。[②] 高等教育规模扩展快速展开，大学招生数量的超常增长为高等教育改革与可持续发展带来了巨大冲击，也对经济、社会的发展带来了深远影响。

---

① 《新中国 60 年统计资料汇编》数据显示，在 1999 年高校扩招之前，中国高等教育发展史中曾经发生过一次典型的大学扩招：1958 ~ 1960 年在"大跃进"运动风潮影响下，教育部门展开全国系统的"教育革命"，提出在 15 年左右时间内普及高等教育。统计年鉴数据显示：1957 年全国高等学校只有 229 所，1958 年增加到 791 所，1959 年增加到 841 所，1960 年增加到 1289 所，高校数量在 1960 年比 1957 年增长了 462.9%。高校在校生人数在 1957 年 44.1 万人，1958 年为 66 万人，1959 年增加为 81.2 万人，1960 年增加为 96.2 万人，即 1960 年在校生人数为 1957 年的 2.198 倍。此次扩招随着 1961 ~ 1962 年的高等院校调整，持续三年后结束。

② 潘懋元. 中国高等教育大众化的理论与政策 [M]. 广州：广东高等教育出版社，2008：60.

4.1 我国高等教育规模扩展的现状

4.1.1 我国高等教育规模扩展概况

我国历年高等教育毛入学率增长趋势如图 4 – 1 所示。1991 年以来我国高等教育毛入学率逐年提高。1993 年之前低于 5% ，1993 年达到 5% 水平，1998 年我国高等教育毛入学率上升到 9.8% ，2002 年毛入学率达到了大众化阶段 15% 的标准，2005 年则达到 21% ，到 2008 年时毛入学率为 23.3% ，2012 年达到 30% ，2013 年毛入学率达到 34.5% 。通过统计数据分析，可以发现：1999 年大学扩招之前我国高等教育毛入学率增长缓慢，但在 1999 年之后毛入学率以每年平均两个百分点的速度持续增长。1999 ~ 2014 年高等

图 4 – 1　中国 1991 ~ 2014 年高等历年教育毛入学率

资料来源：1991 ~ 2013 年数据来源于《中国教育统计年鉴 2013》，2014 年数据来源于中国教育部网站公布数据。

教育毛入学率的年均增长率为 8.86%，2000 年增长率最高（达到 19%），从 2002 到 2005 年连续四年增长率均在 10% 以上。综上可见，自 1999 年扩展以来，我国高等教育大众化发展的速度、幅度都是非常迅猛的。

1999 年以后我国高等教育规模扩展的具体情况，可以从高校数、招生数、在校生规模角度[1]出发，进行更加细致的考察。1998 年我国高校数为 1022 所，招生数为 108.4 万人，在校生规模为 340.9 万人。1999 年开始大学扩招，当年招生数为 154.9 万人，2000 年招生数达到 220.6 万人，2002 年达到 320.5 万人，此时的在校生规模达到 903.4 万人，高校数增加到 1396 所。2004 年，招生规模继续扩大，增加到 447.3 万人，2005 年则增加到 504.5 万人，此时的在校生数量达到 1561.8 万人。到 2008 年时，招生规模突破 600 万人，在校生数突破 2000 万人，高校数达到 2263 所。2013 年，招生数达到 699.8 万人，接近 700 万人，在校生数达到 2468.1 万人，高校数增加到 2491 所。综上可以得出，1999 年之后我国高等教育在招生数、在校生数以及高校数等方面都发生了大幅度增长，各项指标相对于 1998 年都实现了翻倍增长，[2] 我国高等教育规模成为世界第一。

4.1.2 我国高等教育规模扩展的挑战与问题

1999 年以来，我国高等教育规模的快速倍增扩展，也带来了许多现实问题与挑战，影响着高等教育的长远发展。主要体现在师资、校舍、馆藏图书和仪器设备等高等教育办学资源总体短缺，以及高等教育资源地区分布不均衡等方面。

根据前面分析，1999 年之后我国高等教育在招生数、在校生数

---

① 资料来源为历年《中国统计年鉴》与《中国教育统计年鉴》，高等教育招生数、在校生数、毕业生数的统计口径为普通高等教育本专科。

② 以 2013 年数据同 1998 年数据进行比较，各项指标的增量部分相对于扩展前数量均是翻倍增长：高校数相比增加了 1.4 倍，招生数规模增加了 5.5 倍，在校生规模增长了 6.2 倍。

以及高校数等方面都实现了翻倍增长，由于招生数与在校生规模的倍增比率远大于高校数倍增比率，故不可避免地将会产生教育资源紧张问题，尤其是生均教育资源不断降低。高等教育规模扩展导致的教育资源相对短缺，集中体现为"一高三低"（潘懋元，2008），即师资方面生师比不断升高，而生均教学行政用房面积、生均馆藏图书册数、生均仪器设备资产值等办学条件指标都出现不同程度降低。[①] 本书通过测算自1999年高等教育规模扩展以来，我国普通高等教育专职教师数与在校生数之间生师比的变动情况，以考察高等教育资源相对不足的现实问题。1998～2013年全国普通高等教育院校的生师比，具体如表4-1所示。

表4-1　　　全国普通高等教育专职教师数与在校生数情况　　单位：万人

年份	专职教师数	在校生数	生师比	年份	专职教师数	在校生数	生师比
1998	40.7	340.88	8.38	2006	107.6	1738.84	16.16
1999	42.6	408.59	9.59	2007	116.8	1884.90	16.14
2000	46.3	556.09	12.01	2008	123.7	2021.02	16.34
2001	53.2	719.07	13.52	2009	129.5	2144.66	16.56
2002	61.8	903.36	14.62	2010	134.3	2231.79	16.62
2003	72.5	1108.56	15.29	2011	139.3	2308.51	16.57
2004	85.8	1333.50	15.54	2012	144	2391.32	16.61
2005	96.6	1561.78	16.17	2013	149.7	2468.07	16.49

资料来源：历年《中国统计年鉴》与《中国教育统计年鉴》。

表4-1数据表明：我国普通高等教育专职教师数与在校生数都在逐年增长，而在校生数量的增长速度远快于专职教师数的增长，因此生师比总体上呈现出逐年升高的趋势。1998年生师比为

---

① 潘懋元. 中国高等教育大众化的理论与政策 [M]. 广州：广东高等教育出版社，2008：120.

8.38∶1，1999 年扩展以后迅速突破两位数，2000 年生师比达到 12.01∶1，2001 年达到 13.52∶1，2002 年达到 14.62∶1，2003 年生师比达到 15.29∶1，到 2005 年及之后各年的生师比基本上稳定在 16∶1 以上。所以，以生师比为例可以表明：高等教育规模扩展对我国高等教育资源的冲击巨大，加剧了生均教育资源的相对不足。

教育资源紧张除了生均指标相对不足之外，还体现在高等教育资源的地区分布不均衡。伴随着高等教育扩展，高等学校数也在逐年增长：1998 年我国普通高等教育院校数为 1022 所，到 2008 年时高校数达到 2263 所，2012 年增加到 2442 所，2013 年高校数增加到 2491 所。但是，各个省份之间的高等教育发展并不是均衡的，高等教育资源在各地区之间的分布存在显著差异。以 2012 年各省普通高等学校分布情况为例予以说明，具体情况如表 4 - 2 所示。

基于表 4 - 2 数据，可以发现 2012 年我国普通高等教育学校共有 2442 所，其中 1067 所分布在东部地区，占总高校数的 43.7%；中部地区高校数为 780 所，占比为 31.9%；西部地区高校数为 595 所，占比仅为 24.4%。说明我国高等教育资源的区域分布不均衡，主要集中在东部地区，中西部地区占比相对较低。高文兵、郝书辰（2008）指出虽然东中西部地区之间高校数量差异显著，但三大区域之间的人口基数不同，从人均高校数的角度考察高等教育资源的区域分布差异并不明显。[①] 表 4 - 2 数据也显示，东、中、西地区每百万人高校数分别为 1.91 个、1.83 个、1.63 个，也证明了高等教育资源在东中西三大地区的人均分布差异远小于绝对数量分布差异。潘懋元（2008）认为由于地区经济发展水平不同，其用于高等教育规模扩展的经济实力不同，经济社会发展所需要的人才数量、吸引力与

---

① 高文兵，郝书辰. 中国高等教育资源分布与协调发展研究 [M]. 北京：高等教育出版社，2008：60.

表4-2

2012年各省普通高等学校分布情况

地区	普通高等高校		每百万人高校数(个)
	数量(所)	占比(%)	
全国	2442	100	1.80
东部地区	1067	43.7	1.91
北京	89	3.6	4.30
天津	55	2.3	3.89
河北	113	4.6	1.55
辽宁	112	4.6	2.55
上海	67	2.7	2.82
江苏	153	6.3	1.93
浙江	102	4.2	1.86
福建	86	3.5	2.29
山东	136	5.6	1.40
广东	137	5.6	1.29
海南	17	0.7	1.92
中部地区	780	31.9	1.83
山西	75	3.1	2.08
吉林	57	2.3	2.07
黑龙江	79	3.2	2.06
安徽	118	4.8	1.97
江西	88	3.6	1.95
河南	120	4.9	1.28
湖北	122	5.0	2.11
湖南	121	5.0	1.82
西部地区	595	24.4	1.63
内蒙古	48	2.0	1.93
广西	70	2.9	1.50
重庆	60	2.5	2.04
四川	99	4.1	1.23
贵州	49	2.0	1.41
云南	66	2.7	1.42
西藏	6	0.2	1.95
陕西	91	3.7	2.42
甘肃	42	1.7	1.63
青海	9	0.4	1.57
宁夏	16	0.7	2.47
新疆	39	1.6	1.75

资料来源：2012年《中国教育统计年鉴》、《中国统计年鉴》。表中普通高等学校包括普通本科学校与高职高专院校。

消化能力也不同，[①] 所以经济发展水平是决定高等教育资源区域分布不均衡的决定因素（高文兵、郝书辰，2008）。[②] 因此缩小高等教育资源地区分布不均衡的问题不可能在短期内实现，而应以"效率优先、兼顾均衡"为原则，促进对西部地区高等教育事业的支援，增强区域间协调发展，逐渐缩小地区间高等教育差距。[③]

4.2 高等教育规模扩展影响大学溢价的模型构建

根据第3章高等教育扩展影响大学溢价的机理分析，以及多部门经济均衡的数理模型推导，可以得出高等教育规模扩展影响大学溢价的传导路径为：高等教育规模扩展→技能劳动相对供需框架→大学溢价。

本部分将围绕前面机理分析与传导路径，基于技能劳动相对供需框架从分渠道效应、综合净效应两个层面，考察高等教育规模扩展对大学溢价的影响作用。具体如图4-2所示。

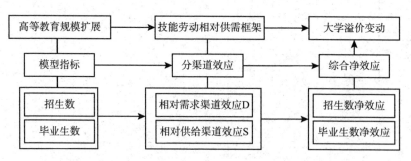

图4-2　高等教育规模扩展影响大学溢价的机理路径

① 潘懋元. 中国高等教育大众化的理论与政策 [M]. 广州：广东高等教育出版社，2008：109.
② 高文兵，郝书辰. 中国高等教育资源分布与协调发展研究 [M]. 北京：高等教育出版社，2008：214.
③ 潘懋元. 中国高等教育大众化的理论与政策 [M]. 广州：广东高等教育出版社，2008：110.

因此，根据高等教育规模扩展影响大学溢价变动的传导路径，本部分所构建的计量模型，具体包括相对供给渠道效应模型、相对需求渠道效应模型与综合净效应模型。

4.2.1 相对供给渠道效应估计模型

根据第 3 章多部门均衡模型推导，由式（3.23）与式（3.26）经过等式变换，可以得出下式：

$$\frac{H_t}{L_t} = a_t^{-1} \cdot \frac{TEBY_t \cdot (1 + JLR_t) \cdot JYL_t}{TEZS_t \cdot SYB_t \cdot (1/SXL_t - 1)} \tag{4.1}$$

结合式（3.46）、式（3.47）将式（4.1）两边取对数，并展开等号右侧，经整理得到：

$$\ln S_t = c_t - \alpha_1 \ln TEZS_t + \alpha_2 \ln TEBY_t - \alpha_3 \ln SYB_t - \alpha_4 \ln LSL_t$$
$$+ \alpha_5 \ln JLC_t + \alpha_6 \ln JYL_t + \varepsilon_t \tag{4.2}$$

将式（4.2）转化为面板模型，即相对供给渠道估计模型，如下：

$$\ln S_{it} = C_{it} + \alpha_1 \ln TEZS_{it} + \alpha_2 \ln TEBY_{it} + \alpha_3 \ln SYB_{it} + \alpha_4 \ln LSL_{it}$$
$$+ \alpha_5 \ln JLC_{it} + \alpha_6 \ln JYL_{it} + \alpha_7 \ln X_{it} + \varepsilon_{it} \tag{4.3}$$

其中，S_{it} 表示地区 i 在 t 时期技能劳动力的相对供给情况。$TEZS_{it}$、$TEBY_{it}$ 作为高等教育扩展的代理变量，SYB_{it}、LSL_{it}、JLC_{it}、JYL_{it} 是高等教育扩展的相关变量，各变量的具体含义为：$TEZS_{it}$ 表示地区 i 在 t 年的大学招生数；$TEBY_{it}$ 表示地区 i 在 t 年的大学毕业生数；JLC_{it} 表示地区 i 在 t 年大学毕业生经过地区间就业流动之后的净留存率；JYL_{it} 表示 i 地区 t 年大学毕业生的就业率；SYB_{it} 表示 i 地区 t 年大学招生中的本地生源比例；LSL_{it} 表示地区 i 在 t 时期为高等教育招生中的落升比率，具体含义为未录取率与高考录取率之间的比例。X_{it} 表示控制变量，α 为高等教育扩展各变量以及控制变量的估计系数。C_{it} 表示常数项，ε_{it} 表示随机扰动项。

4.2.2　相对需求渠道效应估计模型

由第 3 章模型推导中的式（3.40）以及式（3.26），经过代入变形后可以得到：

$$\frac{A_h(i)}{A_1(i)} = \left(\frac{\gamma}{1-\gamma}\right)^{1/(1-\rho)} \cdot a_t^{-\lambda} \cdot \left[\frac{TEBY_t \cdot (1 + JLR_t) \cdot JYL_t}{TEZS_t \cdot SYB_t \cdot (1/SXL_t - 1)}\right]^{\lambda}$$

$$(4.4)$$

根据式（3.46）、式（3.47）同样对式（4.3）两边取对数，则可以得到相对需求渠道模型为：

$$lnD_t = c_t - \beta_1 lnTEZS_t + \beta_2 lnTEBY_t - \beta_3 lnSYB_t - \beta_4 lnLSL_t$$
$$+ \beta_5 lnJLC_t + \beta_6 lnJYL_t + \varepsilon_t \qquad (4.5)$$

将模型（4.5）转化为面板模型形式，得到相对需求渠道估计模型：

$$lnD_{it} = C_{it} + \beta_1 lnTEZS_{it} + \beta_2 lnTEBY_{it} + \beta_3 lnSYB_{it} + \beta_4 lnLSL_{it}$$
$$+ \beta_5 lnJLC_{it} + \beta_6 lnJYL_{it} + \beta_7 lnY_{it} + \varepsilon_{it} \qquad (4.6)$$

其中，D_{it} 表示地区 i 在 t 年技能劳动力相对需求情况；高等教育扩展的主要代理变量 $TEZS_{it}$、$TEBY_{it}$ 及相关变量 SYB_{it}、LSL_{it}、JLC_{it}、JYL_{it} 的含义同上。Y_{it} 表示控制变量，β 为高等教育扩展各变量以及控制变量的估计系数，C_{it} 表示常数项，ε_{it} 表示随机扰动项。

4.2.3　综合净效应估计模型

依据第 3 章中的数理模型推导，将式（3.48）等号两侧取对数，并将等号右侧进一步展开，经整理得到如下基本模型：

$$lnw_t = c_t - \gamma_1 lnTEZS_t + \gamma_2 lnTEBY_t - \gamma_3 lnSYB_t - \gamma_4 lnLSL_t$$
$$+ \gamma_5 lnJLC_t + \gamma_6 lnJYL_t + \varepsilon_t \qquad (4.7)$$

将基本模型（4.7）转化为面板估计模型，则高等教育扩展影响大学溢价的综合净效应面板模型为：

$$lnw_{it} = C_{it} + \gamma_1 lnTEZS_{it} + \gamma_2 lnTEBY_{it} + \gamma_3 lnSYB_{it} + \gamma_4 lnLSL_{it}$$

$$+ \gamma_5 \ln JLC_{it} + \gamma_6 \ln JYL_{it} + \gamma_7 \ln Z_{it} + \varepsilon_{it} \qquad (4.8)$$

其中，w_{it} 表示地区 i 在 t 时期的大学溢价；高等教育扩展的代理变量为 $TEZS_{it}$、$TEBY_{it}$，相关变量 SYB_{it}、LSL_{it}、JLC_{it}、JYL_{it} 的含义同上。Z_{it} 表示控制变量，γ 为高等教育扩展各变量以及控制变量的估计系数，C_{it} 表示常数项，ε_{it} 表示随机扰动项。

综上，面板模型 (4.3)、模型 (4.6)、模型 (4.8) 分别是本书研究高等教育扩展影响大学溢价的相对供给渠道效应估计模型、相对需求渠道效应估计模型以及综合净效应估计模型，下文将使用中国的省级面板数据对以上三个数量模型进行实证检验。

4.3 省级面板数据的检验

4.3.1 变量选择与数据说明

1. 变量设定

在回归模型中，被解释变量与各个解释变量，以及控制变量的设定情况，具体如下所述：

（1）被解释变量。大学溢价由 PREMIUM 指代面板模型中的 w，作为综合净效应的被解释变量。由于在我国现有各种统计资料中，尚没有按教育程度分类统计的工资数据，也没有按职业类型划分的工资统计，只有按行业划分的平均工资统计数据。因此，本书借鉴宋冬林、王林辉、董直庆 (2010)[①] 与陆雪琴、文雁兵 (2013)[②] 以及刘

---

① 宋冬林，王林辉，董直庆. 技能偏向型技术进步存在吗？——来自中国的经验证据 [J]. 经济研究，2010 (5)：68 – 81.
② 陆雪琴，文雁兵. 偏向型技术进步、技能结构与溢价逆转——基于中国省级面板数据的经验研究 [J]. 中国工业经济，2013 (10)：18 – 30.

兰（2013）① 的方法，将科学研究和综合技术服务业人员定义为技能劳动力，农林牧副渔业从业人员定义为非技能劳动力。使用历年《中国统计年鉴》《中国劳动统计年鉴》中 31 个省份城镇单位就业人员平均工资统计数据，以科学研究和综合技术服务业职工平均工资与农林牧渔业职工平均工资的比值，表示大学溢价。

技能劳动力相对供给指数 HLR，作为相对供给渠道的因变量。根据已有文献（董直庆、王芳玲、高庆昆，2013）② 的方法，以及本书对大学溢价变量的定义，技能劳动力由科学研究和综合技术服务业从业人员表征，非技能劳动力由农林牧副渔业从业人员表征。所以，本书使用历年《中国统计年鉴》《中国劳动统计年鉴》中各地区分行业城镇单位从业人员数据，以科学研究和综合技术服务业从业人员数与农林牧副渔业从业人员的比值，表示各地区技能劳动力的相对供给情况。

技能偏态型技术进步指数 SBTCD，作为相对需求渠道的因变量。在现有研究文献中，技能偏态型技术进步尚没有形成统一的表征指标，一般是使用全要素生产率（TFP）作为（陆雪琴、文雁兵，2013；③ 李欣，2014；④ 马磊，2015⑤）代理变量。虽然全要素生产率可能会导致技术进步偏向技能劳动力，但通常是作为中性技术进步范畴（Balleer & Rens，2012）⑥，而且在实证分析过程中容易产生估计结果不显著，或者实证结果不稳健而产生效应逆转（陆雪琴、文雁兵，2013）⑦ 等问题。以上问题说明：全要素生产率指数并不能充分体现技术进步的技能偏态，也就是全要素生产率指数

① 刘兰. 偏向型技术进步、技能溢价与工资不平等［J］. 理论月刊，2013（2）：140－143.

② 董直庆，王芳玲，高庆昆. 技能溢价源于技术进步偏向性吗？［J］. 统计研究，2013（6）：37－44.

③⑦ 陆雪琴，文雁兵. 偏向型技术进步、技能结构与溢价逆转——基于中国省级面板数据的经验研究［J］. 中国工业经济，2013（10）：18－30.

④ 李欣. 技术进步对我国工资差距的影响——基于全球化的视角［M］. 北京：中国社会科学出版社，2014：166－172.

⑤ 马磊. 高等教育财政投入影响技能溢价的机理分析——基于技能劳动相对供需框架的视角［J］. 经济问题探索，2015（9）：32－40.

⑥ Balleer A，Rens T. Skill－Biased Technological Change and the Business Cycle. Kiel Working Paper No. 1775，2012.

不是技能偏态型技术进步的理想表征指数。因此，本书借鉴卡兹和墨菲（Katz & Murphy，1992），[①] 墨菲、里德尔和罗默（Murphy，Riddell & Romer，1998），[②] 奥托尔、卡兹和克鲁格（Autor，Katz & Krueger，1998），[③] 阿西莫格鲁（Acemoglu，2002a）[④] 以及阿西莫格鲁和奥托尔（Acemoglu & Autor，2010）[⑤] 的方法[⑥]，即在大学溢价决定方程式（3.41）中设定 $\gamma = 0.5$，$\beta = 1$，并将两类中间产品的替代弹性 $\sigma = 1/(1 - \rho)$，变换等式形式，得到下式：

$$S_h = \frac{w_h H}{w_l L} = \left(\frac{A_h}{A_l}\right)^{\frac{\sigma-1}{\sigma}} \cdot \left(\frac{H}{L}\right)^{\frac{\sigma-1}{\sigma}} \quad\quad (4.9)$$

式（4.9）中 S_h 表示技能劳动力相对收入比重。等式变形，得到技能偏态型技术进步：

$$\frac{A_h}{A_l} = \frac{S_h^{\frac{\sigma-1}{\sigma}}}{H/L} \quad\quad (4.10)$$

令 $$D = \left(\frac{A_h}{A_l}\right)^{\frac{\sigma-1}{\sigma}} \quad\quad (4.11)$$

由指数 D 表示技能偏态型技术进步指数 SBTCD。在基于大学溢价决定方程，计算技能偏态型技术进步指数过程中，卡兹和墨菲（1992）[⑦] 使用替代弹性 σ 的取值为 0.5、1.41、4 进行测算，墨菲、里德尔和罗默（1998）[⑧] 则令替代弹性 σ 等于 1.25、1.5、2 进行测算，奥托尔、卡兹和克鲁格（1998）[⑨] 分别使用 σ 等于 1、1.4、2

①⑦　Katz L F，Murphy K M. Changes in Relative Wages，1963 – 1987：Supply and Demand Factors［J］. Quarterly Journal of Economics，1992，107（1）：35 – 78.

②⑧　Murphy K，Riddell W，Romer P. Wages，Skills，and Technology in the United States and Canada. NBER Working Paper No. 6638. National Bureau of Economic Research，1998.

③⑨　Autor D，Katz L and Krueger A. Computing Inequality：Have Computers Changed the Labor Market?［J］. The Quarterly Journal of Economics，1998，113（4）：1169 – 1213.

④　Acemoglu D. Technical Change，Inequality，and the Labor Market［J］. Journal of Economic Literature，2002a，40（1）：7 – 72.

⑤　Acemoglu D，Autor D. Skills，Tasks and Technologies：Implications for Employment and Earnings. NBER Working Paper No. 16082. National Bureau of Economic Research，2010.

⑥　Katz & Murphy（1992），Murphy，Riddell & Romer（1998），Autor，Katz & Krueger（1998），Acemglu（2002a）以及 Acemoglu & Autor（2010）是根据大学溢价决定方程，在设定替代弹性数值的基础上计算技能偏态型技术进步指数。

时测算技能偏态型技术进步指数，阿西莫格鲁（2002a）[①] 以及阿西莫格鲁和奥托尔（Acemoglu & Autor，2010）[②] 则使用 1.4、2 作为替代弹性对技能偏态型技术进步指数进行测算。基于现有文献中的不同取值，本书选择中间值 1.4 作为本研究的替代弹性 σ 取值，根据大学溢价决定方程（3.41）以及式（4.9）、式（4.10）、式（4.11）计算各省历年相应技能偏态型技术进步指数 SBTCD。

（2）解释变量。高等教育招生规模 TEZS 与高等教育毕业生数 TEBY，是本书高等教育扩展的代理变量。其中，高等教育招生规模 TEZS 是高等教育扩展分流功能的主要体现，故本研究中高等教育招生数作为核心解释变量。[③] TEZS 定义为各地区每年高等教育院校的招生数，数据来源于历年《中国统计年鉴》《中国教育统计年鉴》中各地区普通高等学校招生数。需要说明的是，《中国统计年鉴》在 2003 年之前将高等学校与中等专业学校并列统计，而 2003 年之后将高等教育学校统计项目分列为本科与专科学校。为了统一高等教育招生数统计口径，本书数据处理方法是使用 2002 年及之前各年份高等学校招生数，2003 年及以后年份使用本专科加总招生数。高等教育毕业生规模 TEBY，作为主要解释变量，定义为各地区每年高等教育院校的毕业生数。数据来源以及统计口径统一处理方法同高等教育招生数一致，即采用历年《中国统计年鉴》《中国教育统计年鉴》中各地区普通高等学校毕业生数，在 2002 年之前使用高等学校毕业生数表征，2003 年以后则使用本专科加总所得的毕业生数表征变量。

本地生源比 SYB，作为相关解释变量，表示本地生源数量占招生数的比重。由于我国高等教育在管理辖属、经费投入等方面具有属地化性质，故我国高等教育学校在招生过程中相应呈现出显著的

① Acemoglu D. Technical Change, Inequality, and the Labor Market [J]. Journal of Economic Literature, 2002a, 40 (1): 7-72.

② Acemoglu D, Autor D. Skills, Tasks and Technologies: Implications for Employment and Earnings. NBER Working Paper No. 16082. National Bureau of Economic Research, 2010.

③ 根据第 3 章中从大学学制的角度分析，T 年的毕业生数除了受毕业率影响之外，T-4 年的招生数确定了 T 年毕业生数的数量上限。所以，高等教育招生数相对于毕业生数来讲，可以更加充分地代理高等教育规模扩展，故在本书研究中作为核心解释变量。

属地性质（马莉萍、岳昌君、闵维方，2009），[①] 即主要吸纳本地生源。[②] 具体表现为：当招生数量减少时，本地生源比保持相对稳定；当招生数量扩大时，扩招部分优先满足本地生源受教育需求[③]。本书将教育部《2008 年全国高校毕业生就业调查数据》[④] 中毕业生本地生源比例作为 2004 年的招生本地生源比，并在此基础上估算 2004 年之后的各年本地生源比。具体测算公式，如下：

$$
\begin{aligned}
\frac{t\,年本地}{生源比} &= \frac{t\,年本地招生数}{t\,年招生数} \\[2mm]
&= \frac{(t-1)\,年本地招生数 + t\,年本地增加数}{t\,年招生数} \\[2mm]
&= \frac{(t-1)\,年招生数 \times (t-1)\,年生源比 + [\,t\,年招生数 - (t-1)\,年招生数\,] \times (t-1)\,年生源比 \times t\,年录取率}{t\,年招生数}
\end{aligned}
$$

本地落升比 LSL，作为相关解释变量，表示本地高考考生落榜率与录取率之间的比值。由于高考录取工作包含不同批次以及生源指标调剂情况，各省每年高考的实际录取人数与高考招生计划编制所设定的招生计划数是存在一定差异的。所以，各省高考实际录取

① 马莉萍，岳昌君，闵维方. 高等院校布局与大学生区域流动 [J]. 教育发展研究，2009（23）：31 – 36.

② 根据马莉萍、岳昌君和闵维方的研究，从总体上看，各地区高校所招收学生中本地生源一般占 80% 以上；从院校类型看，地方本科院校与高职高专院校吸收本地生源的比例约为 80% ~90%，同时中央属的"985""211"重点院校吸收本地生源的比例高达 60% ~70%。但是全国中央属普通高等学校数量占全国普通高等高校数量的 4.63%，且招生规模有限。所以，各省普通高等学校所吸纳的本地生源比，将在本地生源不减招的原则下，在一定时期内将保持相对稳定并逐年略有增长。

③ 最新披露的现实资料在一定程度上印证了此种政策表现。江苏省教育厅于 2016 年 6 月 21 日公开发布，在编制本省 2016 年普通高校招生计划过程中，江苏省在完成国家专项计划的同时，全面落实招收江苏学生的"三个不减少"：普通高校本专科招生计划中招收江苏学生的总规模不减少；第一本二等各批次招收江苏学生的计划规模不减少；重点高校招收江苏学生的总计划不减少。本书认为基于高等教育院校的属地性质，"三个不减少"原则是各个省份普遍存在的政策逻辑。也就是各省在编制本省普通高校招生计划时，均具有"当招生数量减少时，本地生源比保持相对稳定；当招生数量扩大时，扩招部分优先满足本地生源受教育需求"的政策倾向。

④ 《2008 年全国高校毕业生就业状况》是根据全国各普通高校上报给教育部的毕业生初次就业情况数据而进行的统计分析报告，涉及我国 31 个省、自治区和直辖市的各类普通高等学校（中国台湾、香港、澳门高校毕业生就业状况不在本报告分析之列），涵盖了历年专科、本科、硕士以及博士的各学历层次毕业生离校时的就业状况。具体报告由全国高等学校学生信息咨询与就业指导中心与北京大学教育学院联合发布。

率通常会高于由报考人数与录取计划数计算得到的计划录取率。因此，本书使用的本地录取率是由主管高考招生考试与录取工作的省级教育考试院，在高职高专院校录取批次结束后所发布的历年高考招生录取比例作为升学率。本地落升比由高考升学率换算的计算公式如下：

$$t\ 年落升比 = \frac{t\ 年落榜率}{t\ 年升学率} = \frac{1 - t\ 年升学率}{t\ 年升学率}$$

大学毕业生净留存率 JLC，作为相关解释变量。由于各地区经济发展水平、就业机会、市场需求、工资水平具有明显差异，大学毕业生并不是全部选择留在毕业院校所在地就业，而是在各地区之间流动就业。流出本地就业与流入本地就业之间的差值表示大学毕业生净流入。本地大学毕业生数与净流入毕业生数加和，除以本地大学毕业生数则表示一个地区的大学毕业净留存率。本书根据全国高等学校学生信息咨询与就业指导中心与北京大学教育学院联合发布的 2004～2010 年《全国高校毕业生就业状况》中各地区院校所在地毕业生的流入与流出数据，计算得到各省历年大学毕业生净留存率。计算公式如下：

$$t\ 年大学毕业生净留存率 = \frac{t\ 年本地大学毕业生数 + t\ 年净流入本地就业大学生数}{t\ 年本地大学毕业生数}$$

$$= 1 + \frac{t\ 年流入本地就业大学生数 - t\ 年流出本地就业大学生数}{t\ 年本地大学毕业生数}$$

大学毕业生就业率 JYL，作为相关解释变量，表示各地区的大学毕业生就业情况。根据前文机理分析，大学毕业生只有进入劳动力市场实现就业，才对技能劳动力增量结构产生影响作用，因而就业率因素是高等教育扩展作用于大学溢价的相关影响变量。本书根据北京大学教育学院发布的 2004～2010 年《全国高校毕业生就业状况》中分学历分院校所在地本科毕业生初次就业率数据，表示各地区大学毕业生的就业指标。初次就业率是指大学毕业生在离校时，已经确定就业去向的毕业生人数占全体毕业生总数的比例。

（3）控制变量。本书所构建的数理模型中已经包含了大学毕业生迁移流动、本地生源比例、高考录取率、就业率等相关变量，在此基础上本书考虑引入相应控制变量。根据文献梳理，现有研究基本上大多是以卡兹和墨菲（1992），[①] 墨菲、里德尔和罗默（1998）[②] 以及阿西莫格鲁（1998，[③] 2002a[④]）提出的技能劳动相对供需框架作为基本逻辑，并在此框架的基础上引入大学溢价的相关控制变量，主要包括国际贸易（Acemoglu，2003b；[⑤] 刘兰、邹薇，2010；[⑥] 董直庆、王芳玲、高庆昆，2013；[⑦] 陆雪琴、文雁兵，2013[⑧]）、外商直接投资（邵敏、刘重力，2011）[⑨] 等。经过文献比较，本书认为国际贸易因素更加符合墨菲和阿西莫格鲁的模型构建中有关中间产品贸易的假定，引入到技能劳动相对供需框架中也更加具有理论依据。此外，也有部分相关研究文献将市场化进程（李欣，2014）、[⑩] 经济结构变迁（魏下海，2012）、[⑪] 经济发展水平（陆雪琴、文雁兵，2013）[⑫]等因素作为控制变量引入大学溢价研究中。现有研究引入控制变量后的分析思路，均是从分渠道效应和综

① Katz L F, Murphy K M. Changes in Relative Wages, 1963 - 1987: Supply and Demand Factors [J]. Quarterly Journal of Economics, 1992, 107 (1): 35 - 78.

② Murphy K, Riddell W, Romer P. Wages, Skills, and Technology in the United States and Canada. NBER Working Paper No. 6638. National Bureau of Economic Research, 1998.

③ Acemoglu, D. Why Do New Technologies Complement Skills? Directed Technical Change and Wage Inequality [J]. The Quarterly Journal of Economics, 1998, 113 (4): 1055 - 1089.

④ Acemoglu D. Technical Change, Inequality, and the Labor Market [J]. Journal of Economic Literature, 2002a, 40 (1): 7 - 72.

⑤ Acemoglu D, Cross - Country Inequality Trends [J]. The Economic Journal, 2003b, 113 (485): F121 - F149.

⑥ 刘兰，邹薇. 技能溢价与工资不平等理论研究进展 [J]. 中南财经政法大学学报，2010 (1): 16 - 21.

⑦ 董直庆，王芳玲，高庆昆. 技能溢价源于技术进步偏向性吗？[J]. 统计研究，2013 (6): 37 - 44.

⑧⑫ 陆雪琴，文雁兵. 偏向型技术进步、技能结构与溢价逆转——基于中国省级面板数据的经验研究 [J]. 中国工业经济，2013 (10): 18 - 30.

⑨ 邵敏，刘重力. 外资进入与技能溢价——兼论我国 FDI 技术外溢的偏向性 [J]. 世界经济研究，2011 (1): 67 - 74.

⑩ 李欣. 技术进步对我国工资差距的影响——基于全球化的视角 [M]. 北京：中国社会科学出版社，2014: 147.

⑪ 魏下海. 中国全要素生产率增长与人力资本效应研究 [M]. 北京：人民出版社，2012: 78 - 79.

合净效应两个层面展开，也就是分别探讨引入控制变量对相对供给渠道、相对需求渠道的影响，以及对大学溢价变动的影响。

基于文献梳理，本书引入的控制变量包括：国际贸易水平 EXPORT，表征各地区在开放经济条件下的对外开放度。根据历年《中国统计年鉴》，由各地区按经营单位所在地分货物出口总额与相应年份 GDP 的比值表示。

市场化水平 MARKET，表征各地区经济发展中市场化程度。根据历年《中国统计年鉴》中各地区按经济类型分全社会固定资产投资统计数据，由非国有固定资产投资额占全社会固定资产投资总额的比重表示。

城市化率 URBAN，表征各地区的城市化水平，或城镇化建设进程。城市化水平的最直接度量指标是城镇人口占总人口的比重，但此指标在省级数据层面存在严重缺失（魏下海，2012），[①] 所以本书参照陆雪琴、文雁兵（2013）[②] 的方法，使用历年《中国人口与就业统计年鉴》数据，由城镇就业人口占总人口的比重作为衡量指标。

经济发展水平 KPL，表征各地区经济发展状况。根据历年《中国统计年鉴》中各地区全社会固定资产投资总额，测算各省物质资本存量。其中，物质资本存量估算采用永续盘存法（Goldsmith，1951）进行估算，测算公式为：$K_{it} = I_{it} + (1 - \delta_{it}) K_{it}$。公式中，$K_{it}$ 表示地区 i 第 t 期末的物质资本存量，I_{it} 则表示地区 i 第 t 期的新增固定资本投资额经过平减后的实际投资额，δ_{it} 表示固定资本经济折旧率。本书采用固定资本形成总额作为新增固定资本的估算值，同时参照张军等（2004）[③] 的处理方法，δ_{it} 表示各地区取无差异固定资本经济折旧率为 9.6%。然后，根据历年《中国人口与就业统计

---

① 魏下海. 中国全要素生产率增长与人力资本效应研究 [M]. 北京：人民出版社，2012：78 - 79.

② 陆雪琴，文雁兵. 偏向型技术进步、技能结构与溢价逆转——基于中国省级面板数据的经验研究 [J]. 中国工业经济，2013（10）：18 - 30.

③ 张军，吴桂英，张吉鹏. 中国省际物质资本存量估算：1952—2000 [J]. 经济研究，2004（10）：35 - 44.

年鉴》中各地区年末就业人口数，计算得到各地区劳均固定资本存量 KPL 表示地区经济发展水平。

2. 数据概况

在数据整理过程中，被解释变量与主要解释变量的数据跨度基本上均可以整理到 1998～2012 年，但由于大学毕业生就业流动情况、就业率、本地生源比等高等教育扩展相关变量均从 2004 年才开始出现公布数据，且最新公布的统计数据年份截至 2010 年。因此，本研究在进行实证检验过程中，将 2004～2010 年作为样本区间，使用我国 2004～2010 年 31 个省份的面板数据进行实证分析。除非特别说明本研究数据均来源于历年《中国统计年鉴》《中国人口与就业统计年鉴》《中国教育统计年鉴》《中国劳动统计年鉴》以及各省历年《统计年鉴》。各个变量的具体定义与数据样本情况，如表 4－3 所示。

表 4－3　　　　　　　　　变量定义与样本说明

变量类型	变量符号	变量含义	观测值	样本区间
被解释变量	PREMIUM	大学溢价	217	2004～2010
相对供给渠道因变量	HLR	技能劳动力相对供给比率	217	2004～2010
相对需求渠道因变量	SBTCD	技能偏态型技术进步指数	217	2004～2010
核心解释变量	TEZS	高等教育招生数	217	2004～2010
主要解释变量	TEBY	高等教育毕业生数	217	2004～2010
相关解释变量	SYB	高考本地生源比	217	2004～2010
	LSL	高考招生落榜率与录取率比值	217	2004～2010
	JLC	大学毕业生净留存率	217	2004～2010
	JYL	大学毕业生就业率	217	2004～2010

变量类型	变量符号	变量含义	观测值	样本区间
控制变量	EXPORT	对外开放度	217	2004～2010
	MARKET	市场化水平	217	2004～2010
	URBAN	城市化率	217	2004～2010
	KPL	经济发展水平	217	2004～2010

　　为了便于比较省级面板数据中各个变量之间的地区间差异，本书采用中国国家统计局的区域划分标准，将31个省（区、市）划分为东部、中部、西部的三个区域。各区域的具体划分是：东部十一省（市）包括北京、天津、河北、辽宁、上海、江苏、浙江、福建、山东、广东、海南；中部八省包括山西、吉林、黑龙江、安徽、江西、河南、湖北和湖南；西部十二省（区、市）包括内蒙古、广西、重庆、四川、贵州、云南、西藏、陕西、甘肃、青海、宁夏和新疆。面板数据中，各个变量的数据概况如表4-4所示。

　　从表4-4数据概况中，可以发现各个变量在不同地区间的差异：（1）被解释变量。大学溢价在全国层面的最大值为5.03，出现在东部地区；最小值也出现在东部地区为1.49。从均值角度比较，东部、中部地区大学溢价高于全国平均水平2.44，只有西部地区低于全国平均值。（2）分渠道效应因变量。技能偏态型技术进步指数最大值为19.67由东部地区决定，最小值为0.29则由西部地区决定。只有东部地区技能偏态型技术进步指数平均值高于全国，中西部地区都低于全国平均水平，但西部地区高于中部地区，即中部地区均值最低。技能劳动力相对供给指数与技能偏态型技术进步指数类似，也呈现出东部高于全国平均水平，中西部低于全国平均值且中部最低的地区间差异。（3）主要解释变量。高等教育招生数在东部、中部地区均高于全国平均水平18.31万人，只有西部地区低于全国平均水平；而且，中部地区均值高于东西部地区，平均值最大。高等教育毕业生数的地区分布情况与高等教育招生数相一

表4-4　　变量描述性统计

地区	变量	PRE	SBT	HLR	TEZS	TEBY	SYB	LSL	JLC	JYL	EXP	MAR	URB	KPL
东部	最大值	5.03	19.67	16.08	47.52	47.89	0.98	1.00	1.24	0.99	0.92	0.86	0.34	345.40
	最小值	1.49	0.36	0.08	1.97	0.79	0.32	0.14	0.91	0.47	0.05	0.53	0.07	47.53
	平均值	2.81	5.81	4.05	22.98	17.61	0.70	0.36	1.12	0.83	0.40	0.73	0.14	124.30
	标准差	0.95	5.23	4.85	12.48	10.81	0.21	0.17	0.12	0.08	0.25	0.07	0.07	64.52
中部	最大值	3.83	3.25	2.27	45.71	38.25	0.97	1.38	0.91	0.96	0.14	0.84	0.13	195.70
	最小值	1.61	0.63	0.10	10.75	5.11	0.45	0.10	0.79	0.37	0.03	0.54	0.05	27.36
	平均值	2.47	1.77	0.77	23.63	17.98	0.71	0.62	0.83	0.76	0.06	0.66	0.09	68.52
	标准差	0.51	0.75	0.57	8.52	8.02	0.16	0.28	0.04	0.11	0.03	0.07	0.02	34.13
西部	最大值	3.15	5.83	3.18	33.21	27.86	0.98	1.59	1.00	0.92	0.32	0.72	0.12	223.50
	最小值	1.54	0.29	0.07	0.60	0.21	0.41	0.16	0.89	0.09	0.01	0.16	0.05	18.65
	平均值	2.09	2.02	1.03	10.48	7.47	0.72	0.68	0.95	0.69	0.07	0.55	0.08	67.28
	标准差	0.34	1.44	0.87	8.34	6.58	0.14	0.31	0.04	0.17	0.05	0.11	0.02	37.34
全国	最大值	5.03	19.67	16.08	47.52	47.89	0.98	1.59	1.24	0.99	0.92	0.86	0.34	345.40
	最小值	1.49	0.29	0.07	0.60	0.21	0.32	0.10	0.79	0.09	0.01	0.16	0.05	18.65
	平均值	2.44	3.30	2.03	18.31	13.78	0.71	0.55	0.98	0.76	0.18	0.64	0.10	87.82
	标准差	0.72	3.75	3.30	11.79	9.97	0.17	0.29	0.14	0.14	0.22	0.12	0.05	55.06

注：限于篇幅，表中变量符号作出了适度简化，超过4个字母的变量符号仅保留其前3个字母：PRE表示PREMIUM，SBT表示SBTCD，EXP表示EXPORT，MAR表示MARKET，URB表示URBAN。由于多数变量都是比率形式，故不具有度量单位，需要说明单位的变量包括：TEZS（万人）、TEBY（万人）、KPL（千元/人）。

致，也是中部地区均值最大，高于东西部地区，且只有西部地区低于全国平均水平 13.78 万人。（4）相关解释变量。本地生源比，在中西部地区均高于全国平均水平，只有东部地区低于全国平均水平。说明我国高等教育院校分布区域不均衡所导致的受教育机会不均等状况正在逐渐改善，东部地区对中西部地区生源已经发挥了一定程度的协调与支持作用。高考落升率，在西部地区最高，中部地区居中，东部地区最低，且中西部地区高于全国平均水平。由于高考落升率与高考录取率呈反比关系，所以说明中西部地区的高考录取率相对于东部地区来讲仍需要进一步提升。大学毕业生净留存率只有东部地区（1.12）高于全国平均水平（0.98），中西部地区均低于全国平均水平；中部地区（0.83）低于西部地区（0.95）成为均值最低的区域。说明从均值角度来讲，只有东部地区大学毕业生是净流入，中西部地区则为净流出，并且中部地区人力资本溢出程度较西部地区更为严重。大学毕业生就业率，只在东部地区的均值高于全国平均水平，中西部地区大学毕业生就业率均不高于全国平均水平。说明加大力度促进中西部地区大学毕业生就业率，特别是西部地区，是提高全国大学毕业生就业率的关键所在。（5）控制变量。对外开放度、市场化水平、城市化率、劳均固定资本存量均表现为只有东部地区均值高于全国平均水平，中西部地区低于全国平均水平，且西部地区均值最低。表明我国在对外开放度、市场化水平、城市化率以及经济发展水平等方面存在明显的地区不均衡。

4.3.2　分渠道效应检验结果

本书分析高等教育扩展影响大学溢价的逻辑思路是：高等教育扩展对技能劳动相对供需框架具有影响效应，而技能劳动相对供需框架对大学溢价的形成与变动具有决定关系，进而高等教育扩展影响大学溢价变动。简化表述高等教育扩展影响大学溢价的传导路径为：高等教育扩展→技能劳动相对供需框架→大学溢价。因此，在分析高等教育扩展影响大学溢价的综合净效应之前，需要对高等教育扩展的分渠道效应进行检验。

1. 豪斯曼检验

面板数据估计分析过程中，确定使用固定效应模型还是随机效应模型是一个基本问题。豪斯曼检验（Hausman，1978）假定在原假设"$H_0: u_i$ 与 x_{it}, z_{it} 不相关"成立的情况下，随机效应模型是最有效率的，即 RE（随机效应模型）比 FE（固定效应模型）更有效。但是，如果原假设不成立，则 RE 不一致，此时 RE 并非是最有效率的估计量，意味着拒绝随机效应，接受固定效应；而无论原假设成立与否，FE 都是一致的，[1] 也就是固定效应在估计系数的精确度上总是不差于随机效应模型。

因此，本书使用 Stata12.0 进行豪斯曼检验，根据 p 值是否显著，确定是否拒绝原假设，以此为基础选择效应模型。模型 1 表示未加入控制变量的回归分析，模型 2 表示加入控制变量的回归分析。分渠道效应模型的豪斯曼检验结果，如表 4 – 5 所示。

表 4 – 5　　　　　　　分渠道效应模型的豪斯曼检验结果

豪斯曼检验	相对需求渠道效应 D		豪斯曼检验	相对供给渠道效应 S	
	模型 1	模型 2		模型 1	模型 2
chi2	12.29	4.630	chi2	7.820	4.680
P	0.0557	0.914	P	0.252	0.912
效应选择	FE	RE	效应选择	RE	RE

2. 分渠道效应估计结果

在豪斯曼检验的基础上，使用省级面板数据对相对需求渠道效应估计模型（4.6）与相对供给渠道效应估计模型（4.3）进行实证检验，估计各个变量的系数。为了更加全面地比较分渠道效应的

① 陈强. 高级计量经济学及 Stata 应用 [M]. 北京：高等教育出版社，2010：151.

面板数据回归结果，本部分将固定效应 FE 结果、随机效应 RE 结果同时列出，以说明在不同效应模型下变量系数估计结果的稳健性程度。面板数据回归结果的各个统计值，如表 4 - 6 所示。

表 4 - 6　　　　　　　分渠道效应的面板数据估计结果

变量	相对需求渠道效应				相对供给渠道效应			
	模型 1 - FE	模型 1 - RE	模型 2 - FE	模型 2 - RE	模型 1 - FE	模型 1 - RE	模型 2 - FE	模型 2 - RE
lnTEZS	0. 506 *** (3. 33)	0. 332 ** (2. 48)	0. 416 *** (2. 99)	0. 385 *** (3. 17)	0. 333 * (1. 69)	0. 19 (1. 07)	0. 133 (0. 72)	0. 149 (0. 9)
lnTEBY	0. 195 *** (2. 91)	0. 252 *** (3. 94)	0. 00718 (0. 09)	0. 0157 (0. 21)	0. 348 *** (3. 99)	0. 396 *** (4. 77)	0. 12 (1. 17)	0. 119 (1. 2)
lnSYB	− 0. 174 (− 1. 27)	− 0. 123 (− 0. 94)	− 0. 275 ** (− 2. 25)	− 0. 242 ** (− 2. 08)	0. 122 (0. 69)	0. 153 (0. 9)	− 0. 0497 (− 0. 31)	− 0. 0369 (− 0. 24)
lnLSL	− 0. 0647 ** (− 2. 19)	− 0. 0697 ** (− 2. 35)	0. 0179 (0. 62)	0. 0201 (0. 72)	− 0. 127 *** (− 3. 32)	− 0. 132 *** (− 3. 45)	− 0. 0266 (− 0. 69)	− 0. 0257 (− 0. 69)
lnJLC	− 0. 527 ** (− 2. 54)	− 0. 432 ** (− 2. 1)	− 0. 641 *** (− 3. 28)	− 0. 609 *** (− 3. 19)	− 0. 426 (− 1. 58)	− 0. 367 (− 1. 39)	− 0. 639 ** (− 2. 45)	− 0. 625 ** (− 2. 46)
lnJYL	− 0. 0832 (− 1. 55)	− 0. 0839 (− 1. 54)	− 0. 0793 * (− 1. 68)	− 0. 0815 * (− 1. 75)	− 0. 015 (− 0. 22)	− 0. 0152 (− 0. 22)	− 0. 0135 (− 0. 21)	− 0. 0159 (− 0. 26)
lnEXPORT			0. 0349 (0. 95)	0. 0396 (1. 12)			− 0. 0411 (− 0. 84)	− 0. 0321 (− 0. 68)
lnMARKET			− 0. 391 *** (− 3. 42)	− 0. 404 *** (− 3. 61)			− 0. 260 * (− 1. 71)	− 0. 279 * (− 1. 87)
lnURBAN			0. 836 *** (5. 68)	0. 823 *** (6. 02)			0. 973 *** (4. 97)	0. 973 *** (5. 3)
lnKPL			0. 281 *** (4. 55)	0. 284 *** (4. 92)			0. 349 *** (4. 24)	0. 346 *** (4. 47)
cons	− 7. 603 *** (− 6. 23)	− 6. 176 *** (− 5. 83)	− 3. 701 *** (− 2. 88)	− 3. 456 *** (− 3. 15)	− 8. 110 *** (− 5. 13)	− 6. 967 *** (− 4. 93)	− 2. 554 (− 1. 49)	− 2. 696 * (− 1. 8)
N	217	217	217	217	217	217	217	217

续表

变量	相对需求渠道效应				相对供给渠道效应			
	模型 1 – FE	模型 1 – RE	模型 2 – FE	模型 2 – RE	模型 1 – FE	模型 1 – RE	模型 2 – FE	模型 2 – RE
R – sq	0.541	0.538	0.658	0.658	0.573	0.572	0.665	0.665
F(Wald)	35.35	205.2	33.86	357.3	40.32	239.3	34.98	365.2
P	0	0	0	0	0	0	0	0

注：***、**、*分别表示在0.01、0.05、0.1水平上通过统计检验，呈现显著性。括号内数字在固定效应FE时为变量系数估计的t检验值，在随机效应RE时为其系数估计的z检验值。F(Wald) 表示在固定效应FE时为模型结果的F检验值，在随机效应RE时为模型结果的Wald检验值。

根据表4-6中面板数据估计结果，可以发现各个变量在相对需求渠道D、相对供给渠道S中的影响作用：

（1）主要解释变量中，高等教育招生数作为核心解释变量，其对相对供给渠道与相对需求渠道均具有显著的正向效应，且相对供给渠道效应系数（0.506）大于相对供给渠道效应系数（0.19）。说明高等教育招生规模增加可以显著促进技能偏态型技术进步，同时也有利于增加技能劳动力相对供给，且其对技能偏态型技术进步的促进程度大于对技能劳动力相对供给的作用。同时，高等教育毕业生数的估计系数也显著为正，说明高等教育毕业生规模增加既有利于促进技能偏态型技术进步，也有利于增加技能劳动力的相对供给，且相对供给渠道效应系数（0.195）小于相对供给渠道效应系数（0.396）。因此，作为高等教育扩展的代理变量，高等教育招生数与高等教育毕业生数在技能劳动相对供需框架中对技能偏态型技术进步、技能劳动力相对供给均具有正向促进作用。也就是，高等教育扩展对技能劳动相对需求渠道、相对供给渠道的影响效应，均表现为正向作用。

（2）相关解释变量。本地生源比对相对需求渠道具有显著的负向影响，说明本地生源比的增加将不利于技能偏态型技术进步；其在相对供给渠道中，加入控制变量后亦表现为负向作用，虽然不显著，但可以说明本地生源比例的提高并不能显著增加技能劳动力的相对供给。落升比对相对需求渠道、相对供给渠道均具有显著的负向影响，说明高考落榜与录取间比例的提高既不利于技能偏态型技术进步也不利于技能劳动力相对供给，反过来讲即提高高考录取率将有利促进技能偏态型技术进步，同时也有利于增加技能劳动力的相对供给。净留存率对相对需求渠道、相对供给渠道具有负向影响，说明由于大学毕业生净流入增加导致本地大学毕业生净留存率提高，并不能导致技能偏态型技术进步的发生，也不会导致技能劳动力相对供给的显著增加。大学毕业生就业率对相对需求渠道、相对供给渠道均表现为负向作用，虽然不显著，一定程度上说明大学毕业生就业率增加，但不能显著促进技能偏态型技术进步也不能显著增加技能劳动力相对供给的增加。

（3）控制变量中，由国际贸易水平表征的对外开放度的相对需求渠道效应表现为正，相对供给渠道效应表现为负，说明国际贸易发展将有利于技能偏态型技术进步，但不能促进技能劳动力相对供给的增加。市场化水平的相对需求渠道效应、相对供给渠道效应均显著为负，说明经济发展结构中市场化程度的提高反而不利于技能偏态型技术进步与技能劳动力的相对供给。城市化率、经济发展水平的相对需求渠道效应、相对供给渠道效应均显著为正，说明随着城市化率提高、地区经济发展水平的提升，也将有利于地区的技能偏态型技术进步发展以及技能劳动力相对供给的增加。

通过技能劳动 D－S 分渠道效应检验结果的分析，本书可以得出：高等教育扩展的相对需求渠道效应、相对供给渠道效应均显著存在，也就是高等教育扩展对大学溢价形成与变动的相对供需框架具有显著影响作用。那么，高等教育扩展通过相对供需框架中 D－S 双渠道，对大学溢价究竟产生怎样的具体影响，需要对综合净效应进行估计，即使用面板数据对模型（4.6）进行实证检验。

4.3.3 综合净效应估计结果

1. 综合净效应的理论估计

由于高等教育扩展影响大学溢价的传导路径为：高等教育扩展→技能劳动相对供需框架→大学溢价。因此，如果获得高等教育扩展的相对需求渠道效应系数与相对供给渠道效应系数，以及技能劳动相对供需框架决定大学溢价的数量关系，便可由传导路径对综合净效应的符号方向进行理论推导与初步估计。

综合净效应系数符号方向的理论估计方法，是基于阿西莫格鲁（2002a）[①] 与阿西莫格鲁和奥特尔（Acemoglu & Autor, 2010）[②] 构建的大学溢价决定方程，通过高等教育扩展的相对需求渠道效应系数乘以大学溢价决定方程中相对需求渠道因变量的系数，以及高等教育扩展的相对供给渠道效应系数乘以大学溢价决定方程中相对供给渠道因变量的系数，两者进行加和得到高等教育扩展影响大学溢价的符号方向。

经过上文分渠道效应估计，高等教育扩展各变量影响技能劳动相对供需框架的效应系数已经获得。同时，根据式（3.41）、式（4.9）、式（4.11）可以得到技能劳动相对供需框架决定大学溢价的数量关系式为：

$$\ln w = \ln D - \frac{1}{\sigma} \ln S \qquad (4.12)$$

在式（4.12）中，由于本部分选择中间值 1.4 作为替代弹性 σ 取值，因此 D 渠道因变量的系数为 1，S 渠道因变量的系数为 -0.7。所以，由高等教育扩展的相对需求渠道效应系数与相对供给渠道效应系数，以及技能劳动相对供需框架决定大学溢价的

[①] Acemoglu D. Technical Change, Inequality, and the Labor Market [J]. Journal of Economic Literature, 2002a, 40 (1): 7 –72.

[②] Acemoglu D, Autor D. Skills, Tasks and Technologies: Implications for Employment and Earnings. NBER Working Paper No. 16082. National Bureau of Economic Research, 2010.

数量关系对综合净效应系数符号方向进行理论估计。具体估计结果如表4-7所示。

表4-7　　　　　　　　综合净效应符号方向的理论估计

变量	相对需求渠道 D		相对供给渠道 S		综合净效应系数符号估计	
	模型1	模型2	模型1	模型2	模型1	模型2
lnTEZS	0.506 ***	0.416 ***	0.333 *	0.133	>0，+	>0，+
lnTEBY	0.195 ***	0.00718	0.348 ***	0.12	<0，-	<0，-
lnSYB	-0.174	-0.275 **	0.122	-0.0497	<0，-	<0，-
lnLSL	-0.0647 **	0.0179	-0.127 ***	-0.0266	>0，+	>0，+
lnJLC	-0.527 **	-0.641 ***	-0.426	-0.639 **	<0，-	<0，-
lnJYL	-0.0832	-0.0793 *	-0.015	-0.0135	<0，-	<0，-

注：选择使用固定效应估计结果作为高等教育扩展各变量的分渠道效应系数。***、**、* 分别表示在0.01、0.05、0.1水平上通过统计检验，呈现显著性。

经过理论估计得到高等教育扩展影响大学溢价的符号方向为：高等教育招生数影响大学溢价的相对需求渠道效应大于相对供给渠道效应，所以其综合净效应表现为正向影响；而高等教育毕业生数则对大学溢价的相对需求渠道效应小于相对供给渠道效应，所以其综合净效应表现为负向影响。高等教育扩展相关变量中本地生源比、净留存率与大学毕业生就业率对大学溢价具有负向的综合净效应，落升比对大学溢价具有正向净效应。

2. 实证结果的检验与分析

前面综合净效应的理论估计是从高等教育扩展影响大学溢价的传导路径出发，使用相关系数进行计算获得的符号方向概况。而基于省级面板数据进行实证检验，得到高等教育扩展各变量影响大学溢价的系数估计值，则是通过综合净效应数理模型（4.8）的实证回归得到的具体统计结果。所以，通过将高等教育扩展影响大学溢价的净效应实证结果中各变量的系数符号与前文中净效应符号方向理论估计情况进行比对，不仅可以进一步验证理论估计与实证检验结果之间的相符程度，同时也将进一步印证高等教育扩展通过技能劳动相对供需框架影响大学溢价的作用机理与传导路径。在验证的同时，本部分也将对高等教育扩展影响大学溢价的实证结果（见表4-8）进行统计分析。

表 4-8　　　　　高等教育扩展影响大学溢价的实证结果

变量	模型 1 – FE		模型 1 – RE		模型 2 – FE		模型 2 – RE	
lnPREMIUM	Coef	t	Coef	z	Coef	t	Coef	z
lnTEZS	0.269 ***	2.69	0.160 **	2.51	0.321 ***	3.13	0.201 ***	2.91
lnTEBY	-0.053	-1.2	-0.0254	-0.68	-0.0783	-1.39	-0.0492	-0.93
lnSYB	-0.261 ***	-2.91	-0.197 ***	-2.67	-0.240 ***	-2.66	-0.166 **	-2.15
lnLSL	0.0263	1.36	0.0202	1.08	0.0369 *	1.73	0.0360 *	1.75
lnJLC	-0.222	-1.63	-0.0668	-0.53	-0.185	-1.28	-0.0848	-0.63
lnJYL	-0.0725 **	-2.05	-0.0746 **	-2.1	-0.0697 **	-2	-0.0697 **	-1.99
lnEXPORT					0.0643 **	2.36	0.0567 **	2.41
lnMARKET					-0.205 **	-2.43	-0.188 **	-2.29
lnURBAN					0.141	1.3	0.07	0.82
lnKPL					0.0318	0.7	0.038	0.99
cons	-1.811 **	-2.26	-0.819 *	-1.78	-1.877 **	-1.98	-0.972 *	-1.75
N	217		217		217		217	
R – sq	0.12		0.112		0.172		0.164	
F(Wald)	4.09		23.19		3.66		35.18	
P	0.0007		0.0007		0.0002		0.0001	
豪斯曼检验	模型 1				模型 2			
chi2	13.1				14.36			
P	0.0415				0.157			
效应选择	FE				RE			

注：*** 、 ** 、 * 分别表示在 0.01、0.05、0.1 水平上通过统计检验，呈现显著性。F(Wald) 表示在固定效应 FE 时为模型结果的 F 检验值，在随机效应 RE 时为模型结果的 Wald 检验值。

　　首先将面板数据的实证检验结果与净效应符号的理论估计情况进行比对，以检验实证分析与理论分析是否相一致。经过表4－7与表4－8中的数据对比，本书发现：高等教育扩展各变量影响大学溢价的回归系数符号与理论估计系数符号相一致，由此验证了高等教育扩展是通过技能劳动相对供需框架进而影响大学溢价变动的作用机理分析是成立的。也就是，经过省级面板数据的实证检验，验证了第3章中高等教育扩展影响大学溢价的机理分析与省级面板数据的实证结果是相符合、相一致的，即实证结果印证了高等教育扩展→技能劳动相对供需框架→大学溢价的传导路径是成立的。

　　同时，根据表4－8高等教育扩展影响大学溢价的实证结果，可以得出各变量对大学溢价变动的综合净效应情况：（1）主要解释变量。高等教育招生数作为核心解释变量，对大学溢价具有显著的正向影响，其系数估计值为0.269，加入控制变量之后系数值变为0.201，且均在0.01水平上呈现显著性。说明随着高等教育招生数规模的不断增加，大学溢价也将随之不断提高。而高等教育毕业生数对大学溢价的影响，虽然不显著，但呈现为负向作用，说明高等教育毕业生数规模的增加将会对大学溢价产生缩减效应。（2）相关解释变量中，本地生源比对大学溢价具有负向影响，且在0.01水平上呈现显著性，说明本地生源比的提高将会导致大学溢价的显著减小。落升比对大学溢价具有正向促进作用，大学毕业生净留存率对大学溢价具有缩减作用，但是两个变量不显著。大学毕业生就业率对大学溢价具有负向作用，且在0.05水平上呈现显著性，说明大学毕业生就业率的增加将会对大学溢价产生显著的缩减作用。（3）控制变量。对外开放度的估计系数大于0，且在0.05水平上具有显著性，说明对外国际贸易水平的提高，将有利于扩大大学溢价水平。市场化率的系数符号在0.05水平上显著为负，说明经济发展结构中市场化程度越高将有利于缩减大学溢价程度。城市化率与地区经济发展水平对大学溢价表现出不显著的正向影响。

综上分析，根据省级面板数据的实证检验结果，以及相对需求渠道效应与相对供给渠道效应间的对比关系，可以得出高等教育规模扩展影响大学溢价的综合净效应为：在技能劳动相对供需框架中，由于高等教育招生数的相对需求渠道效应大于相对供给渠道效应，所以高等教育招生数规模的增加，将会扩大大学溢价水平；而高等教育毕业生数的相对需求渠道效应小于相对供给渠道效应，故高等教育毕业生数规模的增加，则对大学溢价具有缩减效应。

4.3.4 地区间差异比较

前文部分通过使用省级面板数据已经得到全国层面的实证检验结果，在此基础上，本部分将进一步使用省级面板数据，对不同地区之间高等教育扩展影响大学溢价的效应差异情况进行估计与分析。

根据前文数据概况部分的区域划分标准，将 31 个省（区、市）划分为东部、中部、西部的三个区域。同时，考虑到样本容量问题，将中部、西部地区合并为中西部。进行面板数据回归分析之前，首先进行豪斯曼检验，以确定估计所选择使用的效应模型。高等教育扩展影响大学溢价在东部、中西部地区的豪斯曼检验结果，如表 4 - 9 所示。

表 4 - 9 不同地区高等教育扩展影响大学溢价的豪斯曼检验

地区	东部		中西部	
豪斯曼检验	模型 1	模型 2	模型 1	模型 2
chi2	5.09	62.70 ***	27.98 ***	33.03 ***
P	0.532	0	0.0001	0.0003
效应选择	RE	FE	FE	FE

注：***、**分别表示在 0.01、0.05 水平上呈现显著性。

根据豪斯曼检验结果，东部地区模型 1 在 0.05 水平上拒绝原假设，选择使用固定效应模型 FE 进行回归估计；中西部地区模型1、模型 2 均在 0.01 水平上拒绝原假设，采用固定效应模型 FE 进行面板数据回归。其中，只有东部地区模型 2 不具有显著性，表示接受原假设，选择随机效应 RE。东部、中西部地区之间高等教育扩展影响大学溢价的效应差异情况，具体见表 4 – 10。

表 4 – 10　　　　高等教育扩展影响大学溢价的地区间差异

变量	东部				中西部			
	模型 1		模型 2		模型 1		模型 2	
lnPREMIUM	Coef.	t	Coef.	z	Coef.	t	Coef.	t
lnTEZS	0.207	1.280	0.210	1.150	0.312**	2.49	0.436***	3.46
lnTEBY	−0.0659	−0.710	−0.185	−1.610	−0.0524	−0.93	−0.0286	−0.43
lnSYB	−0.266**	−2.070	−0.261*	−1.790	−0.225*	−1.85	−0.175	−1.39
lnLSL	0.0773**	2.280	0.116***	3.070	0.0102	0.4	0.012	0.46
lnJLC	−0.387	−1.140	−0.226	−0.540	−0.392	−1.23	0.0621	0.18
lnJYL	0.178	1.270	0.153	1.050	−0.0894**	−2.34	−0.0862**	−2.37
lnEXPORT			0.00790	0.100			0.0699**	2.36
lnMARKET			0.0315	0.180			−0.254***	−2.63
lnURBAN			0.108	0.720			0.254	1.51
lnKPL			0.178**	2.120			−0.103	−1.56
cons	−0.707	−0.550	0.110	0.0700	−2.388**	−2.08	−2.898**	−2.27
R – sq	0.218		0.288		0.129		0.248	
F(Wald)	16.80		2.260		2.8		3.62	
P	0.0100		0.0265		0.0141		0.0003	

注：***、**、* 分别表示在 0.01、0.05、0.1 水平上通过统计检验，呈现显著性。F(Wald) 表示在固定效应 FE 时为模型结果的 F 检验值，在随机效应 RE 时为模型结果的 Wald 检验值。

通过表 4 – 10 数据的比较分析，可以估计各个解释变量对大学溢价在不同地区的影响作用，以及不同地区之间的效应差异：（1）在东部地区高等教育招生数影响大学溢价的系数为 0.207，加入控制变量后系数变为 0.210，且大于 0，但不呈现显著性。毕业生数对东部地区大学溢价具有不显著的负向作用。本地生源比的估计系数为 – 0.266，加入控制变量后变化为 – 0.261，分别在 0.05 与 0.1 水平上具有统计显著性。落升比的估计系数由 0.0773 变为加入控制变量后的 0.116，且分别在 0.05 与 0.01 水平上具有显著性。大学毕业生净留存率对本地东部地区大学溢价具有不显著的缩减作用，大学毕业生就业率则表现为不显著的扩大大学溢价的影响。控制变量均对大学溢价具有不显著的正向作用，但其中只有经济发展水平具有显著性，其估计系数分别为 0.178。以上估计结果说明：东部地区高等教育招生数的增加，可能会对地区大学溢价水平产生不显著的正向作用；落升比以及地区经济发展水平的提高，将会显著扩大本地区的大学溢价水平；而本地生源比的增加，反而会缩减东部地区的大学溢价程度。（2）在中西部区，高等教育招生数在 0.05 水平上对大学溢价具有 0.312 的显著影响，并且加入控制变量后影响系数增加为 0.436，显著水平也提高到 1% 水平上。大学毕业生数在中西部地区同样表现为不显著的负向影响。本地生源比的估计系数显著为负，但加入控制变量则变为不显著。落升比与大学毕业生净留存率对大学溢价水平分别具有不显著的缩小与扩大的作用。大学毕业生就业率在加入控制变量前后均在 0.05 水平上具有显著负向影响。控制变量中对外开放度估计系数显著大于 0，市场化水平的系数显著为负。中西部地区城市化率对大学溢价具有扩大作用，经济发展水平对大学溢价反而具有缩减作用，虽然两个变量的系数均不显著。以上估计结果说明：中西部地区高等教育招生数与对外贸易水平的增加，将会促进本地区的大学溢价水平进一步扩大，而大学毕业生就业率与市场化水平的提高则会导致本地区大学溢价水平的减小。

根据高等教育扩展影响大学溢价变动的分地区估计结果，可以发现各个变量在不同地区间的效应差异，其可能的原因具体来讲包括以下几个方面：（1）中西部地区高等教育招生数的增加对大学溢价的扩大作用要高于东部地区。可能的原因是，中西部地区的技术进步相对于东部地区更加需要大量的大学生，所以高等教育招生数的增加会显著促进技术水平发展且呈现技能偏态，进而促进大学溢价的不断扩大。（2）大学毕业生就业率对大学溢价的缩减作用在中西部地区大于东部地区，其可能原因在于中西部地区为大学毕业生提供的职业岗位数量相对于东部地区偏少，故大学毕业生就业率提高引致技能劳动力相对供给增加的程度强于东部地区，进而更加显著地缩减本地区的大学溢价水平。（3）中西部地区对外贸易水平对大学溢价的促进作用，以及市场化水平对大学溢价的减小作用，也均大于东部地区。可能是因为通过对外贸易渠道，技术水平的溢出效应对中西部地区的影响程度高于东部地区，可以更加有效地促进中西部地区的技能偏态型技术进步，进而显著扩大中西部地区的大学溢价水平。西部地区的经济发展市场化水平低于东部地区，工资制度中对技能劳动力的偏向作用更加显著，所以改善市场化水平对中西部地区大学溢价的缩减幅度要高于东部地区。

通过比较东部与中西部地区高等教育扩展影响大学溢价的估计结果，发现高等教育招生数对中西部地区的大学溢价水平具有显著的正向作用，而对东部地区的正向作用并不显著。并且高等教育招生数对大学溢价的影响系数，在中西部地区要显著大于东部地区，说明高等教育规模扩展对大学溢价的影响作用，在中西部地区要强于东部地区。

4.3.5 内生性处理与稳健性检验

1. 内生性处理

在回归模型中，解释变量高等教育招生数、毕业生数，以及相关解释变量中本地生源比例、高考录取率等四个变量都是由政府主管的教育部门根据国家高等教育发展规划进行指标编制，并不受大学溢价的影响；大学毕业生就业率主要受经济发展状况与劳动力市场供需均衡的影响，大学溢价对大学毕业生就业率的影响相对较小。但是，大学毕业生可能会由于不同地区之间大学溢价水平的差异而对其迁移流动的地区选择产生影响。因此，需要对大学毕业生的净留存率进行内生性处理。

本部分选择面板工具变量法，对模型（4.8）中的内生变量进行内生性处理。本书认为影响大学生迁移的因素主要有内因、外因两个方面。内因主要是大学毕业生考虑到社会资本因素而倾向于选择社会关系相对丰富的地区，外因则主要是各地区经济发展前景与公共产品供给水平间的差异而发生"用脚投票"。因此，两个方面各选择一项变量作为大学生迁移流动的工具变量：每百万高中生高校数、技术进步水平（TFP）。选择以上两个变量作为工具变量的主要依据是：（1）两个变量均与大学溢价变动无关。高等学校数是由国家教育部门根据教育发展需要进行设立的，并不受大学溢价的影响；全要素生产率表示一个地区的技术进步水平，主要由生产要素投入与产出前沿所决定，亦不受大学溢价的影响。（2）两个变量均与大学毕业生净留存率呈正相关关系。一个地区每百万高中生高校数越大则本地生源比例越高，其毕业时留在本地的比例越大，即迁出率越低；地区技术进步水平越高，表示一个地区的未来发展前景与公共基础设施建设对大学毕业生的吸引力越大，即迁入率越高。两项因素综合作用表现为提高一个地区大学毕业生净留存率。

工具变量的设定与数据来源说明：（1）每百万高中生高校数，定义为各地区高等学校数与每百万高中在校生数比值。数据来源为历年《中国教育统计年鉴》中各地区高等学校数与各地区普通高中在校学生数。各地区每百万高中生高校数的数据概况，如表4-11所示。（2）技术进步水平，定义为全要素生产率TFP。采用非参数化的DEA方法（Fare，1994）通过曼奎斯特指数（Malmquist）分解法进行测算。其中，产出数据使用各省历年实际

表4-11　我国各地区2003～2012年间每百万高中在校生人均高校数情况

地区	2003年	2006年	2009年	2012年
全国	78.99	74.25	94.69	98.98
北京	290.88	308.39	422.65	459.94
天津	202.71	208.06	293.25	303.47
河北	72.66	61.19	83.29	96.02
辽宁	116.19	101.48	148.96	160.94
上海	187.23	220.84	371.64	424.83
江苏	75.80	76.03	104.07	126.58
浙江	81.30	76.13	115.73	116.46
福建	67.81	80.72	116.82	124.54
山东	50.28	55.91	80.01	82.65
广东	67.71	64.23	64.95	60.64
海南	123.67	108.72	109.05	96.85
东部地区	86.16	83.79	110.52	115.22
山西	78.45	74.96	88.13	87.72
吉林	104.89	87.76	117.38	119.56
黑龙江	111.09	106.93	128.24	128.96
安徽	81.12	64.45	81.18	91.27
江西	74.58	75.92	110.05	105.19
河南	48.49	41.67	49.21	62.29
湖北	69.90	63.81	93.26	113.54
湖南	68.50	70.74	108.06	117.87
中部地区	72.74	66.43	87.58	96.28
内蒙古	64.26	65.90	78.90	95.95
广西	76.91	74.36	90.33	87.96
重庆	83.35	75.09	84.46	90.94
四川	54.83	52.12	64.09	65.28
贵州	88.76	67.81	80.81	63.39
云南	93.57	91.67	99.76	93.46
西藏	181.19	159.25	156.32	125.46
陕西	76.89	79.13	94.27	96.65
甘肃	72.60	54.68	61.84	63.17
青海	149.42	106.72	83.50	84.90
宁夏	111.65	98.92	106.65	101.57
新疆	82.49	77.05	88.70	88.49
西部地区	75.85	70.32	81.81	81.40

GDP，投入量为各地区历年物质资本存量以及使用平均受教育年限衡量各省人力资本水平。物质资本存量估算采用永续盘存法（Goldsmith，1951）进行估算，测算公式为：$K_{it} = I_{it} + (1 - \delta_{it})K_{it}$。公式中 K_{it} 表示省区 i 第 t 期末的物质资本存量，I_{it} 表示省区 i 第 t 期的新增固定资本实际投资，δ_{it} 表示固定资本经济折旧率。本部分采用固定资本形成总额作为新增固定资本的估算值，同时参照张军等（2004）[①] 的处理方法，δ_{it} 为各省区取无差异固定资本经济折旧率 9.6%。本部分在全要素生产率测算过程中，资本类数据均使用 GDP 环比指数平减为 1999 年不变价实际值，以消除各年价格因素的影响。数据来源为历年《中国统计年鉴》《中国劳动统计年鉴》《中国人口与就业统计年鉴》，部分数据由笔者统计计算获得。1999～2012 年我国 31 个省份全要素生产率的数据概况，如表 4－12 所示。

表 4－12　　　　　　我国 31 个省份 1999～2012 年间的
DEA－Malmquist 指数均值

地区	Mean 1999～2012	地区	Mean 1999～2012	地区	Mean 1999～2012	地区	Mean 1999～2012
东部地区	1.076	山东	1.07	河南	1.067	云南	1.052
北京	1.091	广东	1.092	湖北	1.073	西藏	1.017
天津	1.088	海南	1.068	湖南	1.075	陕西	1.076
河北	1.064	中部地区	1.068	西部地区	1.063	甘肃	1.054
辽宁	1.062	山西	1.074	内蒙古	1.089	青海	1.06

---

① 张军，吴桂英，张吉鹏. 中国省际物质资本存量估算：1952—2000［J］. 经济研究，2004（10）：35－44.

地区	Mean 1999~2012	地区	Mean 1999~2012	地区	Mean 1999~2012	地区	Mean 1999~2012
上海	1.081	吉林	1.07	广西	1.068	宁夏	1.071
江苏	1.077	黑龙江	1.063	重庆	1.068	新疆	1.068
浙江	1.076	安徽	1.057	四川	1.064		
福建	1.066	江西	1.064	贵州	1.068		

注：曼奎斯特指数计算过程中，平均数 Mean 为几何平均数。

由表 4-12 数据可以得出，东部地区 TFP 均值为 1.076，中部地区 TFP 均值为 1.068，西部地区 TFP 均值为 1.063，说明我国各地区之间的技术进步水平存在明显的地区差距，东部地区技术水平、生产效率明显高于中西部地区，并呈现东中西逐渐降低的梯次结构。

当工具变量个数多于内生变量个数时，对面板数据进行广义矩估计（GMM）更加有效率（陈强，2010）。[①] 因此，本部分使用面板工具变量法对大学毕业生净留存率的内生性处理，具体使用的 Stata 回归命令为 xtivreg2。选择 2004~2010 年样本期间的工具变量数据，使用面板工具变量法对面板模型（4.8）进行回归检验，估计结果如表 4-13 所示。

表 4-13　　　使用面板工具变量法（xtivreg2）的内生性处理结果

变量	xtivreg2-模型 1		xtivreg2-模型 2	
lnPREMIUM	Coef.	z	Coef.	z
lnTEZS	0.354 *	1.900	0.337 ***	2.970
lnTEBY	-0.0603	-1.270	-0.0914	-1.300
lnSYB	-0.313 **	-2.360	-0.253 ***	-2.560
lnLSL	0.0256	1.270	0.0386 *	1.790

① 陈强. 高级计量经济学及 Stata 应用 [M]. 北京：高等教育出版社，2010：178.

续表

变量	xtivreg2 - 模型 1		xtivreg2 - 模型 2	
lnPREMIUM	Coef.	z	Coef.	z
lnJLC	- 0.820	- 0.750	- 0.321	- 0.680
lnJYL	- 0.0650 *	- 1.670	- 0.0688 **	- 2.020
lnEXPORT			0.0666 **	2.410
lnMARKET			- 0.191 **	- 2.040
lnURBAN			0.140	1.320
lnKPL			0.0456	0.710
N	217		217	
F	3.390		3.530	
P	0.0035		0.0003	
Sargan	0.311		0.353	
Sargan P - val	0.577		0.552	

注：***、**、*分别表示在 0.01、0.05、0.1 水平上通过统计检验，呈现显著性。xtivreg2 回归结果的报告中，Instrumented 变量为 lnJLC；Included instruments 变量包括 lnTEZS、lnTEBY、lnSYB、lnLSL、lnJYL、lnEXPORT、lnMARKET、lnURBAN、lnKPL；Excluded instruments 变量为 lnBWGZSGXS、lnTFP。

首先根据表 4 - 13 数据中 Sargan 过度识别检验的 P - val 值远大于 0.05，说明可以在 5% 的显著性水平上接受"所有工具变量均有效"的原假设，也就意味着所选工具变量是外生且有效的工具变量。在判断工具变量有效的基础上，根据面板工具变量法对内生变量的处理结果，可以发现：（1）核心解释变量——高等教育招生数分别在 0.1、0.01 水平上具有正的显著性，而且影响系数相对于表 4 - 8 中的实证结果有所增大，说明高等教育招生规模的增加将有利于扩大大学溢价水平。而高等教育毕业生数的影响作用仍然为负，虽然不显著。（2）相关解释变量中，本地生源比与大学毕业生就业率对大学溢价具有显著的负向作用。说明本地生源比例的提高、大学毕业生就业率的提高都会对大学溢价产生缩减作用。（3）控制变量中，对外贸易水平与市场化水平在 0.05 水平具有显著性。其中，对外经济发展水平的提高，将对地区的大学溢价水平具有拉动作用，而市场化程度的提高反而会降低地区内的大学溢价水平。

综合面板数据的回归结果与面板工具变量法估计结果，两种方法对模型（4.8）进行实证检验所得到的各变量系数、方向以及显著性基本上保持一致。因此，本部分使用（每百万高中在校生人均高校数、技术进步水平）作为大学毕业净留存率的工具变量，进行内生性处理在解决内生变量问题的同时，一定程度上也印证了本章前文的实证检验结果，起到了稳健性检验的强化作用。

2. 稳健性检验

为了进一步检验高等教育规模扩展影响大学溢价的实证结果是否具有稳健性，本部分将从变换估计方法、替换解释变量、替换被解释变量等三个方面对模型（4.8）进行再次估计，并将重新实证检验的回归结果与表 4-8 中的实证结果进行比较。稳健性检验结果，具体如表 4-14、表 4-15、表 4-16 所示。

（1）变换估计方法。在面板数据回归分析中，可以在固定效应模型中加入时间效应，即进行更为严格的双向固定效应（Two-way FE）估计。为此，在固定效应模型中引入年度虚拟变量 year，则 year1 ~ year7 依次对应的年份为样本期间 2004 ~ 2010 年。在双尾固定效应 FE_TW 估计过程中，由于 year1 所对应的 2004 年被作为基期，为了统计中避免虚拟变量陷阱导致的多重共线性，故不包括在回归命令中。[①] 同时，如果在更严格的假定条件下，即假定随机扰动项服从正态分布，这时常常采用最大似然法（MLE）对随机效应模型进行更有效率的估计，即使用随机效应 MLE 估计方法对面板数据进行回归分析[②]。使用双尾固定效应 FE_TW 与随机效应 MLE 进行稳健性检验的结果，如表 4-14 所示。

---

① 陈强. 高级计量经济学及 Stata 应用 [M]. 北京：高等教育出版社，2010：159.
② 陈强. 高级计量经济学及 Stata 应用 [M]. 北京：高等教育出版社，2010：161.

表4-14   稳健性检验1（变换估计方法）

变量	模型1-FE_TW		模型2-FE_TW		模型1-RE_MLE		模型2-RE_MLE	
lnPREMIUM	Coef.	t	Coef.	t	Coef.	z	Coef.	z
lnTEZS	0.308**	2.550	0.343***	2.800	0.164**	2.530	0.204***	2.970
lnTEBY	-0.106	-1.600	-0.116*	-1.700	-0.0262	-0.710	-0.0499	-0.970
lnSYB	-0.324**	-2.210	-0.306**	-2.130	-0.201***	-2.720	-0.169**	-2.210
lnLSL	0.0151	0.610	0.0210	0.860	0.0211	1.150	0.0364*	1.820
lnJLC	-0.247*	-1.770	-0.173	-1.130	-0.0825	-0.650	-0.0900	-0.670
lnJYL	-0.0727**	-2	-0.0660*	-1.830	-0.0744**	-2.150	-0.0697**	-2.050
lnEXPORT			0.0479	1.540			0.0568**	2.470
lnMARKET			-0.245***	-2.790			-0.189**	-2.370
lnURBAN			0.146	1.300			0.0734	0.870
lnKPL			0.0138	0.200			0.0381	1.020
year2	-0.0172	-0.430	-0.0168	-0.420				
year3	0.0156	0.330	0.0230	0.480				
year4	0.0374	0.720	0.0485	0.890				
year5	0.0364	0.630	0.0439	0.680				
year6	0.0164	0.270	0.0286	0.390				
year7	0.0343	0.530	0.0376	0.460				
cons	-1.728	-1.200	-1.731	-1.160	-0.867*	-1.810	-0.990*	-1.790
R-sq	0.144		0.198		22.94		34.26	
F(Wald)	2.450		2.620		175.4		181.1	
P	0.0057		0.0011		0.0008		0.0002	

注：***、**、* 分别表示在0.01、0.05、0.1水平上通过统计检验，呈现显著性。F（Wald）表示在固定效应FE时为模型结果的F检验值，在随机效应RE时为模型结果的Wald检验值。

经过变换估计方法后的回归结果与表4-8回归结果的对比，发现高等教育扩展主要代理变量——高等教育招生数、高等教育毕业生数的系数符号与大小，呈现良好的稳健性。此外，高等教育扩展相关变量以及控制变量的回归系数方向与大小也具有较好的稳健性。所以，变换估计方法后的回归结果证明了前文中面板数据的实证结果具有较强的稳健程度。

（2）替换解释变量。衡量教育扩展程度的指标有多种，在研究中使用较多的是：不同教育层次的在校生人数、各级教育的入学率、平均受教育年限（孙百才，2005）。[①] 高等教育扩展相应地也具有多种的衡量指标，根据本书前文的机理分析与模型构建，本部分选择使用高等教育在校生数（TEZX）替换核心解释变量——高等教育招生数（TEZS），重新进行实证检验，以检验不同指标的选择是否会引起回归结果的不稳健。高等教育在校生数替换高等教育招生数在全国层面以及各地区的回归结果，以及豪斯曼检验结果如表 4–15 所示。

表 4–15　　　　　　　　稳健性检验 2（替换解释变量）

	全国		东部		中西部	
	模型 1	模型 2	模型 1	模型 2	模型 1	模型 2
lnTEZX	0.217 * (1.9)	0.220 *** (2.65)	0.217 * (1.9)	0.220 *** (2.65)	0.221 (1.58)	0.434 *** (2.93)
lnTEBY	−0.0664 (−1.02)	−0.0735 (−1.15)	−0.0664 (−1.02)	−0.0735 (−1.15)	−0.0554 (−0.73)	−0.0645 (−0.82)
lnSYB	−0.228 ** (−2.56)	−0.158 ** (−2.04)	−0.228 ** (−2.56)	−0.158 ** (−2.04)	−0.186 (−1.53)	−0.127 (−1.01)
lnLSL	0.0257 (1.31)	0.0335 (1.63)	0.0257 (1.31)	0.0335 (1.63)	0.0101 (0.38)	0.0153 (0.58)
lnJLC	−0.187 (−1.37)	−0.0462 (−0.34)	−0.187 (−1.37)	−0.0462 (−0.34)	−0.318 (−0.97)	0.126 (0.36)
lnJYL	−0.0714 ** (−2)	−0.0656 * (−1.86)	−0.0714 ** (−2)	−0.0656 * (−1.86)	−0.0881 ** (−2.27)	−0.0786 ** (−2.12)
lnEXPORT		0.0557 ** (2.36)		0.0557 ** (2.36)		0.0620 ** (2.09)

① 孙百才. 中国教育扩展与收入分配研究［D］. 北京师范大学，2005：24.

续表

	全国		东部		中西部	
	模型 1	模型 2	模型 1	模型 2	模型 1	模型 2
lnMARKET		−0.220*** (−2.63)		−0.220*** (−2.63)		−0.327*** (−3.19)
lnURBAN		0.0538 (0.63)		0.0538 (0.63)		0.175 (1.01)
lnKPL		0.0255 (0.68)		0.0255 (0.68)		−0.121* (−1.76)
cons	−1.288 (−1.54)	−1.174* (−1.84)	−1.288 (−1.54)	−1.174* (−1.84)	−1.537 (−1.28)	−3.145** (−2.08)
R−sq	0.103	0.154	0.103	0.154	0.101	0.226
F(Wald)	3.44	33.52	3.44	33.52	2.13	3.22
P	0.0031	0.0002	0.0031	0.0002	0.0549	0.0012
豪斯曼检验	11.47*	13.14	11.47*	13.14	26.95***	31.72***
效应选择	FE	RE	FE	RE	FE	FE

注：***、**、* 分别表示在 0.01、0.05、0.1 水平上通过统计检验，呈现显著性。括号内为其 t 检验值。F(Wald) 表示在固定效应 FE 时为模型结果的 F 检验值，在随机效应 RE 时为模型结果的 Wald 检验值。

使用高等教育在校生数替换核心解释变量后的回归结果与表 4-8、表 4-10 的实证检验结果进行对比，可以发现高等教育扩展代理变量，以及相关解释变量、控制变量的系数符号与大小均呈现出良好的稳健性。

（3）替换被解释变量。作为被解释变量的大学溢价也具有不同的表征指标，李欣（2014）将农业、建筑业从业人员作为非技能劳动力，而将银行金融业、科技服务业人员作为技能劳动力，两类劳动力年度平均工资的比值表示大学溢价。[①] 有鉴于此，本部分以金融保险业职工平均工资与农林牧渔业职工平均工资的比

---

① 李欣. 技术进步对我国工资差距的影响——基于全球化的视角 [M]. 北京：中国社会科学出版社，2014：169.

值，表示大学溢价 PREMIUM2 替换被解释变量 PREMIUM，并进行稳健性检验。见表 4-16。

表 4-16　　　　　　稳健性检验 3（替换被解释变量）

lnPREMIUM2	全国		东部		中西部	
	模型 1	模型 2	模型 1	模型 2	模型 1	模型 2
lnTEZS	0.555 *** (4.45)	0.609 *** (4.91)	0.0237 (0.1)	0.0637 (0.28)	0.710 *** (4.92)	0.864 *** (6.15)
lnTEBY	-0.0176 (-0.32)	-0.0681 (-1)	0.184 (1.5)	0.12 (0.82)	-0.0907 (-1.4)	-0.0855 (-1.14)
lnSYB	-0.350 *** (-3.13)	-0.325 *** (-2.99)	-0.546 *** (-3.2)	-0.399 ** (-2.15)	-0.201 (-1.44)	-0.169 (-1.21)
lnLSL	-0.0222 (-0.92)	-0.0105 (-0.41)	0.0659 (1.51)	0.0827 * (1.72)	-0.0348 (-1.18)	-0.0502 * (-1.74)
lnJLC	-0.610 *** (-3.59)	-0.551 *** (-3.16)	-1.109 ** (-2.43)	-1.047 * (-1.96)	-0.686 * (-1.86)	-0.179 (-0.46)
lnJYL	0.0213 (0.49)	0.0147 (0.35)	0.405 ** (2.23)	0.384 ** (2.07)	-0.00371 (-0.08)	-0.0118 (-0.29)
lnEXPORT		0.0730 ** (2.22)		0.1 (1.02)		0.0782 ** (2.37)
lnMARKET		-0.171 * (-1.68)		-0.303 (-1.34)		-0.102 (-0.95)
lnURBAN		0.514 *** (3.92)		0.267 (1.39)		0.600 *** (3.2)
lnKPL		0.0207 (0.38)		0.0722 (0.68)		-0.154 ** (-2.08)
cons	-5.463 *** (-5.47)	-4.293 *** (-3.75)	-1.193 (-0.64)	-0.616 (-0.31)	-6.445 *** (-4.89)	-5.929 *** (-4.16)
R-sq	0.315	0.394	0.562	0.597	0.292	0.423
F	13.8	11.42	12.84	8.31	7.84	8.07
P	0	0	0	0	0	0
效应选择	FE	FE	FE	FE	FE	FE

注：*** 、 ** 、 * 分别表示在 0.01、0.05、0.1 水平上通过统计检验，呈现显著性。括号内为 t 检验值。

　　替换被解释变量后的回归结果与表4-8、表4-10的实证检验结果进行对比之后，可以发现高等教育扩展代理变量——高等教育招生数与高等教育毕业生数，以及相关解释变量、控制变量的系数符号与大小均呈现出良好的稳健性。

　　综合以上内生性处理的估计结果以及三个方面的稳健性检验，可以证明本部分基于技能劳动相对供需框架所展开的机理分析与模型构建，使用省级面板数据进行实证检验的回归结果具有良好的稳健性。多种方法的分析，稳健地印证了本部分的实证结论：高等教育扩展对大学溢价的影响效应表现为高等教育招生数规模的增加对大学溢价水平具有扩大作用，而高等教育毕业生数规模的增加则对大学溢价具有缩减效应。

4.4　高等教育规模扩展影响大学溢价的宏观　作用分析

　　本章通过使用省级面板数据，实证检验了高等教育规模扩展影响大学溢价的综合净效应，得出高等教育扩展的代理变量——高等教育招生数、高等教育毕业生数影响大学溢价具体效应：在技能劳动相对供需框架中，高等教育招生数对大学溢价水平具有正向作用，而高等教育毕业生数则对大学溢价水平具有负向效应。同时，以上实证结果从变换估计方法、替换解释变量、替换被解释变量等三个方面通过了稳健性检验，说明了实证结论具有良好的稳健度。

　　鉴于现有研究文献多是基于微观数据对大学溢价展开了相应分析，得出了微观层面的效应结果。本部分尝试从宏观层面讨论高等教育扩展影响大学溢价的效应，即对我国高等教育扩展影响大学溢价变动的宏观作用进行讨论分析。在高等教育扩展的代理变量中，高等教育招生数作为检验高等教育扩展影响大学溢价的核心解释变量。同时，实证结果显示高等教育招生数对大学溢价具有显著的扩大影响。那么，能否据此判定高等教育扩展对大学溢价的最终宏观作用也是正向的呢？本书认为，仅使用高等教育扩展的核心代理变量的系数符号，以说明高等教育扩展影响大学溢价的最终宏观作用方向，会由于未考虑高等教育毕业生数代理变量的影响而有所偏颇。因此，为了更加全面地说明高等教育扩展影响大学溢价的最终宏观作用，需要综合高等教育扩展两个方面代理变量的影响，将其回归系数与现实数据同时代入模型（4.8）中，两者加总之后得到高等教育扩展的宏观作用。所以，高等教育扩展影响大学溢价的最终宏观作用，其估计公式为：

$$\ln w_t = C_t + \underbrace{\gamma_1 \ln TEZS_t + \gamma_2 \ln TEBY_t}_{TEKZ} + \gamma_3 \ln Z_{1t} + \gamma_4 \ln Z_{2t} + \varepsilon_t$$

(4.13)

式（4.13）中，TEKZ 表示高等教育扩展影响大学溢价的宏观作用，γ_1 为高等教育扩展核心代理变量招生数的估计系数，γ_2 为高等教育毕业生数的估计系数，具体为表 4-8 中的实证结果。

因此，本部分使用全国层面的高等教育招生数、高等教育毕业生数以及两个变量的回归系数，计算样本期间我国高等教育扩展影响大学溢价的宏观作用情况，如表 4-17 所示。

表 4-17　我国高等教育扩展影响大学溢价的宏观作用归纳

年份	模型 1			模型 2		
	$\gamma_1 \times \ln TEZS$	$\gamma_2 \times \ln TEBY$	TEKZ	$\gamma_1 \times \ln TEZS$	$\gamma_2 \times \ln TEBY$	TEKZ
2004	1.642	-0.290	1.352	1.227	-0.290	0.936
2005	1.674	-0.303	1.371	1.251	-0.282	0.969
2006	1.695	-0.314	1.381	1.267	-0.292	0.975
2007	1.705	-0.324	1.382	1.274	-0.300	0.974
2008	1.724	-0.331	1.394	1.288	-0.307	0.981
2009	1.738	-0.333	1.405	1.299	-0.309	0.990
2010	1.747	-0.337	1.410	1.305	-0.313	0.993

根据表4-17数据，可以发现：（1）以模型1的估计系数对宏观作用进行归纳，其在样本期间内均大于1，且随着历年高等教育规模扩展的不断增加而逐年增大，由2004年的1.352持续上升到2010年的1.410。（2）使用模型2的估计系数归纳出的宏观作用在2004~2010年的样本期间内均大于0.9，同时影响系数也逐年增大，由2004年的0.936增加到2010年的0.993。因此，综合我国高等教育扩展影响大学溢价的宏观作用归纳情况，得出以下研究结论：由于在技能劳动相对供需框架中，高等教育扩展对大学溢价的相对需求渠道效应大于相对供给渠道效应。所以，我国高等教育扩展影响大学溢价的宏观作用系数均大于0，为正向促进作用。也就是说，由于技能劳动相对需求增加的拉高作用大于因相对供给增加的缩减作用，我国高等教育扩展在宏观上表现为扩大大学溢价的影响作用，且影响程度呈现出逐年增大的上升趋势。

4.5　本章小结

本部分根据高等教育扩展影响大学溢价的机理分析，以及多部门经济均衡的数理模型推导，构建了相对供给渠道效应模型、相对需求渠道效应模型与综合净效应模型。然后，使用2004~2010年我国31个省份的省级面板数据，分别进行了D-S分渠道效应、综合净效应实证检验，回归估计高等教育扩展影响大学溢价的具体效应。经过将面板数据的实证检验结果与净效应符号的理论估计情况进行比对，验证了第3章中高等教育扩展影响大学溢价的机理分析与省级面板数据的实证结果是相一致的，印证了高等教育扩展→技能劳动相对供需框架→大学溢价的传导路径是成立的。

根据高等教育扩展影响大学溢价的实证结果，本章得出高等教育扩展各变量对大学溢价的具体效应为：（1）主要解释变量。高等教育招生数作为核心解释变量，对大学溢价具有显著的正向影响，说明随着高等教育招生数规模的不断增加，大学溢价也将随之不断提高。而高等教育毕业生数对大学溢价的影响，虽然不显著，但呈现为负向作用，说明高等教育毕业生数规模的增加将会对大学溢价产生缩减效应。（2）相关解释变量中，本地生源比对大学溢价具有显著负向影响，说明本地生源比的提高将会导致大学溢价的显著减小。大学毕业生就业率对大学溢价具有显著负向作用，说明大学毕业生就业率的增加将会对大学溢价产生显著的缩减作用。落升比对大学溢价具有正向促进作用，大学毕业生净留存率对大学溢价具有缩减作用，但是两个变量不显著。（3）控制变量。对外国际贸易水平的提高，将有利于扩大大学溢价水平。市场化率的系数符号显著为负，说明经济发展结构中市场化程度越高将有利于缩减大学溢价程度。城市化率与地区经济发展水平对大学溢价表现出不显著的正向影响。

之后，本部分使用面板工具变量法对模型中可能存在的内生性问题进行了处理，并且估计结果在一定程度上印证了实证结果的稳健性。在此基础上本章通过变换估计方法、替换解释变量、替换被解释变量等三种方法，对实证结果进行了稳健性检验。本部分在技能劳动相对供需框架下，得出我国高等教育规模扩展影响大学溢价的实证结论：由于高等教育招生数的相对需求渠道效应大于相对供给渠道效应，高等教育招生数规模的增加对大学溢价水平具有扩大作用；而高等教育毕业生数的相对需求渠道效应小于相对供给渠道效应，故高等教育毕业生数规模的增加则对大学溢价具有缩减效应。并且，在中西部地区高等教育扩展影响大学溢价作用程度大于东部地区。

最后，综合高等教育招生数、高等教育毕业生数两方面的影响效应，归纳总结我国高等教育扩展影响大学溢价的宏观作用情况，并得出了本部分的研究结论：在技能劳动相对供需框架中，我国高等教育扩展对大学溢价的相对需求渠道效应大于相对供给渠道效应。因此，我国高等教育扩展影响大学溢价的宏观作用系数均大于0，并逐年提高。也就是说，由于技能劳动相对需求增加的拉高作用大于因相对供给增加的缩减作用，在宏观层面上我国高等教育扩展并没有降低大学学历的相对收益，而是提高了大学溢价水平，并且影响程度呈现出逐年增大的趋势。本章的实证研究结论在一定程度上也证明了"读书无用论""大学无用论"的问题根源并不是由高等教育规模扩展引起的。

第 5 章

我国高等教育经费投入扩展影响
大学溢价的效应检验

潘懋元（2008）通过比较分析多国高等教育扩展方式，发现高等教育扩展过程中，世界各国以各自不同的模式应对本国高等教育发展的各种问题。而在诸多问题中，增加高等教育经费投入以实现规模扩展则是核心问题。[1] 同时，高等教育经费投入不足，不仅直接限制高等教育规模扩展，还会严重影响高等教育大众化的发展进程（潘懋元，2008）。[2] 这不仅说明了高等教育经费投入扩展是支撑高等教育规模扩展的物质基础，同时也表明了高等教育经费投入是推动高等教育规模扩展的决定因素。因此，厘清高等教育经费投入的结构，以及高等教育经费投入与高等教育规模扩展之间的关系，是本章分析与探讨高等教育经费投入扩展影响大学溢价水平变动的基础与桥梁。

基于以上探讨，本章首先从高等教育的公共产品属性出发，探讨我国高等教育经费投入概况。然后，基于高等教育生产函数，考察高等教育经费投入与高等教育规模扩展之间的传导关系。之后，

---

[1] 潘懋元. 中国高等教育大众化的理论与政策［M］. 广州：广东高等教育出版社，2008：209.

[2] 潘懋元. 中国高等教育大众化的理论与政策［M］. 广州：广东高等教育出版社，2008：96.

通过刻画出高等教育经费投入扩展影响大学溢价的传导路径，并构建回归模型，使用省级面板数据实证检验我国高等教育经费投入扩展影响大学溢价的总量效应与结构效应。

5.1 高等教育的公共产品属性及经费投入

市场经济条件下，产品属性决定着产品生产成本的承担主体是以政府为主还是以市场为主。高等教育的产品属性，也决定着高等教育经费投入的主体、来源与结构。

5.1.1 高等教育公共产品属性分析

《教育经济学手册》中指出，公共部门（政府）支持的教育扩展是改善人类福利的关键，其中高质量教育扩展项目的福利改善效果更加显著。[①] 此种论述在一定程度上，说明了教育扩展与高等教育具有的福利改进意义，或公共产品属性。但是，高等教育究竟是否是公共产品，还需要从公共产品理论的逻辑框架进行产品属性剖析。

根据萨缪尔森 1954 年在其经典论文《公共支出的纯理论》中给出的定义，纯公共产品是任何一个人对某种物品的消费不会减少别人对这种物品消费的物品。因而，在理论上鉴别公共产品的标准有两个，即消费的非竞争性和受益的非排他性。樊丽明、石绍宾（2006）[②] 基于公共产品属性，在对公共产品分类剖析过程中提出，尽管公共产品的基本属性是消费的非竞争性和非排他性，但这不意味着所有公共产品都具有相同程度的非排他性质，也不意味着公共

---

① Hanushek E，Welch F. Handbook of the Economics of Education [M]. Amsterdam：North Holland，2006（1）：688–692.

② 樊丽明，石绍宾. 技术进步、制度创新与公共品市场供给——以中国基础设施发展为例 [J]. 财政研究，2006（2）：5–7.

产品一定不可以排他。① 在公共产品内部，各种公共产品之间的非排他程度各不相同，除国防、灯塔和消防这些纯公共产品之外，其他绝大多数公共产品都不完全具备非竞争和非排他的性质，而是部分竞争或可能排他。这类产品介于私人品与纯公共产品之间，可以称之为排他性公共产品或准公共产品（郭庆旺、赵志耘，2010）。②樊丽明（2005）③ 基于公共产品属性分析，认为准公共产品内部主要包括四种类型产品：公共池塘资源产品，如海洋、森林、地下水、矿产等；俱乐部产品，如港口、图书馆、机场、高速公路、公园等；具有明显外部效益产品，如教育、水气电暖、垃圾处理等公用事业；公共偏好的私人品，如社会救助。在四类准公共产品中，包括教育在内的具有明显外部效益产品其主要特性是消费过程具有相当程度的排他性，但消费受益的内部性和外溢性并存。

在我国教育体制中，初等教育与初中阶段实行强制性九年义务教育，属于公共教育范畴，是一种纯公共产品；高中阶段教育主要依靠政府财政支持进行供给，全国毛入学率在70%以上，④ 且在城镇地区已经普及，具有明显的纯公共产品属性；而高等教育虽然进入大众化阶段，但毛入学率在40%以下，而且接受高等教育者必须缴纳学费，具有私人品属性。同时，高等教育不仅可以提高受教育者本人的受益水平且具有很强的社会效益，高等教育的外部效应主要表现在人力资本结构优化、技术进步效率提高、社会文明程度提升等方面，体现出了公共产品的特点。因此，综合以上学者的界定与分析可以得出：我国高等教育是一种具有明显外

---

① 樊丽明、石绍宾认为，公共产品排他的实质是一个成本问题，而不是一个逻辑问题，其可行或者不可行依赖于执行成本的相对高低。因此，在公共产品内部，各种公共产品之间的非排他程度各不相同，还存在一些公共产品完全排他。公共产品可以排他，意味着能将未做贡献者排除在公共产品的消费之外，公共产品的受益者比较明确。对于此类公共产品，可以通过向消费者收取使用费的形式补偿其供给的成本，从而收费可作为其主要的筹资手段。

② 郭庆旺，赵志耘. 公共经济学 [M]. 北京：高等教育出版社，2010：46.

③ 樊丽明. 中国公共品市场与自愿供给分析 [M]. 上海：上海人民出版社，2005：2-4.

④ 根据教育部统计数据，高中阶段毛入学率在1997年之后均在40.6%以上，2005年实现过半，达到52.7%，以后逐年增长，2008年达到74.0%，2010年开始超过80%。

部效益的准公共产品。

5.1.2 我国高等教育经费投入的概况

在高等教育大众化发展的时代，随着高等教育规模的不断扩展，教育经费需求急剧扩大，高等教育经费投入规模也随之持续增长。根据历年《中国教育经费统计年鉴》数据，1999 年大学扩招以来，我国高等教育经费投入的总量规模持续攀升：2001 年开始突破 1000 亿元，占实际 GDP 比重为 1.13%；2004 年突破 2000 亿元，占实际 GDP 的 18.84%；2007 年超过 3000 亿元，占实际 GDP 的 1/3 以上，达到 36.12%；2008 年超过 4000 亿元，占实际 GDP 的 15.85%；2010 年突破 5000 亿元，2011 年突破 6000 亿元并接近 7000 亿元，实际 GDP 比重分别为 18.36%、25.14%。高等教育经费投入在 2002 年实现毛入学率 15% 之前年增长率均保持在 26% 以上，2003～2011 年期间我国高等教育经费投入的年增长率有所减缓，但平均年增长率亦高达 19.12%。

同时，公共财政预算高等教育经费投入规模在高校扩招之后一直保持上升趋势，但是其增长速度并不是每年都高于 GDP 的增长速度，因而我国高等教育公共财政预算教育经费的投资比例[①]出现波动现象（岳昌君，2011），[②] 其主要表现是：2002 年之前公共财政预算教育经费占实际 GDP 的比例持续上升，而 2003～2005 年却出现了投资比例连续三年的下降趋势，2006 年又开始连续上升。1999～2011 年我国高等教育经费投入的规模、年增长率与占实际 GDP 比例的情况，具体如表 5 - 1 所示。

---

① 公共财政预算教育经费占 GDP 的比例，也被称作公共教育经费投资比例，用来衡量一国政府对教育发展的"财政努力程度"。

② 岳昌君. 高等教育经费供给与需求的国际比较研究 [J]. 北京大学教育评论，2011 (3)：92 - 104.

表 5 – 1　　　　1999～2011 年我国高等教育经费投入的规模　　　单位：亿元

年份	高等教育经费			公共财政预算高等教育经费		
	经费投入规模	增长率（%）	占实际 GDP（%）	经费投入规模	增长率（%）	占实际 GDP（%）
1999	704.23	29.26	0.85	422.61	26.13	0.51
2000	904.43	28.43	0.99	504.42	19.36	0.55
2001	1145.17	26.62	1.13	606.07	20.15	0.60
2002	1446.72	26.33	1.31	724.35	19.52	0.66
2003	1683.07	16.34	1.36	807.41	11.47	0.65
2004	2000.15	18.84	1.38	930.99	15.30	0.64
2005	2341.83	17.08	1.41	1046.37	12.39	0.63
2006	2669.84	14.01	1.41	1207.48	15.40	0.64
2007	3634.19	36.12	1.60	1554.30	28.72	0.68
2008	4210.24	15.85	1.53	1944.68	25.12	0.70
2009	4645.01	10.33	1.49	2191.26	12.68	0.70
2010	5497.86	18.36	1.51	2718.80	24.07	0.75
2011	6880.23	25.14	1.59	3763.26	38.42	0.87

资料来源：历年《中国统计年鉴》《中国教育经费统计年鉴》。实际 GDP 由笔者根据《中国统计年鉴》中名义 GDP 统计数据与平减指数计算获得。

从公共产品理论出发，樊丽明（2005）认为教育的公共产品属性为政府供给教育提供了理论依据。[1] 同理类推，我国高等教育的准公共产品属性，在理论上决定了我国高等教育的主要投资主体是政府，政府有义务承担起主要责任（潘懋元，2008），[2] 同时以个人与社会力量作为辅助主体。然而，在现实发展过程中，我国高等教育经费投入模式经历了由单纯依靠国家财政拨款的高教投资体制，逐步向经费渠道多元化模式转变的历史过程。经过一系列的改

① 樊丽明.中国公共品市场与自愿供给分析［M］.上海：上海人民出版社，2005：32.
② 潘懋元.中国高等教育大众化的理论与政策［M］.广州：广东高等教育出版社，2008：101.

革措施，我国高等教育经费投入逐步形成了与高等教育大众化扩展相适应的经费来源多元化模式。

特别是在 1999 年我国高等教育实施扩招政策之后，高等教育规模的急剧扩大导致了高等教育经费缺口越来越大（潘懋元，2008）。[①] 因此，为了适应新形势下高等教育发展的需要，高等教育经费投入必须要充分发挥国家、个人、高校、社会等多个主体的积极作用，增加高等教育经费的来源渠道与收入规模，以缓解高等教育经费投入与高等教育规模扩展之间的紧张程度，稳健地推动我国高等教育事业的发展。

1999 年以来，我国高等教育经费投入来源的构成演变与现实状况，可以根据历年《中国教育经费统计年鉴》中的统计数据进行量化考察。目前，我国高等教育经费来源，主要包括国家财政性教育经费、事业收入、社会捐赠经费、民办学校中举办者投入，以及其他教育经费。[②] 其中，（1）国家财政性教育经费包括公共财政预算教育经费、各级政府征收用于教育的税费、企业办学中的企业拨款、校办产业和社会服务收入用于教育的经费以及其他属于国家财政性教育经费。其中，公共财政预算教育经费指中央、地方各级财政或上级主管部门在本年度内安排，列入国家预算支出科目的教育经费。具体包括教育事业费拨款、科研拨款、基本建设拨款、其他拨款。各级政府征收用于教育的税费是指中央和地方各级政府为发展教育事业划拨给教育部门使用的相关非税收入，包括教育费附加、地方教育附加、地方基金。企业办学中的企业拨款指中央和地方所属企业在企业营业外资金列支或企业自有资金列支，并实际拨付所属学校的办学经费。校办产业和社会服务收入用于教育的经费是指学校举办的校办产业和各种经营取得的收益及投资收益中用于补充教育经费的部分。（2）民办学校中举办者投入是指办学的单位

---

① 潘懋元. 中国高等教育大众化的理论与政策［M］. 广州：广东高等教育出版社，2008：100.
② 各项经费来源的定义，采用 2012 年《中国教育经费统计年鉴》中经费指标的界定方法。

或公民个人拨给民办学校的办学经费。（3）社会捐赠经费指境内外社会各界及个人对教育的资助和捐赠。（4）事业收入指学校和单位开展教学及其辅助活动依法取得的、经财政部门核准留用的资金，以及经财政专户核拨回的资金，包括教学事业收入和科研事业收入。其中，学杂费指学生缴纳的学杂费，不包括学校收取的课本费和其他代收费项目。（5）其他收入是指除上述各项收入以外的其他各项收入。

在历年统计过程中，《中国教育经费统计年鉴》中统计指标的名称与包含条目有所调整与变动。① 因此，针对各年统计列项的包含项目、指标含义的差异，需要统一历年项目与指标的统计口径以减少统计误差。本部分对统计口径的处理方式，作出以下说明：（1）2006年之前历年的公共财政预算教育经费，由预算内事业性经费拨款与基本建设拨款加和计算获得。（2）2006年及之前的国家财政性教育经费，由预算内事业性经费拨款与基本建设拨款、教育附加拨款以及校办产业、勤工俭学、社会服务收入用于教育的经费等四项的加和计算获得。（3）对于名称变化而统计口径未变的项目，统一为最新的指标名称，包括各级政府征收用于教育的税费等于教育附加拨款，社会捐赠经费等于捐赠集资收入。统一数据口径后，我国历年高等教育各项经费来源的占比，如表5-2所示。

---

① 在历年统计过程中，《中国教育经费统计年鉴》的若干统计指标的名称与包含条目有所调整与变动，主要表现在以下四个方面：（1）2003年开始将此前的预算内教育经费拨款更改为预算内事业性经费拨款。（2）2007年之前的统计指标列项变动主要有：预算内事业性经费拨款更改为预算内教育经费；教育附加拨款更改为各级政府征收用于教育的税费；将校办产业、勤工俭学、社会服务收入用于教育的经费更改为校办产业和社会服务收入用于教育的经费；增加民办学校中举办者投入项目；将2006年及之前单列的基本建设拨款纳入预算内教育经费列项之中；同时，将预算内教育经费、各级政府征收用于教育的税费、企业办学中的企业拨款、校办产业和社会服务收入用于教育的经费合并为国家财政性教育经费；捐集资收入项目更改为社会捐赠经费。（3）2008年各级政府征收用于教育的税费的列项中增加地方教育基金。（4）2010年将预算内教育经费更改为公共财政预算教育经费。

表 5 – 2　　　　　　我国高等教育经费投入的来源构成　　　　单位：%

年份	国家财政性教育经费						事业收入	社会捐赠经费	民办学校中举办者投入	其他收入
	小计	公共财政预算教育经费	各级政府征收用于教育的税费	企业办学中的企业拨款	校办产业和社会服务收入用于教育的经费	其他属于国家财政性教育经费				
1998	64.94	61.50	1.37		2.06		26.56	2.10		6.39
1999	62.75	60.01	0.98		1.76		29.95	2.30		5.00
2000	58.47	55.77	0.92		1.79		34.72	1.68		5.13
2001	54.98	52.92	0.63		1.42		38.00	1.51		5.51
2002	51.80	50.07	0.59		1.14		41.44	1.92		4.83
2003	49.73	47.97	0.62		1.14		42.87	1.52		5.88
2004	48.25	46.55	0.60		1.10		44.47	1.08		6.20
2005	46.21	44.68	0.48		1.05		46.26	0.90		6.62
2006	46.73	45.23	0.51		0.98		45.15	0.72		7.41
2007	43.98	42.77	0.47	0.22	0.52		46.74	0.75	0.88	7.65
2008	47.59	46.19	0.75	0.34	0.30		44.28	0.68	0.72	6.73
2009	48.75	47.17	0.95	0.28	0.34		43.46	0.56	0.71	6.51
2010	52.78	49.45	1.25	0.29	0.21	1.58	40.32	0.54	0.49	5.87
2011	58.48	54.70	1.41	0.26	0.26	1.85	34.89	0.63	0.48	5.52

资料来源：历年《中国教育经费统计年鉴》，其中各项指标占经费投入总量的百分比由笔者统计计算得到。

　　根据表 5 – 2 数据，可以发现我国高等教育经费投入模式，具有以下几个方面的特征：（1）国家财政性教育经费仍然是高等教育经费的最主要来源，其占经费总量投入的一半以上，平均占比为52.89%。其中，公共财政预算教育经费是主体，占比在42.77% ~ 61.5%之间，而各级政府征收用于教育的税费、企业办学中的企业拨款、校办产业和社会服务收入用于教育的经费以及其他属于国家财政性教育经费的占比均在2.5%以下。（2）事业收入是我国高等教育的第二大经费来源。1999 年高等教育扩展以来，事业收入占比逐年攀升，从 1999 年的 29.95% 上升到 2005 年的 46.26%，2006 年有所降低为 45.15%，2007 年回升到 46.74%；2008 年之后事业收入占比开始不断降低，[①] 从 40% 以上逐渐降低到 35% 左右。（3）除国家财政性教育经费、事业收入作为主要经费来源之外，其他收入成为第三大经费来源渠道，占比在 4.83% ~ 7.65% 之间。但在 2007 年之后，其他收入的总体占比出现逐渐下降趋势。（4）校办产业和社会服务收入用于教育的经费与社会捐赠经费是社会投入的重要形式，但其占比较低，并且在总体上呈现下降趋势。

综上，可以发现虽然我国高等教育经费投入模式已经向来源多元化的方向发展，但经费来源构成却表现出以国家财政性教育经费、事业收入为主要来源的二元格局，两项经费来源加和占经费投入总量的 90% 以上。而其他渠道经费投入的占比微小，仅作为高等教育经费筹措的补充与辅助。

5.2　高等教育经费投入与人力资本积累效率

5.2.1　模型构建与估计方法说明

1. 高等教育人力资本积累效率的模型构建

钱雪亚等（2014）[②] 使用公共教育投入与私人教育投入作为教育投入项，构建了教育经费投入与教育人力资本产出之间的生产函

---

① 私人教育经费投入虽然可以减缓高等教育经费供求之间的紧张程度，但是不利于高等教育发展过程中所追求的公平目标。由于不同收入水平的家庭经济承受能力存在差异，学费水平过高将会限制中低收入阶层的教育需求，导致教育机会不平等与教育发展不公平，同时还可能加剧社会阶层固化与贫困代际传递等社会问题。因此，高等教育发展的研究者普遍认为应控制大学学费上涨，逐渐降低私人教育经费投入比例。

② 钱雪亚，缪仁余，胡博文. 教育投入的人力资本积累效率研究——基于随机前沿教育生产函数模型［J］. 中国人口科学，2014（2）：74 – 83.

数,用以检验教育投入的人力资本积累效率。其所构建的教育生产函数模型,具体如式(5.1)所示的柯布—道格拉斯生产函数形式。

$$HR_{it} = A_{it} \cdot (EG_{it})^{\alpha} \cdot (EH_{it})^{\beta} \tag{5.1}$$

在式(5.1)中,HR_{it}为地区 i 在 t 年的教育产出,A_{it}为地区 i 在 t 年的教育生产效率,EG_{it}表示地区 i 在 t 年的公共教育投入,EH_{it}表示地区 i 在 t 年的私人教育投入,α、β 分别表示公共教育投入与私人教育投入的产出弹性。

基于我国高等教育经费投入的二元格局,本部分借鉴式(5.1)的模型思想,构建高等教育的生产函数模型,如下:

$$TEY_{it} = TEA_{it} \cdot (TEFI_{it})^{\alpha} \cdot (TEPI_{it})^{\beta} \tag{5.2}$$

在式(5.2)中,TEY_{it}为地区 i 在 t 年的高等教育产出;TEA_{it}为地区 i 在 t 年的高等教育生产效率,也就是高等教育人力资本积累效率;$TEFI_{it}$表示地区 i 在 t 年的高等教育投入中的公共教育投入部分;$TEPI_{it}$表示地区 i 在 t 年的高等教育投入中的私人教育投入部分;α、β 分别表示地区 i 在 t 年的高等教育发展过程中公共教育投入部分与私人教育投入部分的产出弹性。

根据第 3 章中高等教育扩展影响大学溢价的机理分析,以及第 4 章中高等教育规模扩展将会导致劳动力市场中技能劳动力相对占比发生变动的传导路径刻画,本部分选择以技能劳动力相对占比作为衡量高等教育产出项的指标,测算我国高等教育的人力资本积累效率。因此,式(5.2)可以转化为高等教育生产函数的面板模型形式:

$$HLR_{it} = TEA_{it} \cdot (TEFI_{it})^{\alpha} \cdot (TEPI_{it})^{\beta} \tag{5.3}$$

式(5.3)为本部分构建的高等教育部门的人力资本生产函数。其中,HLR_{it}表示地区 i 在 t 年的技能劳动力与非技能劳动力之间的相对比重。TEA_{it}既表示地区 i 在 t 年的高等教育人力资本积累效率,也表示地区 i 在 t 年的高等教育经费投入的生产效率。

2. 估计方法选择

测算技术效率的常用方法主要包括两类:参数估计法与非参数

估计法。其中，非参数估计法中 DEA – Malmquist 指数法最为常用，参数估计法中随机前沿分析法（SFA）是典型代表方法。其中，DEA – Malmquist 指数法不仅可以基于投入计算技术效率，也可以基于产出测算前沿效率，并且具有不需要具体的生产函数形式以及可以将技术效率进行分解的优点；而随机前沿分析法（SFA）则需要构建具体的生产函数，可以估计得到各个投入要素的弹性系数，具有更充实的理论依据。

由于本部分对高等教育部门的技术效率估计，是基于高等教育经费投入与人力资本积累之间的生产函数展开分析的。同时，本章为了比较高等教育公共经费投入与高等教育私人经费投入对高等教育人力资本积累效率的影响差异，需要在测算高等教育部门技术效率的过程中估计得到两项投入要素的弹性系数。因此，本部分选择使用随机前沿分析法（SFA）更加合适。

随机前沿分析法（SFA）的方法思想，源于法雷尔（Farrell，1957）[1] 对生产效率的观点。法雷尔（1957）认为索洛余值法假定所有生产者都能实现最优生产效率的条件并不成立，同时提出并不是每一个生产者都位于生产函数前沿面上，大部分生产者的实际效率与最优效率之间存在一定的差距，即生产函数中存在技术无效率现象。在此基础上，艾格纳等人（Aigner et al.，1977）[2] 以及米奥森和范登·布鲁克（Meeusen & van den Broeck，1977）[3] 分别独立提出了带有复合误差结构的随机前沿生产函数。巴特斯和科埃利（Battese & Coelli，1992，[4] 1995[5]）对随机前沿生产函数进行了更

① Farrell M. J. . The Measurement of Productive Efficiency [J]. Journal of the Royal Statistical Society. Series A (General), 1957, 120 (3): 253 – 290.

② Aigner D., Lovell C. A. K. & Schmidt P. . Formulation and estimation of stochastic frontier production function models [J]. Journal of Econometrics, 1977, 6 (1): 21 – 37.

③ Meeusen W. & van den Broeck J. . Efficiency Estimation from Cobb – Douglas Production Functions with Composed Error [J]. International Economic Review, 1977, 18 (2): 435 – 444.

④ Battese G E, Coelli T J. Frontier Production Functions, Technical Efficiency and Panel Data: With Application to Paddy Farmers in India [J]. Journal of Productivity Analysis, 1992, 3 (1): 153 – 169.

⑤ Battese G E, Coelli T J. A model for technical inefficiency effects in a stochastic frontier production function for panel data [J]. Empirical Economics, 1995, 20 (2): 325 – 332.

为详细的推导，并在横截面数据与时间序列数据模型的基础上扩展了模型类型，提出了随机前沿生产函数的面板数据模型。

由于本部分测算高等教育部门技术效率所使用的数据类型为我国 31 个省份的面板数据，所以，本研究采用巴特斯和科埃利（Battese & Coelli，1992，[①] 1995[②]）所提出的随机前沿生产函数的面板数据模型。随机前沿生产函数的具体形式如下：

$$Y_{it} = f(x_{it}; \beta) \exp(v_{it} - u_{it}) \tag{5.4}$$

式（5.4）中，Y_{it} 表示厂商 i 在 t 时期的产出。$f(x_{it}; \beta)$ 表示向量函数，可以是柯布—道格拉斯生产函数模型，也可以是超越对数生产函数模型。x_{it} 是投入要素向量，β 为投入要素的待估计系数。$v_{it} - u_{it}$ 是复合误差项。其中，u_{it} 表示技术无效率，为非负随机变量且服从独立零截尾正态分布；v_{it} 是经典白噪声，服从独立同分布条件下的正态分布 $N(0, \sigma^2)$ 且独立于 u_{it}，表示随机误差项。

厂商 i 在 t 时期的技术效率水平 TE_{it}，定义为：

$$TE_{it} = \exp(-u_{it}) \tag{5.5}$$

在使用随机前沿分析法（SFA）测算技术效率 TE_{it} 的过程中，一般需要对 SFA 模型是否有效进行判断。判断指标为 γ 系数，其计算公式为：

$$\gamma = \sigma_u^2 / (\sigma_u^2 + \sigma_v^2) \tag{5.6}$$

式（5.6）中，γ 表示技术无效率项方差与随机误差项方差的比值，其取值范围为 $[0, 1]$。γ 系数作为衡量复合误差项中技术无效率项与随机误差项相对重要程度的指标：γ 系数越接近于 1，说明实际产出偏离前沿函数的误差明显是由技术无效率引起的，使用 SFA 模型是合适的，并且是有效的；如果 γ 系数越接近于 0，则说明复合误差项的主要来源是随机误差项，采用 SFA 模型是无效的，此时采用一般函数进行估计更为有效。

① Battese G E, Coelli T J. Frontier Production Functions, Technical Efficiency and Panel Data: With Application to Paddy Farmers in India [J]. Journal of Productivity Analysis, 1992, 3 (1): 153–169.

② Battese G E, Coelli T J. A model for technical inefficiency effects in a stochastic frontier production function for panel data [J]. Empirical Economics, 1995, 20 (2): 325–332.

5.2.2 我国高等教育的人力资本积累效率分析

1. 随机前沿分析 SFA 模型构建

根据巴特斯和科埃利（Battese & Coelli, 1992,[①] 1995[②]）设定的随机前沿面板模型的方法，本章将高等教育部门生产函数（5.3）构建为 SFA 模型，具体形式为：

$$\ln HLR_{it} = \beta_0 + \beta_1 \ln TEFI_{it} + \beta_2 \ln TEPI_{it} + v_{it} - u_{it} \qquad (5.7)$$

在式（5.7）中，变量 HLR_{it}、$TEFI_{it}$、$TEPI_{it}$ 的指标含义同前文一致，分别表示地区 i 在 t 年的技能劳动力相对比重、高等教育公共经费投入与高等教育私人经费投入。$v_{it} - u_{it}$ 表示复合误差项。其中，u_{it} 表示技术无效率，v_{it} 表示随机误差项。

2. 变量设定与数据说明

在高等教育部门生产函数模型（5.3）与高等教育人力资本积累效率 SFA 估计模型（5.7）中，高等教育的产出项与投入项所涉及的各个变量，本部分对其定义做以下具体设定与说明：

高等教育部门的产出项 HLR_{it}，表示地区 i 在 t 年的技能劳动力与非技能劳动力之间的相对比重。根据已有文献（董直庆、王芳玲、高庆昆，2013）[③] 的方法，以及本部分在界定大学溢价定义时，将技能劳动力由科学研究和综合技术服务业从业人员表征，非技能劳动力由农林牧副渔业从业人员表征。所以，本部分使用科学研究和综合技术服务业从业人员数与农林牧副渔业从业人员的比值，表示各地区技能劳动力的相对供给情况。数据来源为历年《中国统计

---

① Battese G E, Coelli T J. Frontier Production Functions, Technical Efficiency and Panel Data: With Application to Paddy Farmers in India [J]. Journal of Productivity Analysis, 1992, 3 (1): 153 – 169.

② Battese G E, Coelli T J. A model for technical inefficiency effects in a stochastic frontier production function for panel data [J]. Empirical Economics, 1995, 20 (2): 325 – 332.

③ 董直庆，王芳玲，高庆昆. 技能溢价源于技术进步偏向性吗？[J]. 统计研究，2013 (6): 37 – 44.

年鉴》《中国劳动统计年鉴》与《中国人口与就业统计年鉴》中各地区分行业城镇单位从业人员数据。

高等教育部门的公共投入项 $TEFI_{it}$，表示地区 i 在 t 年的高等教育公共经费投入，具体定义为高等教育预算内教育经费。根据《中国教育经费统计年鉴》的说明，本部分设定的高等教育预算内教育经费是指公共财政预算教育经费部分，是指中央、地方各级财政或上级主管部门在本年度内安排，列入国家预算支出科目的教育经费。具体包括教育事业费拨款、科研拨款、基本建设拨款、其他拨款。数据来源于历年《中国教育经费统计年鉴》中各地区各项高等教育经费收入情况中的公共财政预算教育经费部分，统计口径的处理方法同前文所作说明。[1]

高等教育部门的私人投入项 $TEPI_{it}$，表示地区 i 在 t 年的高等教育私人经费投入，定义为高等教育事业收入。按照《中国教育经费统计年鉴》中的指标说明，本部分定义的高等教育事业收入具体包括学校和单位开展教学及其辅助活动依法取得的、经财政部门核准留用的资金，以及经财政专户核拨回的资金，包括教学事业收入和科研事业收入。数据来源为历年《中国教育经费统计年鉴》中各地区各项高等教育经费收入情况中的事业收入部分。

综上界定，高等教育产出项与投入项各变量的数据为我国 31 个省份 1998～2011 年 14 年期间的面板数据，样本数为 465 个。根据变量设定情况，高等教育人力资本积累效率 SFA 估计模型（5.7）中各个变量的数据概况，具体如表 5-3 所示。

3. 随机前沿分析 SFA 估计结果

利用统计软件 Stata 12.0 对高等教育人力资本积累效率的估计模型（5.7）进行 SFA 分析，随机前沿模型中各个要素投入项的产出弹性参数，具体如表 5-4 所示。

---

[1] 对历年《中国教育经费统计年鉴》中公共财政预算教育经费的统计口径处理方法，具体如本章前文我国高等教育经费投入概况中表 5-2 的处理说明部分。

表5-3　　　　　我国高等教育人力资本积累效率 SFA 估计
模型中各变量概况

地区	变量	HLR	lnTEFI	lnTEPI	地区	变量	HLR	lnTEFI	lnTEPI
东部	最大值	21.080	17.540	16.750	西部	最大值	3.429	16.650	16.400
	最小值	0.047	11.770	10.630		最小值	0.033	11.060	7.800
	平均值	3.212	15.230	14.960		平均值	0.830	13.930	13.400
	方差	19.410	1.370	1.526		方差	0.680	1.467	2.862
	标准差	4.405	1.171	1.235		标准差	0.825	1.211	1.692
中部	最大值	2.269	16.760	16.530	全国	最大值	21.080	17.540	16.750
	最小值	0.068	13.110	11.890		最小值	0.033	11.060	7.800
	平均值	0.617	14.810	14.790		平均值	1.620	14.620	14.310
	方差	0.286	0.679	1.004		方差	8.597	1.549	2.427
	标准差	0.535	0.824	1.002		标准差	2.932	1.245	1.558

表5-4　　　　　　高等教育前沿生产函数估计结果

变量名	系数	标准差	z 值
高等教育公共经费投入	0.403 ***	0.0503	8.010
高等教育私人经费投入	0.183 ***	0.0384	4.760
常数项	-6.784 ***	0.512	-13.26
η	-0.0029 *	0.00261	-1.100
γ	0.952	0.0160	0.909
Wald		344.2	
Log likelihood		-132.3	
P		0	

注：***、**、*分别表示在0.01、0.05、0.1水平上通过统计检验，呈现统计显著性。

由表5-4估计结果可以得出，前沿生产函数的 γ 值为0.952，显著不等于0且非常接近于1，表示随机前沿生产函数中复合扰动项所产生的误差主要是由技术无效率项引起的，说明高等教育部门存在明显的技术无效率，采用随机前沿模型是合适的且有效的。标量参数 η 值为 −0.0029，且在 0.1 置信水平上呈现显著性，表示技术无效率将随着时间变化而呈现上升趋势，[①] 说明我国高等教育的人力资本积累技术效率呈现逐年降低的下降趋势。高等教育公共经费投入与私人经费投入的要素产出弹性分别为 0.403、0.183，说明公共经费投入的产出弹性大于私人经费投入，也就是说我国高等教育人力资本积累仍然是主要依靠公共经费投入提供主要驱动力量。同时，两项投入要素的产出弹性系数加总之和小于 1，说明我国高等教育经费投入不存在规模经济。

基于对高等教育部门生产函数的 SFA 模型（5.7）的估计，得到我国 31 个省份 1998～2011 年的高等教育部门的技术效率，也就是测算了我国各省的高等教育人力资本积累效率。估计结果具体如表 5 – 5 所示。

表 5 – 5　　　　　　　各省份高等教育人力资本积累效率

地区	1998年	2003年	2007年	2011年	平均值	地区	1998年	2003年	2007年	2011年	平均值
全国	0.201	0.198	0.195	0.193	0.196	河南	0.160	0.156	0.153	0.150	0.155
北京	0.719	0.715	0.712	0.710	0.714	湖北	0.035	0.033	0.032	0.031	0.033
天津	0.908	0.907	0.906	0.905	0.906	湖南	0.070	0.067	0.065	0.063	0.066
河北	0.119	0.115	0.112	0.110	0.114	中部地区	0.095	0.093	0.091	0.089	0.092
辽宁	0.039	0.037	0.036	0.034	0.037	内蒙古	0.035	0.033	0.032	0.031	0.033
上海	0.568	0.564	0.560	0.556	0.562	广西	0.081	0.078	0.076	0.074	0.078
江苏	0.049	0.047	0.045	0.044	0.046	重庆	0.381	0.375	0.371	0.367	0.374
浙江	0.315	0.310	0.305	0.301	0.308	四川	0.154	0.149	0.146	0.143	0.148

---

① Battese G E, Coelli T J. Frontier Production Functions, Technical Efficiency and Panel Data: With Application to Paddy Farmers in India [J]. Journal of Productivity Analysis, 1992, 3 (1): 153 – 169.

续表

地区	1998年	2003年	2007年	2011年	平均值	地区	1998年	2003年	2007年	2011年	平均值
福建	0.084	0.081	0.079	0.076	0.080	贵州	0.252	0.247	0.243	0.239	0.246
山东	0.118	0.115	0.112	0.109	0.114	云南	0.081	0.079	0.076	0.074	0.078
广东	0.077	0.075	0.072	0.070	0.074	西藏	0.518	0.514	0.510	0.506	0.512
海南	0.039	0.038	0.036	0.035	0.037	陕西	0.209	0.204	0.200	0.197	0.203
东部地区	0.276	0.273	0.270	0.268	0.272	甘肃	0.141	0.137	0.134	0.131	0.136
山西	0.300	0.295	0.291	0.287	0.294	青海	0.415	0.409	0.405	0.401	0.408
吉林	0.047	0.045	0.043	0.042	0.044	宁夏	0.144	0.140	0.137	0.134	0.139
黑龙江	0.014	0.013	0.013	0.012	0.013	新疆	0.018	0.017	0.016	0.015	0.017
安徽	0.080	0.077	0.075	0.073	0.077	西部地区	0.202	0.199	0.196	0.193	0.197
江西	0.057	0.054	0.053	0.051	0.054						

由表 5－5 数据可以发现，SFA 估计得到的高等教育部门技术效率在各个省份之间表现出了显著的高低差异。具体表现为：（1）北京、天津、上海与西藏等四个省市区的高等教育技术效率处于较高的水平，均高于 0.5，其中天津的高等教育技术效率最高，达到 0.906；新疆与黑龙江两个省市区的高等教育技术效率则处于较低的水平，分别为 0.017、0.013，均在 0.02 以下。（2）东、中、西部地区各省份高等教育技术效率的平均值分别为 0.272、0.092、0.197。东部地区、西部地区的高等教育技术效率平均值明显高于全国平均水平（0.196），只有中部地区低于全国平均水平。其中，东部地区与西部地区内部各省市区高等教育技术效率之间的高低差异较为明显，而中部地区各省份高等教育技术效率之间的高低差异相对较小。（3）各地区的高等教育技术效率随着时间呈现出逐年下降的衰减趋势。1998～2011 年，东中西部地区高等教育部门技术效

率变化情况，具体如图 5－1 所示。其中，东、中、西部地区的衰减斜率基本相同，并且在衰减过程中仍呈现出明显的东、西部地区高等教育人力资本积累效率高于全国平均水平，而中部地区高等教育技术效率最低的分布格局。

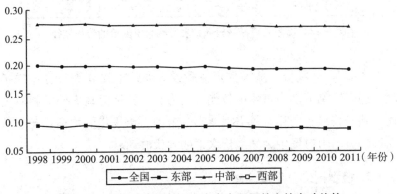

图 5－1　各地区高等教育人力资本积累效率的变动趋势

5.3　高等教育经费投入扩展影响大学溢价的实证检验

5.3.1　高等教育经费投入扩展影响大学溢价的模型构建

1. 高等教育经费投入扩展影响大学溢价的传导路径分析

　　结合本章前文在构建高等教育生产函数（5.3）过程中对投入项与产出项指标的分析，以及第 4 章中高等教育规模扩展影响大学溢价的机理分析，本书认为高等教育经费投入扩展影响大学溢价变动的传导路径为：高等教育经费投入→高等教育规模扩展→技能劳动力相对占比→技能劳动相对供需框架→大学溢价水平变动。具体机理可由图 5-2 说明。

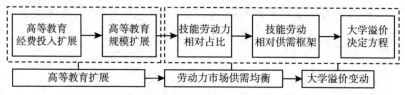

图 5-2　高等教育经费投入扩展影响大学溢价的传导路径

由图 5-2 可得，高等教育经费投入通过推动高等教育规模扩展，进而影响劳动力市场中技能劳动力与非技能劳动力间的相对占比，基于技能劳动相对供需框架影响劳动力市场供需均衡变动，从而影响劳动力市场中大学溢价水平的起伏波动。

2. 模型构建与变量定义

（1）模型构建。根据图 5-2 中对高等教育经费投入扩展影响大学溢价的传导路径的刻画，本章将高等教育生产函数（5.3）代入第 3 章的大学溢价决定方程之中，然后等式两边取对数得到高等教育经费投入扩展影响大学溢价的面板模型：

$$\ln PREMIUM_{it} = c_{it} + \alpha \ln TEFI_{it} + \beta \ln TEPI_{it} + \gamma \ln Z_{it} + \varepsilon_{it} \quad (5.8)$$

式（5.8）中，$PREMIUM_{it}$ 表示地区 i 在 t 时期的大学溢价，$TEFI_{it}$ 表示地区 i 在 t 时期的高等教育公共经费投入规模，$TEPI_{it}$ 表示地区 i 在 t 时期的高等教育私人经费投入规模，Z_{it} 表示控制变量。α、β、γ 为模型中各解释变量与控制变量的待估计系数，c_{it} 表示常数项，ε_{it} 表示随机扰动项。

（2）变量定义与数据概况。本部分对面板模型（5.8）中各变量的设定情况，具体如下：

被解释变量：大学溢价 PREMIUM 的定义与前文第 4 章的界定相同，均为借鉴宋冬林、王林辉、董直庆（2010）[1] 与陆雪琴、文

---

① 宋冬林，王林辉，董直庆. 技能偏向型技术进步存在吗？——来自中国的经验证据 [J]. 经济研究，2010（5）：68-81.

雁兵（2013）[①] 以及刘兰（2013）[②] 的方法，将科学研究和综合技术服务业人员定义为技能劳动力，农林牧副渔业从业人员定义为非技能劳动力。具体使用历年《中国统计年鉴》《中国劳动统计年鉴》中 31 个省份科学研究和综合技术服务业职工平均工资与农林牧渔业职工平均工资的统计数据，两者相除计算得到各个地区的大学溢价水平。

解释变量：高等教育公共经费投入规模 TEFI、高等教育私人经费投入规模 TEPI 的变量设定，同本章前文高等教育人力资本积累效率的随机前沿分析中的界定相同。也就是，高等教育公共经费投入规模 TEFI 定义为高等教育预算内教育经费，高等教育私人经费投入规模 TEPI 定义为高等教育事业收入。数据来源均为历年《中国教育经费统计年鉴》中各地区各项高等教育经费收入情况的统计数据。其中，高等教育公共经费投入规模 TEFI 统计口径的处理方法与前文所作说明[③]相同。

控制变量的选取，是在借鉴阿西莫格鲁（2003b）、[④] 刘兰和邹薇（2010）、[⑤] 董直庆等（2013）[⑥] 以及陆雪琴和文雁兵（2013）[⑦] 等研究思路的基础上，包括国际贸易水平 EXPORT、市场化水平 MARKET、城市化率 URBAN、地区经济发展水平 KPL。各个控制变量分别表征各地区在开放经济条件下的对外开放度、经济发展中市场化程度、城市化进程、经济发展状况，变量定义以及具体数据来源与第 4 章的界定相同。

---

①⑦陆雪琴，文雁兵. 偏向型技术进步、技能结构与溢价逆转——基于中国省级面板数据的经验研究 [J]. 中国工业经济，2013（10）：18－30.

② 刘兰. 偏向型技术进步、技能溢价与工资不平等 [J]. 理论月刊，2013（2）：140－143.

③ 对历年《中国教育经费统计年鉴》中公共财政预算教育经费的统计口径处理方法，具体如本章前文我国高等教育经费投入概况中表 5－2 的处理说明部分。

④ Acemoglu, D. Patterns of Skill Premia [J]. Review of Economic Studies, 2003b, 70（2）：199－230.

⑤ 刘兰，邹薇. 技能溢价与工资不平等理论研究进展 [J]. 中南财经政法大学学报，2010（1）：16－21.

⑥ 董直庆，王芳玲，高庆昆. 技能溢价源于技术进步偏向性吗？[J]. 统计研究，2013（6）：37－44.

　　根据以上变量设定，本研究数据均来源于历年《中国统计年鉴》《中国人口与就业统计年鉴》《中国教育经费统计年鉴》《中国劳动统计年鉴》以及各省历年《统计年鉴》。由于《中国教育统计年鉴》截止到2012年，2013年《中国教育经费统计年鉴》并未公布，教育部仅公布了《2012年全国教育经费执行情况统计公告》。虽然可以对2012年的教育经费数据进行测算估计，但由于学界至今未形成较为权威的测算方法。所以，为了统一各项指标的数据标准，本部分的样本期间为1998~2011年，也就是截止到2012年《中国教育经费统计年鉴》公布的年度统计数据。本章构建我国1998~2011年31个省份的面板数据，并使用省级面板数据对面板模型（5.8）进行实证检验。面板数据中各变量的统计概况，如表5-6所示。

表5-6　　高等教育经费投入规模影响大学溢价的各变量概况

地区	变量	PREMIUM	lnTEFI	lnTEFI	EXPORTR	MARKET	URBAN	KPL
东部	最大值	5.031	17.54	16.75	0.920	0.871	0.445	345.4
	最小值	0.144	11.77	10.63	0.0540	0.358	0.0715	3.986
	平均值	2.571	15.23	14.96	0.345	0.667	0.153	104.4
	标准差	0.915	1.171	1.235	0.224	0.109	0.0781	67.86
中部	最大值	3.828	16.76	16.53	0.140	0.848	0.217	214.0
	最小值	1.546	13.11	11.89	0.0207	0.208	0.0548	2.033
	平均值	2.341	14.81	14.79	0.0550	0.584	0.101	55.85
	标准差	0.462	0.824	1.002	0.0232	0.129	0.0349	39.04
西部	最大值	3.153	16.65	16.40	0.319	0.735	0.191	264.2
	最小值	1.258	11.06	7.800	0.0148	0.0410	0.0510	1.444
	平均值	1.978	13.93	13.40	0.0601	0.484	0.0925	54.10
	标准差	0.336	1.211	1.692	0.0387	0.151	0.0296	42.82

地区	变量	PREMIUM	lnTEFI	lnTEFI	EXPORTR	MARKET	URBAN	KPL
全国	最大值	5.031	17.54	16.75	0.920	0.871	0.445	345.4
	最小值	0.144	11.06	7.800	0.0148	0.0410	0.0510	1.444
	平均值	2.282	14.62	14.31	0.160	0.575	0.116	72.39
	标准差	0.678	1.245	1.558	0.193	0.153	0.0597	57.35

注：由于多数变量都是比率形式，故不具有度量单位。其中，只有变量 KPL 具有数量单位（千元/人）。

由表5-6的数据可以得出，1998~2011年我国东部与中部地区的大学溢价、高等教育公共经费投入的对数以及高等教育私人经费投入的对数等方面的均值水平，都高于全国平均值，而西部地区均低于全国平均水平。高等教育经费投入在总体上呈现出明显的东、中、西部地区以此降低的梯度结构。控制变量中，市场化水平、城市化率与地区经济发展水平也表现出同样的梯次分布规律，但在对外贸易水平方面西部地区要高于中部地区。

5.3.2 经费投入规模影响大学溢价的实证检验

本部分使用我国1998~2011年31个省份的面板数据，从全国总体与分地区两个层面分别对模型（5.8）进行回归检验，以得到高等教育经费投入规模影响大学溢价的效应系数。

1. 豪斯曼检验结果

在使用面板数据实证分析之前，需要根据豪斯曼检验结果对回归模型具体选择何种效应模型进行判断与选择。本部分对高等教育经费投入规模影响大学溢价的面板模型（5.8）进行豪斯曼检验的结果，如表5-7所示。

表 5 - 7　　　　　　　　　　豪斯曼检验结果

模型	全国		东部地区		中西部地区	
	模型 1	模型 2	模型 1	模型 2	模型 1	模型 2
豪斯曼检验	0.71	1.7	1.26	22.68 ***	2.56	9.09
效应选择	RE	RE	RE	FE	RE	RE

注：*** 表示在 0.01 水平上通过统计检验，呈现显著性。

通过判断豪斯曼检验结果是否具有显著性，选择相应的效应模型进行实证分析：如果豪斯曼检验结果呈现显著性，则在实证过程中选择使用固定效应模型 FE 进行回归检验；如果豪斯曼检验结果不具有统计显著性，则面板模型在实证检验时选择随机效应模型 RE 进行估计分析。

2. 省级面板数据的实证检验结果

根据豪斯曼检验结果，选择相应的效应模型，使用我国 1998 ~ 2011 年 31 个省份的面板数据对高等教育经费投入规模影响大学溢价的面板模型（5.8）进行实证检验。各个变量影响系数的估计结果，得到如表 5 - 8 所示。

表 5 - 8　　　　高等教育经费投入规模影响大学溢价的检验结果

变量	全国		东部地区		中西部地区	
	模型 1	模型 2	模型 1	模型 2	模型 1	模型 2
lnTEFI	-0.0566 *** (-1.96)	-0.0335 (-1.13)	-0.012 (-0.15)	0.0618 (0.76)	-0.0708 *** (-3.21)	-0.0593 *** (-2.61)
lnTEPI	0.131 *** (5.65)	0.0544 * (1.88)	0.153 ** (2.4)	-0.096 (-1.34)	0.114 *** (6.41)	0.0862 *** (3.7)
lnEXPORTR		0.0777 *** (3.21)		0.126 * (1.69)		0.0662 *** (3.1)

变量	全国		东部地区		中西部地区	
	模型 1	模型 2	模型 1	模型 2	模型 1	模型 2
lnURBAN		-0.168 *** (-3.14)		-0.317 ** (-2.56)		-0.0203 (-0.41)
lnKPL		0.0345 ** (2.01)		0.131 *** (3.43)		-0.000825 (-0.06)
lnMARKET		0.034 (0.66)		0.448 ** (2.42)		0.0451 (1.15)
cons	-0.257 (-1.51)	0.186 (0.62)	-1.226 *** (-2.64)	0.522 (0.72)	0.157 (1.19)	0.560 ** (2.21)
R-sq	0.214	0.258	0.257	0.409	0.253	0.29
F(Wald)	113.6	144.1	49.18	15.83	90.56	106.6
P	0	0	0	0	0	0

注：***、**、* 分别表示在 0.01、0.05、0.1 水平上通过统计检验，呈现显著性。括号内数字在固定效应 FE 时为变量系数估计的 t 检验值，在随机效应 RE 时为其系数估计的 z 检验值。F(Wald) 表示在固定效应 FE 时为模型结果的 F 检验值，在随机效应 RE 时为模型结果的 Wald 检验值。

　　由表 5-8 估计结果可以发现，高等教育经费投入规模影响大学溢价的总量效应表现为：（1）高等教育公共经费投入规模在全国层面的估计系数小于 0，且在 0.01 水平上具有显著性，说明高等教育公共经费投入规模对大学溢价具有显著的负向作用。在分地区层面，东部地区的估计系数不显著，中西部地区的估计结果在加入控制变量前后均在 0.01 水平上呈现统计显著性。同时，高等教育公共经费投入规模在中西部地区的估计系数绝对值大于东部地区，说明高等教育公共经费投入规模对中西部地区各省大学溢价的缩减程度要高于东部地区。（2）高等教育私人经费投入规模在全国层面的估计系数在 0.01 水平上显著为正，说明高等教育私人经费投入规模对大学溢价具有显著的正向影响。分地区来讲，东部地区的估计系数在加入控制变量之后变得不显著，而中西部地区的影响系数在加入控制变量前后均在 0.01 水平上呈现显著性，说明高等教育私人经费投入规模在中西部地区相对于东部地区具有更加显著的扩大大学溢价的作用。（3）控制变量中，开放经济条件下的对外开放度、经济发展水平、经济发展中市场化程度均表现出扩大大学溢价的作用，城市化进程则表现为缩减大学溢价的作用，并且在东部地区的影响程度均大于中西部地区。

由此可以得出，高等教育经费投入规模影响大学溢价变动的具体效应为：公共经费投入总量对大学溢价具有显著的缩减作用，而私人经费投入总量则对大学溢价具有显著的扩大作用，并且在中西部地区的影响程度相对于东部地区均更加显著。同时，全国层面与各地区的私人经费投入对大学溢价的影响系数均大于公共经费投入系数的绝对值。这可能是由于我国 1999 年开始的高等教育扩展，是在政府强力推动下（潘懋元，2008），[①] 主要通过降低预算内教育事业费拨款和提高学杂费比例以增加经费投入来实现的，并且学杂费对高等教育扩展的作用大于预算内教育经费（乔锦忠、洪煜，2009）[②] 的扩展模式所引起的。

5.3.3 经费投入结构影响大学溢价的回归分析

在估计高等教育经费投入扩展影响大学溢价变动的规模效应的基础上，高等教育经费投入的内部结构对大学溢价水平的影响是否具有一定的差异性，需要本章选择一定的划分标准将高等教育经费投入进行分解，以考察各类经费投入对大学溢价影响的结构效应。

1. 高等教育经费投入结构的划分标准

根据教育部、国家统计局以及《中国教育统计年鉴》与《中

---

① 潘懋元. 中国高等教育大众化的理论与政策 [M]. 广州：广东高等教育出版社，2008：94.

② 乔锦忠，洪煜. 我国高等教育扩展模式的实证研究 [J]. 北京师范大学学报（社会科学版），2009（2）：106－113.

国统计年鉴》按学校构成进行分类统计的方法，本部分分解高等教育经费投入结构的划分标准选择为高等教育学校的构成。我国普通高等教育院校的构成，主要包括两个维度的划分标准：（1）以学校层级维度划分为：中央属高等学校与地方属高等学校；（2）以学校类型维度划分为：普通本科院校与高职高专院校。基于两个维度的划分，我国 31 个省份普通高等学校的构成情况，具体如表 5 - 9 所示。

通过 2013 年我国 31 个省份的普通高等学校构成比较，可以发现我国高等教育资源的地区分布不均衡状况：（1）总量分布表现为：全国高等教育学校总量为 2529 所，东部地区 11 个省份占有高校数为 1096 所，占比为 43%，接近一半；中部地区 8 个省份占有 806 所高等教育学校，占比为 32%；西部地区 12 个省份占有的高等教育学校数量为 627 所，占比为 25%。（2）学校层级结构的分布表现为：全国共有 113 所中央部属高校，其中有 77 所分布在东部地区，占比高达 68%，并且集中分布在北京、上海、江苏三个省市；而中西部地区中央部属高校的占比分别为 17%、15%，在中西部地区有 9 个省份无一所中央部属高校。地方属高校共计 2416 所，其中 42% 分布在东部地区，中部地区占 33%，西部地区占比为 25%。（3）学校类型结构的分布情况：高等本科院校 1202 所，有 552 所分布在东部地区，占比为 46%；中西部地区的高等本科院校占比分别为 30%、24%。全国 1327 所高职高专院校在各地区的分布情况为：东中西部地区分别占比为 41%、33%、26%。综合我国高等教育学校的总量分布、学校层级结构分布与学校类型分布的占比情况，可以得出我国高等教育资源的地区分布不均衡状况较为严峻，各类学校主要集中在东部地区各省份，而中西部地区占比较小，尤其是中央部属高校代表的优质高等教育资源地区分布不均衡状况更为显著。

表 5－9 2013年我国各省普通高等学校的构成

地区	普通高校数量（所）					占比（%）			
	总计	中央属	地方属	高等本科	高职高专	中央属	地方属	高等本科	高职高专
全国	2529	113	2416	1202	1327	4	96	48	52
北京	89	35	54	64	25	39	61	72	28
天津	55	3	52	29	26	5	95	53	47
河北	118	4	114	58	60	3	97	49	51
辽宁	116	5	111	65	51	4	96	56	44
上海	68	10	58	37	31	15	85	54	46
江苏	159	10	149	76	83	6	94	48	52
浙江	104	2	102	57	47	2	98	55	45
福建	88	2	86	33	55	2	98	38	63
山东	141	2	139	65	76	1	99	46	54
广东	141	4	137	62	79	3	97	44	56
海南	17		17	6	11		100	35	65

地区	普通高校数量（所）					占比（%）			
	总计	中央属	地方属	高等本科	高职高专	中央属	地方属	高等本科	高职高专
河南	129	1	128	52	77	1	99	40	60
湖北	123	8	115	67	56	7	93	54	46
湖南	124	3	121	51	73	2	98	41	59
中部地区	806	19	787	362	444	2	98	45	55
内蒙古	50		50	15	35		100	30	70
广西	70		70	33	37		100	47	53
重庆	63	2	61	25	38	3	97	40	60
四川	107	6	101	50	57	6	94	47	53
贵州	55		55	26	29		100	47	53
云南	67		67	30	37		100	45	55
西藏	6		6	3	3		100	60	40
陕西	92	6	86	55	37	7	93	60	40

续表

地区	普通高校数量（所）					占比（%）			
	总计	中央属	地方属	高等本科	高职高专	中央属	地方属	高等本科	高职高专
东部地区	1096	77	1019	552	544	7	93	50	50
山西	79		79	31	48		100	39	61
吉林	58	2	56	37	21	3	97	64	36
黑龙江	80	3	77	38	42	4	96	48	53
安徽	118	2	116	44	74	2	98	37	63
江西	95		95	42	53		100	44	56
甘肃	43	2	41	21	22	5	95	49	51
青海	12		12	4	8		100	33	67
宁夏	18	1	17	8	10	6	94	44	56
新疆	44		44	18	26		100	41	59
西部地区	627	17	610	288	339	3	97	46	54

资料来源：2014 年《中国教育统计年鉴》。不同层级、类型高等教育学校的占比由笔者根据统计数据计算获得。

基于我国高等教育经费来源的二元格局以及学校构成的分解维度，本章将我国高等教育经费投入的结构具体分解为中央属高校公共经费投入、中央属高校私人经费投入；地方属高校公共经费投入、地方属高校私人经费投入；高等本科学校公共经费投入、高等本科学校私人经费投入；高职高专学校公共经费投入、高职高专学校私人经费投入等八种类型。高等教育经费投入结构的具体划分情况，可以由表 5 – 10 直观说明。

表 5 – 10　　　　　　　高等教育经费投入的结构分解

经费来源的二元格局	学校构成的分解维度	高等教育经费的投入结构
公共经费投入	学校层级维度	中央属高校公共经费投入
		地方属高校公共经费投入
	学校类型维度	高等本科学校公共经费投入
		高职高专学校公共经费投入
私人经费投入	学校层级维度	中央属高校私人经费投入
		地方属高校私人经费投入
	学校类型维度	高等本科学校私人经费投入
		高职高专学校私人经费投入

2. 模型构建与变量定义

为了避免多重共线性，以及便于比较经费来源二元格局中同一项经费投入的不同分类对大学溢价影响的结构效应差异，本部分在引入其中一项经费投入细分类型进行检验的同时，则将另一项经费投入控制为总量效应不进行结构细分。也就是，在考察公共经费投入的结构效应时，私人经费投入控制为总量效应；同样在考察私人经费投入的结构效应时，公共经费投入控制为总量效应。此外，如果同时引入公共经费投入与私人经费投入的细分类型进行检验，有可能会因为多重共线性干扰而产生估计偏差。

因此，本部分构建一组经费投入结构模型，分别对公共经费投入结构、私人经费投入结构进行估计分析。面板回归模型，如下：

公共经费投入结构模型：

$$\ln PREMIUM_{it} = c_{it} + \sum_{j=m,n} \alpha_j \ln TEFI_{j,it} + \beta \ln TEPI_{it} + \gamma \ln Z_{it} + \varepsilon_{it}$$

$$(5.9)$$

私人经费投入结构模型：

$$\ln PREMIUM_{it} = c_{it} + \alpha \ln TEFI_{it} + \sum_{j=m,n} \beta_j \ln TEPI_{j,it} + \gamma \ln Z_{it} + \varepsilon_{it}$$

$$(5.10)$$

模型（5.9）、模型（5.10）中，被解释变量 PREMIUM 与解释变量 TEFI、TEPI，以及控制变量 Z_{it} 的定义与前文模型（5.8）的设定相同。j 表示高等教育经费投入的分解维度，包括学校层级维度与学校类型维度。具体来讲，当 j 表示学校层级维度时，m、n 分别表示中央属高校与地方属高校；当 j 表示学校类型维度时，m、n 分别表示高等本科院校与高职高专院校。α、β、γ 为模型中各解释变量与控制变量的待估计系数，c_{it} 表示常数项，ε_{it} 表示误差项。

在高等教育经费投入结构影响大学溢价的面板模型中，各解释变量、被解释变量与控制变量的定义设定与前文相同。数据来源为历年《中国统计年鉴》《中国人口与就业统计年鉴》《中国教育经费统计年鉴》《中国劳动统计年鉴》以及各省历年统计年鉴。关于数据的样本期间，需要说明是由于从 2006 年的《中国教育经费统计年鉴》才开始细分高等本科院校、高职高专院校分类统计，故高等教育经费投入以学校类型维度进行分解的结构数据，其样本区间为 2005 ~ 2011 年。各个变量的数据统计概况，如表 5 - 11 所示。

表5-11 高等教育经费投入结构影响大学溢价的各变量概况

变量类型			变量符号	样本区间	观测值	最大值	最小值	平均值	标准差
因变量			PREMIUM	1998~2011	434	5.031	0.144	2.286	0.688
解释变量	公共经费结构	学校层级维度	lnZYTEFI	1998~2011	434	17.30	6.265	13.84	1.701
			lnDFTEFI	1998~2011	434	16.80	11.06	14.33	1.192
		学校类型维度	lnGBTEFI	2005~2011	217	17.48	12.32	15.05	1.077
			lnGZTEFI	2005~2011	217	15.42	9.813	13.36	1.050
	私人经费结构	学校层级维度	lnZYTEPI	1998~2011	434	16.70	8.052	13.28	1.663
			lnDFTEPI	1998~2011	434	16.84	7.800	14.10	1.536
		学校类型维度	lnGBTEPI	2005~2011	217	16.69	11.19	14.82	1.258
			lnGZTEPI	2005~2011	217	15.49	8.956	13.50	1.234
	控制变量		EXPORTR	1998~2011	434	0.920	0.015	0.160	0.192
			URBAN	1998~2011	434	0.445	0.051	0.116	0.060
			KPL	1998~2011	434	345.4	1.444	79.57	63.93
			MARKET	1998~2011	434	0.881	0.041	0.583	0.154

注：由于多数变量都是比率形式，故不具有度量单位。其中，只有变量KPL具有数量单位（千元/人）。

3. 高等教育经费投入结构影响大学溢价的估计结果

使用我国31个省份的面板数据，对模型（5.9）、模型（5.10）分别进行回归，检验各个变量的估计系数。高等教育教育经费投入结构影响大学溢价变动的面板模型实证结果，具体如表5-12所示。

由表5-12的实证检验结果，可以得出高等教育经费投入结构影响大学溢价水平的作用效应：（1）高等教育公共经费投入结构中，学校层级维度的中央属高校公共经费投入对大学溢价有正向作用，地方属高校公共经费投入对大学溢价具有负向作用，虽然两项系数不具有显著性。学校类型维度的高等本科院校公共经费投入的系数大于0，但不具有显著性；高职高专院校公共经费投入的系数

表 5 - 12　高等教育经费投入结构影响大学溢价的检验结果

变量	公共经费投入结构				变量	私人经费投入结构			
	学校层级维度		学校类型维度			学校层级维度		学校类型维度	
	Coef.	t	Coef.	t		Coef.	t	Coef.	t
lnPREMIUM					lnPREMIUM				
lnTEPI	0.0546	1.360	0.122 ***	3.250	lnTEFI	-0.107 ***	-2.820	-0.0137	-0.380
lnZYTEFI	0.0224	1.390			lnZYTEPI	0.0586 ***	3.010		
lnDFTEFI	-0.00763	-0.200			lnDFTEPI	0.116 ***	3.460		
lnGBTEFI			0.0193	0.580	lnGBTEPI			0.0572	1.430
lnGZTEFI	0.0651 **	2.160	-0.0361 *	-1.790	lnGZTEPI			0.0427 **	2.150
lnEXPORTR	-0.232 ***	-3.430	0.0540 **	2.270	lnEXPORTR	0.0448	1.500	0.0490 **	2.050
lnURBAN	0.0343	1.610	-0.0213	-0.230	lnURBAN	-0.151 **	-2.150	0.0320	0.350
lnKPL	-0.0757	-0.820	-0.0725	-1.640	lnKPL	0.0207	0.950	-0.0921 **	-2.140
lnMARKET	-0.720 *	-1.830	-0.305 ***	-2.830	lnMARKET	-0.0845	-0.960	-0.295 ***	-2.730
cons			-0.528	-0.960	cons	-0.361	-0.910	0.109	0.200
R - sq	0.294		0.141		R - sq	0.328		0.140	
F(Wald)	123.6		32.87		Wald	144.9		30.88	
P	0		0		P	0		0.000100	
豪斯曼检验	3.480		6.420		豪斯曼检验	3.260		11.01	
效应选择	RE		RE		效应选择	RE		RE	

注：***、**、* 分别表示在 0.01、0.05、0.1 水平上通过统计检验，呈现显著性。括号内数字内数字在固定效应 FE 时为变量系数估计的 t 检验值，在随机机效应 RE 时为其系数数估计的 z 检验值。F（Wald）表示在固定定效应 FE 时为模型结果的 F 检验值，在随机机效应 RE 时为模型型结果的 Wald 检验值。

小于0，且在0.1水平上具有显著性。（2）高等教育私人经费投入结构中，学校层级维度的中央属高校与地方属高校私人经费投入的影响系数均大于0，且均在0.01水平上具有显著性，同时地方属高校私人经费投入的影响系数大于中央属高校的系数。学校类型维度的高等本科院校的私人经费投入系数为正，但不显著；高职高专院校私人经费投入的估计系数在0.05水平上显著大于0。（3）各控制变量的影响系数方向均与高等教育经费投入规模的估计结果基本相同。

由此可以得出，高等教育经费投入结构中，公共经费投入对大学溢价的负向影响主要是由地方属高校与高职高专院校引起的，同样私人经费投入对大学溢价的正向作用亦主要是由地方属高校与高职高专院校体现出来。也就是说，我国高等教育经费投入扩展对大学溢价的影响主要是通过地方属高校与高职高专院校发挥作用的，而中央属高校与高等本科院校的影响作用相对偏小或者不显著。

5.3.4　稳健性检验

为了检验高等教育经费投入扩展对大学溢价影响的规模效应与结构效应，本章使用变换模型效应、替换被解释变量两种方法进行稳健性检验，以考察各个变量的估计符号与显著性结果是否具有稳健性。

1. 变换面板模型效应

在面板模型（5.8）、模型（5.9）、模型（5.10）的实证检验过程中，根据豪斯曼检验结果选择了相应的模型效应进行了计量分析，得到了实证估计结果，如表5-8与表5-12所示。本部分通过变换模型效应，使用我国31个省份的面板数据对面板模型（5.8）、模型（5.9）、模型（5.10）重新进行估计，将回归结果同表5-8与表5-12进行比较，以检验实证结果的稳健性。高等教育经费投入规模、投入结构影响大学溢价的稳健性检验结果，具体如表 5 - 13、表 5 - 14 所示。

表 5 - 13　　　高等教育经费投入规模影响大学溢价的
稳健性检验（变换模型效应）

地区	全国		东部地区		中西部地区	
变量	模型 1	模型 2	模型 1	模型 2	模型 1	模型 2
lnTEFI	- 0. 0603 ** (- 2. 04)	- 0. 0332 (- 1. 09)	0. 0156 (0. 18)	0. 0757 (0. 94)	- 0. 0769 *** (- 3. 44)	- 0. 0613 *** (- 2. 64)
lnTEPI	0. 135 *** (5. 67)	0. 046 (1. 48)	0. 135 ** (2. 05)	- 0. 0737 (- 0. 99)	0. 120 *** (6. 55)	0. 0852 *** (3. 14)
lnEXPORTR		0. 0809 *** (2. 81)		0. 0578 (0. 97)		0. 0606 *** (2. 74)
lnURBAN		- 0. 184 *** (- 2. 87)		- 0. 354 *** (- 3. 29)		- 0. 0503 (- 0. 87)
lnKPL		0. 0387 ** (2. 09)		0. 107 *** (2. 81)		- 0. 0052 (- 0. 32)
lnMARKET		0. 0406 (0. 75)		0. 381 ** (2)		0. 0564 (1. 37)
cons	- 0. 262 (- 1. 52)	0. 263 (0. 82)	- 1. 376 *** (- 2. 86)	- 0. 11 (- 0. 16)	0. 162 (1. 24)	0. 539 * (1. 91)
R - sq	0. 214	0. 259	0. 258	0. 403	0. 253	0. 291
F(Wald)	54. 6	23. 1	24. 5	83. 78	43. 74	17. 39
P	0	0	0	0	0	0
效应选择	FE	FE	FE	RE	FE	FE

注：*** 、 ** 、 * 分别表示在 0. 01、0. 05、0. 1 水平上通过统计检验，呈现显著性。括号内数字在固定效应 FE 时为变量系数估计的 t 检验值，在随机效应 RE 时为其系数估计的 z 检验值。F(Wald) 表示在固定效应 FE 时为模型结果的 F 检验值，在随机效应 RE 时为模型结果的 Wald 检验值。

表 5－14　高等教育经费投入结构影响大学溢价的稳健性检验（变换模型效应）

公共经费投入结构

变量	学校层级维度		学校类型维度	
	Coef.	t	Coef.	t
lnPREMIUM				
lnTEPI	0.0590	1.280	0.149***	2.900
lnZYTEFI	0.0172	0.850		
lnDFTEFI	−0.00232	−0.0500		
lnGBTEFI			0.0336	0.930
lnGZTEFI			−0.0340	−1.570
lnEXPORTR	0.0593	1.520	0.0462*	1.720
lnURBAN	−0.261***	−3.170	−0.0260	−0.240
lnKPL	0.0339	1.480	−0.118**	−2.120
lnMARKET	−0.114	−1.160	−0.348***	−3.040
cons	−0.887*	−1.950	−1.030	−1.290
R－sq	0.295		0.144	
F（Wald）	16.78		4.290	
P	0		0.000200	
效应选择	FE		FE	

私人经费投入结构

变量	学校层级维度		学校类型维度	
	Coef.	t	Coef.	t
lnPREMIUM				
lnTEFI	−0.106***	−2.650	−0.0006	−0.0100
lnZYTEPI	0.0619**	2.490		
lnDFTEPI	0.120***	3.300		
lnGBTEPI			0.0335	0.630
lnGZTEPI			0.0532***	2.620
lnEXPORTR	0.0337	0.890	0.0314	1.170
lnURBAN	−0.188**	−2.330	0.0326	0.300
lnKPL	0.0200	0.860	−0.111**	−2.050
lnMARKET	−0.123	−1.320	−0.326***	−2.850
cons	−0.610	−1.340	0.152	0.190
R－sq	0.329		0.145	
F（Wald）	19.65		4.300	
P	0		0.000200	
效应选择	FE		FE	

注：***、**、* 分别表示在0.01、0.05、0.1水平上通过统计检验，呈现显著性。F（Wald）表示在固定效应 FE 时为模型结果的 F 检验值，在随机效应 RE 时的 Wald 检验值。

将表 5 – 13 的稳健性检验结果同表 5 – 8 的实证结果进行比较，发现高等教育公共经费投入、私人经费投入的估计符号与显著性基本相同，其他变量的估计结果也基本上相同。因此，使用我国 1998 ~ 2011 年 31 个省份面板数据对模型（5.8）回归得到的实证结果，具有良好的稳健性。

通过将表 5 – 14 的稳健性检验结果同表 5 – 12 的实证结果进行比较，发现高等教育经费投入结构在学校层级、学校类型两个维度上的估计符号与显著性基本相同，其他变量的估计结果也基本上相同。因此，可以得出使用我国 31 个省份面板数据对模型（5.9）、模型（5.10）进行实证估计所得到的回归结果具有良好的稳健性程度。

2. 替换被解释变量

为了进一步实证估计我国高等教育经费投入扩展的规模效应与结构效应，并且检验其估计结果是否具有稳健性，本部分使用第 4 章中替换被解释变量的方法对面板模型（5.8）、模型（5.9）、模型（5.10）重新进行回归，并将得到的检验结果同此前的实证结果进行对比。

本部分使用李欣（2014）将农业、建筑业从业人员作为非技能劳动力，而将银行金融业、科技服务业人员作为技能劳动力[①]的方法，以金融保险业职工平均工资与农林牧渔业职工平均工资的比值，表示大学溢价 PREMIUM2 替换被解释变量 PREMIUM，并使用豪斯曼检验选择相应的效应对面板模型（8）进行稳健性检验。稳健性检验的估计结果，具体如表 5 – 15 所示。

通过将替换被解释变量之后的重新估计结果（见表 5 – 15），同前文实证结果（见表 5 – 8）进行对比，发现各解释变量、控制变量的回归系数基本相同，证明本章使用我国 31 个省份 1998 ~ 2011 年的省级面板数据，通过模型（5.8）所得到的高等教育投入

---

① 李欣. 技术进步对我国工资差距的影响——基于全球化的视角 [M]. 北京：中国社会科学出版社，2014：169.

影响大学溢价的规模效应估计结果具有良好的稳健性。

表 5 – 15　　　　　高等教育经费投入规模影响大学溢价的
稳健性检验（替换被解释变量）

变量	被解释变量为 lnPREMIUM2					
	全国		东部		中西部	
	模型 1	模型 2	模型 1	模型 2	模型 1	模型 2
lnTEFI	– 0.0451 * （ – 1.68 ）	– 0.0231 （ – 0.86 ）	0.0724 （0.95）	0.0939 （1.2）	– 0.0715 *** （ – 4.01 ）	– 0.0832 *** （ – 4.45 ）
lnTEPI	0.0750 *** （3.49）	0.0552 ** （2.14）	0.0668 （1.13）	– 0.0194 （ – 0.28 ）	0.0564 *** （3.87）	0.0867 *** （3.97）
lnEXPORTR		0.0487 ** （2.4）		0.0528 （0.73）		0.0241 （1.35）
lnURBAN		– 0.0576 （ – 1.28 ）		– 0.210 * （ – 1.76 ）		0.121 *** （2.6）
lnKPL		0.0324 ** （2.15）		0.0967 ** （2.63）		0.000952 （0.07）
lnMARKET		– 0.167 *** （ – 3.59 ）		– 0.142 （ – 0.8 ）		– 0.0366 （ – 1.11 ）
cons	– 0.0196 （ – 0.13 ）	– 0.3 （ – 1.15 ）	– 1.651 *** （ – 3.83 ）	– 1.522 ** （ – 2.17 ）	0.599 *** （5.75）	0.675 *** （2.98）
R – sq	0.07	0.0902	0.229	0.286	0.0594	0.0922
F（Wald）	15.09	46.6	20.99	9.16	8.14	4.3
P	0	0	0	0	0.0004	0.0004
豪斯曼检验	12.02 ***	8.91	5.100 *	24.81 ***	7.510 **	17.70 ***
效应选择	FE	RE	FE	FE	FE	FE

注：*** 、** 、* 分别表示在 0.01、0.05、0.1 水平上通过统计检验，呈现显著
性。括号内数字在固定效应 FE 时为变量系数估计的 t 检验值，在随机效应 RE 时为其系
数估计的 z 检验值。F（Wald）表示在固定效应 FE 时为模型结果的 F 检验值，在随机效
应 RE 时为模型结果的 Wald 检验值。

　　　同样，本部分采用由金融保险业职工平均工资与农林牧渔业职
工平均工资的比值所表示的大学溢价 PREMIUM2 替换被解释变量
PREMIUM，并选择使用固定效应（FE）对面板模型（5.9）、模型
（5.10）进行稳健性检验。得到的估计结果具体如表 5 – 16 所示。

表 5 - 16　高等教育经费投入结构影响大学溢价的稳健性检验（替换被解释变量）

变量	公共经费投入结构				变量	私人经费投入结构			
	学校层级维度		学校类型维度			学校层级维度		学校类型维度	
	Coef.	t	Coef.	t		Coef.	t	Coef.	t
lnPREMIUM2					lnPREMIUM2				
lnTEPI	0.188***	6.390	0.281***	4.500	lnTEPI	-0.0264	-1.040	0.0271	0.600
lnZYTEFI	0.0453***	3.520			lnZYTEFI	0.0737***	4.650		
lnDFTEFI	-0.0246	-0.860			lnDFTEFI	0.159***	6.880		
lnGBTEFI			0.0805*	1.850	lnGBTEFI			0.0582	0.900
lnGZTEFI			-0.0551**	-2.100	lnGZTEFI			0.104***	4.240
lnEXPORTR	0.0146	0.590	0.0360	1.110	lnEXPORTR	-0.00732	-0.300	0.00831	0.260
lnURBAN	-0.00488	-0.0900	0.272**	2.050	lnURBAN	0.0336	0.650	0.380***	2.870
lnKPL	-0.0443***	-3.040	-0.150**	-2.230	lnKPL	-0.0621***	-4.180	-0.139**	-2.120
lnMARKET	-0.0871	-1.400	-0.471***	-3.400	lnMARKET	-0.0726	-1.220	-0.430***	-3.110
cons	-1.928***	-6.650	-2.476**	-2.550	cons	-1.632	-5.630	-0.280	-0.290
R - sq	0.593		0.231		R - sq	0.611		0.237	
F（Wald）	58.44		7.640		F	63.07		7.920	
P	0		0		P	0		0	
豪斯曼检验	23.25***		16.72**		豪斯曼检验	22.92***		15.88**	
效应选择	FE		FE		效应选择	FE		FE	

注：***、**、* 分别表示在 0.01、0.05、0.1 水平上通过统计检验，呈现显著性。F（Wald）表示在固定效应 FE 时为模型结果的 F 检验值，
在随机效应 RE 时为模型结果的 Wald 检验值。

使用高等教育经费投入结构影响大学溢价的稳健性检验结果（见表5-16），同高等教育经费投入结构影响大学溢价的实证检验结果（见表5-12）进行比对，可以发现各变量之间的估计系数基本相同，说明前文基于省级面板数据得到的高等教育经费投入影响大学溢价的结构效应估计结果，具有良好的实证稳健性。

综合以上高等教育经费投入扩展影响大学溢价的规模效应、结构效应的稳健性检验结果，可以得出本章使用省级面板数据得到的实证检验结果具有稳健性。高等教育经费投入扩展影响大学溢价的效应表现为：公共经费投入对大学溢价具有显著的缩减作用，而私人经费投入则对大学溢价具有显著的扩大作用，并且在中西部地区的影响程度相对于东部地区均更加显著。同时，高等教育私人经费投入对大学溢价的影响程度均大于公共经费投入的影响程度。从高等教育经费投入结构的角度进行考察，本章发现我国高等教育经费投入扩展对大学溢价的影响效应主要是通过地方属高校与高职高专院校发挥作用的，而中央属高校与高等本科院校的影响作用相对偏小或不显著。

5.4 我国高等教育经费投入扩展影响大学溢价的效应方向讨论

根据前文高等教育人力资本积累效率的随机前沿分析（SFA）的结果，可以发现高等教育公共经费投入与私人经费投入对技能劳动力相对占比均具有正向的要素投入弹性。也就是说，从SFA的估计结果出发，高等教育公共经费投入与私人经费投入通过技能劳动相对供需框架，理论上对大学溢价的预期效应是两项经费投入同符号的作用方向。然而，本章使用我国31个省份1998~2011年的省级面板数，实证检验了高等教育经费投入扩展影响大学溢价的效应符号，回归结果是：高等教育公共经费投入对大学溢价具有缩减作用，而高等教育私人经费投入则对大学溢价水平具有扩大作用。所以，本章研究发现我国高等教育经费两项投入影响大学溢价的效应符号，在基于 SFA 的理论推导与使用面板数据的实证结果之间出现了不一致的现象。

那么，针对以上我国高等教育经费两项投入影响大学溢价的效应方向不一致的疑问，其形成原因是什么？应如何融合 SFA 理论推导与面板实证结果进行解释呢？有鉴于此，本部分尝试从计量分析与理论分析两个层面，寻找造成我国高等教育经费投入扩展影响大学溢价的效应方向不一致现象的原因，并对效应方向疑问进行讨论与阐释。具体来讲，计量分析是采用 Hodrick – Prescott 滤波分析，通过趋势分解对基于 SFA 的理论推导与使用面板数据的实证结果之间出现了不一致现象的原因进行讨论；理论分析则是基于公共产品理论以及公共服务均等化的相关思想，对我国高等教育经费投入扩展影响大学溢价的效应方向进行理论探讨。

5.4.1　Hodrick – Prescott 滤波分析

由霍德里克和普雷斯科特（Hodrick & Prescott）提出的滤波分析方法，主要用于对经济时间序列进行趋势分解，将时间序列分解为趋势成分与波动成分。HP 滤波分析的方法原理（高铁梅等，2015）[①] 为：

$$X_t = X_t^T + X_t^C \tag{5.11}$$

式（5.11）中，X_t 是经过季节调整，去除季节因素和不规则要素，仅包含趋势成分与波动成分的时间序列。X_t^T 表示时间序列中的趋势成分，X_t^C 表示时间序列中所包含的波动成分。将时间序列中不可观测的趋势成分从中分离出来，需满足最小化条件：

$$\min \sum_{t=1}^{T} \{ (X_t - X_t^T)^2 + \lambda [c(L) X_t^T]^2 \} \tag{5.12}$$

其中，λ 表示平滑参数。$c(L)$ 表示延迟算子多项式。最小化问题由 $[c(L) X_t^T]^2$ 来调整趋势变化，并随 λ 的增大而增大。也就

---

① 高铁梅，陈磊，王金明，张同斌. 经济周期波动分析与预测方法 [M]. 北京：清华大学出版社，2015：292 – 293.

是当 $\lambda = 0$ 时，满足最小化条件的趋势成分等于时间序列，随着 λ 值的增加，估计的趋势成分越光滑；当 λ 趋于无穷大时，估计得到的趋势成分则接近线性函数。由于延迟算子满足：

$$c(L) = (L^{-1} - 1) - (1 - L) \tag{5.13}$$

所以，结合式（5.12）、（5.13）得到：

$$\min\left\{ \sum_{t=1}^{T} (X_t - X_t^T)^2 + \lambda \sum_{t=2}^{T-1} \left[(X_{t+1}^T - X_t^T) - (X_t^T - X_{t-1}^T) \right]^2 \right\}$$

$$\tag{5.14}$$

式（5.14）中，大括号中多项式由两部分加和组成：第一部分加和表示时间序列中的波动成分，而第二部分加和表示趋势成分的光滑程度。

本部分通过统计计量软件 EViews7.2，使用全国层面的时间序列数据，采用 HP 滤波分析的方法将大学溢价、技能劳动力相对占比、高等教育公共经费投入与私人经费投入的对数值进行趋势分解，从趋势成分与波动成分对个变量之间的作用关系进行讨论。各变量的 HP 滤波分析，具体如图 5-3 所示。

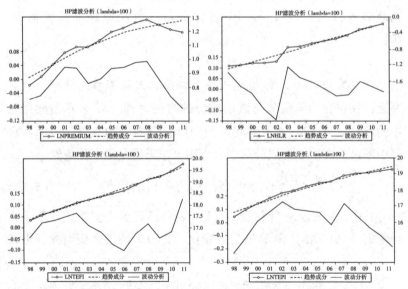

图 5-3　高等教育经费投入扩展影响大学溢价的各变量 HP 滤波分析结果

根据图 5-3 的 HP 滤波分析结果，本部分分别从时间序列分解后的趋势成分与波动成分两个维度进行分析。

（1）从趋势成分角度来看，1998～2011 年高等教育公共经费投入、高等教育私人经费投入均与技能劳动力相对占比三个变量的对数具有相同的变化趋势，都是向右上增长的趋势。三个变量之间相同的增长趋势，可以进一步验证前文使用随机前沿分析（SFA）法估计高等教育人力资本效率所得到的实证结果，即高等教育公共经费投入与私人经费投入均可以促进技能劳动力相对占比的提高。同时，大学溢价对数的趋势成分是呈凹形向上，高等教育私人经费投入对数的趋势成分也呈现出凹形向上的变化，而高等教育公共教育经费投入对数的趋势成分是略呈凸形向上的。因此，可以得到高等教育私人经费投入与大学溢价之间的变动趋势是同方向的（同为凹形），则可判断出高等教育私人经费投入对大学溢价具有正向影响；而高等教育公共经费投入与大学溢价之间的变动趋势却是反方向的（凹凸相反），则可判断出高等教育私人经费投入影响大学溢价的作用方向是负向的。以上基于趋势成分凹凸形状对高等教育经费两项投入要素作用方向的判断，印证了面板数据的实证结果。因此，综合以上对四个变量之间的趋势成分的分析，可以得出本章基于 SFA 的理论推导与使用面板数据的实证结果，所获得的高等教育经费两项投入影响大学溢价效应符号不一致现象，主要是由高等教育公共经费投入与大学溢价之间的变动趋势是凹凸相反引起的，两种方法之间的估计结果并不矛盾。同时，通过大学溢价对数与技能劳动力相对占比对数两个变量的趋势成分的比较，在一定程度上说明了技能劳动力相对供给增加对大学溢价水平的影响作用表现为先扩大后缩小，而不是简单地随着相对供给增加而线性下降，这种变化趋势进一步验证了技能劳动相对供需框架作用机理是成立的。

（2）从波动成分的角度来看，1998～2011 年高等教育公共经费投入、高等教育私人经费投入均与技能劳动力相对占比三个变量在 2003 年之后均表现出类似的波动下降的变化态势，说明此三个变量之间的波动成分具有较高的一致性，呈现正相关关系。因而，可以验证说明 SFA 估计结果所得到的两项投入要素的弹性符号均为正向。同时，大学溢价与高等教育私人经费投入均经历了 1998～2002 年的上升波动，2006～2008 年的上升波动以及 2008～2011 年的下降波动，两者之间的总体波动情况基本一致。然而，高等教育公共经费投入在 2002～2006 年以及 2009～2011 年均表现出了与大学溢价正好相反的波动趋势。因此，基于高等教育公共经费投入、高等教育私人经费投入与大学溢价三个变量对数的波动成分比较，可以得到高等教育私人经费投入对大学溢价的影响是正向的，而高等教育公共经费投入对大学溢价的作用方向是负向的。

综合以上 HP 滤波分析的趋势分解，从趋势成分角度得到高等教育公共经费投入、高等教育私人经费投入与技能劳动力相对占比三个变量的对数具有相同的向右上增长的趋势，故两项投入要素的作用符号相同且均为正向。高等教育私人经费投入与大学溢价之间的变动趋势是同向的（同为凹形），高等教育公共经费投入与大学溢价之间的变动趋势却是反向的（凹凸相反），故两项投入要素的作用符号是相反的。从波动成分角度考察，也可以得到类似的趋势：高等教育公共经费投入、高等教育私人经费投入均与技能劳动力相对占比三个变量的对数具有相同的波动变化；高等教育私人经费投入与大学溢价之间的波动是同方向的，而高等教育公共经费投入与大学溢价之间的波动变化却是反方向的。

因此，通过 HP 滤波分析可以证明基于 SFA 的理论推导与使用面板数据的实证结果，所获得的高等教育经费两项投入影响大学溢价效应符号虽然发生了变化，但两种方法的估计结果并不矛盾。其理由主要是：一是两种方法考察的被解释变量不同，技能劳动力相对供给与大学溢价具有各自不同的变动趋势；二是引起高等教育经费两项投入影响大学溢价效应符号出现不一致的主要原因是高等教育经费两项投入要素与技能劳动力相对占比三个变量之间具有相同的变动趋势，但是高等教育公共经费投入、私人经费投入与大学溢价之间却呈现出两种截然相反的变动趋势。

5.4.2 基于公共产品理论的探讨

根据前文基于公共产品理论的分析，我国高等教育具有准公共产品的属性，并且经费筹措模式呈现出鲜明的二元格局的特征。其中，高等教育公共经费投入是体现了高等教育的公共产品属性，而高等教育私人经费投入则是高等教育作为私人产品的市场体现。也就是说，在高等教育经费投入中公共经费所占的比重越大，则说明高等教育的公共产品属性更加明显；而私人经费所占的比重越大，则相应地说明高等教育的私人产品属性更加突出。

在高等教育发展过程中，提高高等教育公共经费投入，不仅可以凸显高等教育的公共产品属性，有利于促进高等教育实现大规模扩展，增加劳动力市场中技能劳动力的相对供给，进而缩减大学溢价水平。但是，提高高等教育私人经费投入不仅削弱了高等教育的公共产品属性，同时将会把无力承担学费压力的中低收入家庭挤出高等教育的对象群体范围，不利于高等教育扩展与增加技能劳动力相对供给，从而扩大大学溢价水平。

但是，提高高等教育私人经费投入，将直接损害高等教育公平。同时，由于教育公平问题，可能会对高等教育投资收益产生负向影响。结合本研究第 4 章中得出的高等教育招生数对大学溢价具有显著的正向作用，可以得出提高高等教育私人经费投入可能会通过高等教育招生数的减少，而缩减大学溢价水平，降低高等教育人力资本投资的收益率。如此一升一降的变化，如果长期持续而得到不调整，产生"大学无用论""读书无用论"也就具有了现实基础。同理可得，降低高等教育私人经费投入可能将有利于提高大学溢价水平。一降一升的变化，不仅可以减轻中低收入家庭的高等教育经费负担，还可以提高其高等教育投资的相对收益率，增加高等教育人力资本投资对社会个体的吸引力。

因此，基于公共产品理论的分析，高等教育公共经费投入可以显著以提高技能劳动力相对供给，对大学溢价水平产生缩减作用，故其对技能劳动力相对占比与大学溢价的效应符号是相反的。而高等教育私人经费投入一定程度上有利于教育规模扩展，但同时由于教育公平原因可能对技能劳动力相对供给产生负面影响，进而有利于大学溢价水平的扩大，故其对技能劳动力相对占比与大学溢价的效应符号均是正向的。

此外，从高等教育公平与高等教育人力资本投资两个方面权衡的角度出发，在高等教育的长远发展过程中，只有不断提高高等教育公共经费投入的规模与比重，同时高等教育私人经费投入不能持续提高，而且还要通过多种补贴、资助手段方式进行减免，[①] 才能逐步扭转与改变"大学无用论""读书无用论"的观点，并能增强与促进高等教育公平。

综合以上计量分析与理论分析两个维度的分析与解释，本章可以得出在高等教育经费两项投入要素对大学溢价与对技能劳动力相对占比的效应方向发生变化，其根本原因是技能劳动相对供需框架的存在，两项经费投入的效应方向发生变化同时也证明了高等教育经费投入扩展通过技能劳动相对供需框架影响大学溢价的传导路径是成立的。

5.5　本章小结

首先，本章基于公共产品理论分析了我国高等教育的准公共产品属性，并对我国高等教育经费投入概况以及经费筹措的二元格局进行了探讨。基于柯布—道格拉斯形式的高等教育生产函数，本章使用我国省级面板数据采用随机前沿分析（SFA）法，

---

① 我国高等教育学生资助政策，已经建立起了包括国家奖学金、国家助学金、国家助学贷款、基层就业学费补偿贷款代偿、校内奖助学金、勤工助学、困难补助、伙食补贴、学费减免、"绿色通道"等多种方式的混合资助体系。通过国家学生资助政策体系，从制度上保障不让一个学生因家庭经济困难而失学。

实证估计了我国高等教育的人力资本积累效率，结果显示：高等教育公共经费投入与私人经费投入的要素产出弹性分别为 0.433、0.177，说明公共经费投入的产出弹性大于私人经费投入，也就是说我国高等教育人力资本积累仍然是主要依靠公共经费投入提供主要驱动力量。同时，两项投入要素的产出弹性系数加总之和小于 1，说明我国高等教育经费投入不存在规模经济。SFA 估计得到的东部地区、西部地区的高等教育技术效率平均值明显高于全国平均水平，只有中部地区低于全国平均水平。其中，东部地区与西部地区内部各省市区高等教育技术效率之间的高低差异较为明显，而中部地区各省份高等教育技术效率之间的高低差异相对较小。总体上，我国高等教育的人力资本积累技术效率呈现逐年降低的下降趋势。其中，东、中、西部地区的衰减斜率基本相同，并且在衰减过程中仍呈现出明显的东、西部地区高等教育人力资本积累效率高于全国平均水平，而中部地区高等教育技术效率最低的分布格局。

其次，本章结合高等教育部门的生产函数以及第 4 章中高等教育规模扩展影响大学溢价的机理分析，刻画了高等教育经费投入扩展影响大学溢价变动的传导路径为：高等教育经费投入→高等教育规模扩展→技能劳动力相对占比→技能劳动相对供需框架→大学溢价水平变动。也就是，高等教育经费投入通过推动高等教育规模扩展，进而影响劳动力市场中技能劳动力与非技能劳动力间的相对占比，基于技能劳动相对供需框架影响劳动力市场供需均衡变动，从而影响劳动力市场中大学溢价水平的变动。基于此，本章根据高等教育部门的生产函数与大学溢价决定方程，构建了高等教育经费投入扩展影响大学溢价的面板回归模型，包括规模效应模型与结构效应模型。并使用我国 31 个省份的省级面板数据进行了实证检验，根据回归结果，我国高等教育经费投入扩展影响大学溢价的效应表现为：公共经费投入对大学溢价具有显著的缩减作用，而私人经费投入则对大学溢价具有显著的扩大作用，并且在中西部地区的影响程度相对于东部地区均更加显著。同时，高等教育私人经费投入对大学溢价的影响程度均大于公共经费投入的影响程度。从高等教育经费投入结构的角度进行考察，本章研究发现：我国高等教育经费投入扩展对大学溢价的影响效应主要是通过地方属高校与高职高专院校发挥作用的，而中央属高校与高等本科院校的影响作用相对偏小或不显著。

再次，本部分使用变换模型效应与替换被解释变量等两种方法，对高等教育经费投入扩展影响大学溢价的规模效应、结构效应进行了稳健性检验。通过比较稳健性检验的估计结果与之前的实证结果，证明了本章使用我国省级面板数据所得到的实证检验结果具有良好的稳健性。

最后，本章发现从 SFA 的估计结果出发，高等教育公共经费投入与私人经费投入通过技能劳动相对供需框架，理论上对大学溢价的预期效应是两项经费投入同符号的作用方向。然而，本部分使用我国 31 个省份 1998～2011 年的省级面板数，实证检验了高等教育经费投入扩展影响大学溢价的效应符号是相反的。也就是，我国高等教育经费两项投入影响大学溢价的效应符号，在基于 SFA 的理论推导与使用面板数据的实证结果之间出现了不一致的现象。针对以上研究过程中发现的问题，本章尝试使用 HP 滤波分析与基于公共产品理论的分析，从计量分析与理论分析两个层面，寻找造成我国高等教育经费投入扩展影响大学溢价的效应方向不一致现象的原因，并对效应方向疑问进行讨论与阐释。综合以上计量分析与理论分析两个维度的分析与解释，可以得出在高等教育经费两项投入要素对大学溢价影响的效应方向与对技能劳动力相对占比的效应方向发生变化，其根本原因是技能劳动相对供需框架的存在，两项经费投入的效应方向发生变化同时也证明了高等教育经费投入扩展通过技能劳动相对供需框架影响大学溢价变动的传导路径是成立的。

此外，本章从高等教育公平与高等教育人力资本投资两个方面权衡的角度出发，认为在高等教育的长远发展过程中，只有不断提高高等教育公共经费投入的规模与比重，同时高等教育私人经费投入不能持续提高，而且还要通过多种补贴、资助手段方式进行减免，才能逐步扭转与改变"大学无用论""读书无用论"的观点，并能同时增强与促进高等教育公平。

第 6 章

我国高等教育扩展影响
大学溢价变动的微观分析

　　本研究在第 4 章、第 5 章分别从规模扩展、经费投入扩展两个维度，实证检验了我国高等教育扩展影响大学溢价的效应，得出了我国高等教育扩展在宏观层面上表现为扩大大学溢价的综合净效应。那么，在微观层面上，我国高等教育扩展对大学溢价变动的影响作用又是怎么样的呢？高等教育扩展影响大学溢价变动，基于微观数据分析所获得的作用方向，是否与宏观层面的实证结果所呈现出的作用方向相一致？如果高等教育扩展对大学溢价的影响作用在微观层面分析与宏观数据实证之间并不一致，又将如何进行理论解释呢？

　　针对以上需要回答的研究疑问，本部分将通过使用微观数据对我国高等教育扩展影响大学溢价变动的具体效应进行微观分析，基于实证研究结果对以上研究疑问进行研究回应。在本部分具体研究之前，我们首先需要解决两个基本问题：一是要寻找一个变量，作为衡量大学溢价的微观指标并进行实证测算；二是选择合适的计量方法，构建高等教育扩展的政策效应模型，以定量考察大学溢价在高等教育教育扩展前后的变动。这两个基本问题，是本部分从微观层面对高等教育扩展影响大学溢价变动这一主题展开具体分析的基础依据，同时也是本章基于微观数据实证检验高等教育扩展对大学溢价影响效应的计量工具。所以，本章的具体研究思路是通过选择微观大学溢价的衡量指标，以及构建高等教育扩展的效应模型，展开高等教育扩展影响大学溢价的微观分析。

6.1 微观大学溢价变动的测算

6.1.1 微观大学溢价的指标选择

根据本书第 2 章中的文献梳理，可以发现从微观层面研究大学溢价的相关文献大多是基于明瑟工资方程展开实证检验的。明瑟工资方程，是由明瑟（Jacob Mincer）于 1974 年在其著作《学校教育、经验和工资收入》中提出的。明瑟工资决定方程只考虑两种人力资本投资形式：学校教育、工作经验对个人工资收入的影响，首次用数学模型揭示工资形成与收入决定原理。基本明瑟方程的模型形式为：

$$\ln Y_i = c_i + \alpha EDU_i + \beta_1 EXP_i + \beta_2 EXP_i^2 + \varepsilon_i \qquad (6.1)$$

在式（6.1）中，Y_i 表示个体 i 的工资水平或收入水平，EDU_i 表示个体 i 的受教育年限，EXP_i 表示个体 i 的工作经验，EXP_i^2 为个体 i 工作经验的平方项。α、β 分别为学校教育与工作经验的待估计系数。c_i 表示常数项，ε_i 表示随机扰动项。

在明瑟收入方程的应用过程中，不同的研究者从不同视角引入了若干相关变量作为控制变量构建了明瑟收入方程的扩展形式。扩展明瑟方程，完善了明瑟收入方程中影响因素相对简单的不足，剔除了不同相关因素的影响，使得教育收益率的分析条件更加严格，由教育年限与工作经验所决定的收益率也更加接近真实水平。因此，扩展明瑟方程具有更丰富的应用范围与理论解释力。扩展明瑟方程的模型形式为：

$$\ln Y_i = c_i + \alpha EDU_i + \beta_1 EXP_i + \beta_2 EXP_i^2 + \gamma Z_i + \varepsilon_i \qquad (6.2)$$

在扩展明瑟方程（6.2）中，Y_i、EDU_i、EXP_i、EXP_i^2 的变量含义与基本明瑟方程（6.1）相同。Z_i 表示一系列的控制变量。α、β、γ 分别为学校教育、工作经验与控制变量的待估计系数。c_i 表示常数项，ε_i 表示随机扰动项。

根据本书第 1 章中的概念界定，大学溢价表示具有大学学历的劳动者与具有高中学历劳动者之间的教育收益率的比值。但是，使用基本明瑟方程与扩展明瑟方程，得到的受教育年限 EDU_i 的估计系数，在统计学上所表征的指标是不同学历程度的年平均教育收益率，即每增加一年教育年限而所能提高的收益率水平。所以，这种方法并不能获得不同学历水平之间的相对收益率，也就是直接使用明瑟方程模型并不能得到微观大学溢价水平。因此，在考察微观大学溢价变动之前，首先需要对大学溢价的微观衡量指标进行比较与选择。

基于文献梳理，本书发现现有研究获得不同学历水平之间相对收益率的方法，主要是通过将明瑟方程模型中的受教育年限设置为学历水平虚拟变量：当哑变量取值为 1 时表示大学学历，当哑变量取值为 0 时则表示高中学历，以此估计大学学历与高中学历之间的相对收益率（李雪松、詹姆斯·赫克曼，2004；[1] 吴要武、赵泉，2010；[2] 许玲丽等，2012；[3] 颜敏，2013a；[4] 彭树宏，2014；[5] 姚先国等，2014；[6] 马汴京等，2016[7]）。在现有的研究文献中，使用虚

① 李雪松，詹姆斯·赫克曼. 选择偏差、比较优势与教育的异质性回报：基于中国微观数据的实证研究 [J]. 经济研究，2004（4）：91 - 99.

② 吴要武，赵泉. 高校扩招与大学毕业生就业 [J]. 经济研究，2010（9）：93 - 108.

③ 许玲丽，李雪松，周亚虹. 中国高等教育扩招效应的实证分析——基于边际处理效应（MTE）的研究 [J]. 数量经济技术经济研究，2012（11）：116 - 129.

④ 颜敏. 能力偏误、教育溢价与中国工资收入差异 [M]. 北京：中国社会科学出版社，2013a：103.

⑤ 彭树宏. 中国大学学历溢价及其变动 [J]. 财经科学，2014（12）：58 - 68.

⑥ 姚先国，方昕，钱雪亚. 高校扩招对大学毕业生工资的干预效应 [J]. 人口与经济，2014（1）：67 - 79.

⑦ 马汴京，蔡静海，姚先国. 高校扩招与大学教育回报率变动——基于 CGSS 数据的经验研究 [J]. 经济理论与经济管理，2016（6）：45 - 57.

拟变量计算获得大学学历与高中学历之间相对收益率的具体方法，可以归纳总结为以下三种：（1）直接使用学历水平虚拟变量的估计系数，表示大学溢价水平（颜敏，2013a;[①] 彭树宏，2014;[②] 姚先国等，2014[③]）。（2）使用不同学历水平虚拟变量的估计系数相减，得到两个学历水平收益率的相对差值（何亦名，2009;[④] 丁小浩等，2012[⑤]）。（3）将学历水平虚拟变量的估计系数进行反对数处理，系数换算之后再做差得到相对收益率（李实、丁赛，2003;[⑥] 马汴京等，2016[⑦]）。

针对以上三种处理方法，本书认为根据古扎拉蒂（2010）[⑧] 的分析，如果半对数方程回归中回归元是二元变量形式的虚拟变量而不是连续变量时，回归元数值的变化导致因变量均值的相对变化的直接解释将不再适用。因此，当回归元是虚拟变量时，需要采用霍尔沃森（Halvorsen）和帕姆奎斯特（Palmquist）的虚拟系数处理技巧，将估计得到的虚拟变量系数取（以 e 为基底）反自然对数再从中减去 1。所以，前两种方法（1）与（2）直接使用虚拟变量的回归系数，其统计学意义与解释精确度相对于反对数处理方式而言偏低。同时，后两种方法（2）与（3）均使用的是两种学历水平之间的差值相对收益率，与本书的概念界定的明瑟收益率的比值形式有所不符，两者之间的指标含义差异显著。因此，综合以上两个方面的分析比较，本章将微观大学溢价的衡量指标界定为学历水平虚

① 颜敏. 能力偏误、教育溢价与中国工资收入差异 [M]. 北京：中国社会科学出版社，2013a：111.
② 彭树宏. 中国大学学历溢价及其变动 [J]. 财经科学，2014（12）：58 - 68.
③ 姚先国，方昕，钱雪亚. 高校扩招对大学毕业生工资的干预效应 [J]. 人口与经济，2014（1）：67 - 79.
④ 何亦名. 教育扩张下教育收益率变化的实证分析 [J]. 中国人口科学，2009（2）：44 - 54.
⑤ 丁小浩，于洪霞，余秋梅. 中国城镇居民各级教育收益率及其变化研究：2002 ~ 2009 年 [J]. 北京大学教育评论，2012（3）：73 - 84.
⑥ 李实，丁赛. 中国城镇教育收益率的长期变动趋势 [J]. 中国社会科学，2003（6）：58 - 72.
⑦ 马汴京，蔡静海，姚先国. 高校扩招与大学教育回报率变动——基于 CGSS 数据的经验研究 [J]. 经济理论与经济管理，2016（6）：45 - 57.
⑧ 古扎拉蒂著，林少宫译. 计量经济学（第三版）[M]. 北京：中国人民大学出版社，2000：518.

拟变量估计系数的反自然对数，用此表征大学学历与高中学历之间明瑟收益率的比值形式。其虚拟系数转换计算公式，具体如下式：

$$premium = \exp(\alpha) \tag{6.3}$$

在式（6.3），premium 是对大学学历水平虚拟变量的估计系数进行转化计算之后，得到的大学学历与高中学历之间明瑟收益率的相对比值，表示微观大学溢价。其中，大学学历水平虚拟变量的取值情况为：当虚拟变量取值为 1 时表示大学学历水平，当虚拟变量取值为 0 时则表示高中学历水平。α 为大学学历水平虚拟变量的估计系数。$\exp(\alpha)$ 表示对大学学历水平虚拟变量的估计系数进行以 e 为基底的反对数处理。

6.1.2 模型构建与数据处理

1. 模型构建

根据本书第 1 章中对大学溢价的概念界定，以及前面对微观大学溢价指标的选择，本章将明瑟方程模型中受教育年限 EDU 设置为表征大学学历水平的虚拟变量 COL，构建出本章的基本明瑟方程模型。

$$\ln INC_i = c_i + \alpha COL_i + \beta_1 EXP_i + \beta_2 EXP_i^2 + \mu_i \tag{6.4}$$

式（6.4）中，INC_i 表示个体 i 的收入水平。COL 表示大学学历水平虚拟变量，COL = 1 时表示大学学历，COL = 0 时表示高中学历。EXP_i、EXP_i^2 的变量含义与前面相同。c_i 表示常数项，μ_i 表示随机扰动项。α、β 分别为学校教育与工作经验两项因素的待估计系数。

在基本明瑟方程模型（6.4）的基础上，本章加入一系列控制变量以剔除其他相关因素对个体收入水平的影响，构建出本章的扩展明瑟方程模型。

$$\ln INC_i = c_i + \alpha COL_i + \beta_1 EXP_i + \beta_2 EXP_i^2 + \gamma Z_i + \mu_i \tag{6.5}$$

在扩展明瑟方程模型（6.5）中，INC_i 表示个体 i 的收入水平。

COL 表示大学学历水平虚拟变量。EXP_i、EXP_i^2 分别表示工作经验与工作经验的平方项。Z_i 表示与个体 i 相关联的控制变量向量。α、β、γ 分别为学校教育、工作经验与控制变量的待估计系数。c_i 表示常数项，μ_i 表示随机扰动项。

2. 数据处理与变量设定

本部分考察微观大学溢价变动，所使用的微观数据为中国综合社会调查（Chinese General Social Survey，CGSS）[①] 数据。中国综合社会调查（CGSS）始于 2003 年，已公布的截面数据包括 8 次年度调查，其调查年份分别为 2003 年、2005 年、2006 年、2008 年、2010 年、2011 年、2012 年、2013 年。CGSS 采用多阶分层抽样方法，通过面访填答调查问卷，以系统、全面地收集社会、社区、家庭、个人多个层次的数据资料，是我国最早的全国性、综合性、连续性学术调查项目。

在对模型（6.4）、模型（6.5）的回归分析过程中，本部分对 2003 ~ 2013 年的 CGSS 数据进行了相应的样本选择处理与变量处理。本部分具体的数据处理主要包括样本范围选择处理、收入水平极端值处理，以及由于遗漏个人能力因素所导致的估计偏误处理三个方面。

（1）样本范围选择处理。根据第 3 章大学溢价形成与变动规律的理论分析，可以发现考察大学溢价的场域条件是要求不同学历水平的劳动者处于劳动力市场之内。同时，明瑟工资决定方程同样隐含着一项基本条件，就是个体必须处于劳动力市场之中。因为，只有在劳动市场中个体才有可能凭借教育因素获得工资收入，个体只有在劳动力市场之中才会积累形成工作经验年限（姚洋、崔静远，

---

① 本研究所使用数据全部来自中国人民大学中国调查与数据中心主持之"中国综合社会调查（CGSS）"项目。笔者感谢此机构及其人员提供数据协助，本研究的内容由笔者自行负责。

2015）。① 因此，本章根据我国法定退休年龄的规定，② 同时考虑到大学学历完成时的年龄通常为 22 岁，故本部分样本的年龄范围为 22～50 岁之间。具体处理过程为将各年 CGSS 数据中年龄小于 22 岁以及大于 50 岁的样本剔除，同时将无收入来源的样本剔除。所以，本章的样本范围具体为 22～50 岁之间在劳动力市场中未退休且具有收入来源的个体。

（2）收入水平极端值处理。极端值的存在将会导致变量估计系数产生偏误，因而需要对数据中的极端值进行极值处理以减少估计误差。一般极值处理包括两种方法：一种是直接剔除；另一种是近值替代。根据样本的某一项指标的数值范围而判断是否将相应样本直接剔除，一方面将会直接减少样本观测值的数量，另一方面也可能会由于样本范围的截尾处理而产生统计上偏差。而采用近值替代的缩尾处理方式，不仅可以最大限度地保留样本数量，同时也达到了极端值调整，减小统计误差的效果。因此，本部分对收入水平极端值的处理，不是使用 drop 命令直接剔除极端值样本的方法，而是使用缩尾命令将极端值由除极值外最接近的最大值或最小值替代。具体来讲，本部分使用统计软件 Stata 12.0 中的 winsorization 命令对个人收入水平进行了 1% 水平的缩尾处理。

（3）能力偏误处理。在研究过程中，劳动者个体之间的异质性主要是通过显性的学历水平进行区分的，通常认为高学历水平的劳动者具有高生产率水平，而低学历水平则意味着劳动者具有低生产率。但是，影响或者决定劳动者个体生产率水平的因素，除了不同受教育水平之外还有其自身内在的能力因素，并且个人能力因素与个人受教育水平同其收入水平均为正相关关系。因此，如果省略了

---

① 姚洋，崔静远. 中国人力资本的测算研究 [J]. 中国人口科学，2015（1）：70－78.

② 2013 年 11 月，十八届三中全会审议通过了《中共中央关于全面深化改革若干重大问题的决定》（以下简称《决定》）。其中，关于退休年龄改革方面，《决定》提出研究制定渐进式延迟退休年龄政策。而在渐进式延迟退休年龄改革方案正式出台之前，我国现行的退休年龄政策是按照 1978 年 5 月通过的《国务院关于工人退休、退职的暂行办法》。也就是说，目前实行的法定退休年龄依然为男职工年满 60 周岁，女职工年满 50 周岁，女干部可延长至 55 周岁。在 2003～2013 年 CGSS 数据的样本期间之内，法定退休年龄限定为男职工 60 周岁，女职工 50 周岁。

个人能力因素，则个人教育收益率将会被高估（陆铭，2002；[①] 李实、丁赛，2003；[②] 董克用、刘昕，2011[③]）。为了解决由能力因素导致的高估误差，研究者通常试图使用两种方法来克服能力偏误问题：一是代理变量法；二是工具变量法。李雪松和詹姆斯·赫克曼（2004）[④] 认为现有研究文献中所选择使用的工具变量都是无效的，因为它们往往与被遗漏的个人能力是相关的，而无法满足工具变量的使用条件。所以，使用工具变量法可能不仅没有减弱或消除个人能力偏误，反而会使估计误差更趋严重。因此，两种解决方法相较而言，使用代理变量法解决能力偏误问题更加有效。基于文献梳理，本部分在实证分析过程中，选择使用一组代理变量包括父亲受教育年限、母亲受教育年限与配偶受教育年限（陆铭，2002；[⑤] 许玲丽、李雪松、周亚虹，2012；[⑥] 彭树宏，2014[⑦]），作为个人能力的代理变量加入明瑟方程模型中控制内生性问题，以消除遗漏个人能力因素所造成的估计偏误。

在对历年 CGSS 数据处理的基础上，本部分对基本明瑟方程模型（6.4）、扩展明瑟方程模型（6.5）中的各个变量进行指标选取与含义设定。明瑟方程模型中各变量的设定情况，具体如下说明：

（1）被解释变量。个人收入水平 INC_i，定义为个人年总收入。具体指标为历年 CGSS 问卷中由样本个体填写的个人年总收入数值。其中，个人年总收入包括个人工资收入，以及补贴与奖金等非工资

① 陆铭. 劳动经济学——当代经济体制的视角 [M]. 上海：复旦大学出版社，2002：102.
② 李实，丁赛. 中国城镇教育收益率的长期变动趋势 [J]. 中国社会科学，2003（6）：58 – 72.
③ 董克用，刘昕. 劳动经济学 [M]. 北京：中国人民大学出版社，2011：171 – 172.
④ 李雪松，詹姆斯·赫克曼. 选择偏差、比较优势与教育的异质性回报：基于中国微观数据的实证研究 [J]. 经济研究，2004（4）：91 – 99.
⑤ 陆铭. 劳动经济学——当代经济体制的视角 [M]. 上海：复旦大学出版社，2002：103.
⑥ 许玲丽，李雪松，周亚虹. 中国高等教育扩招效应的实证分析——基于边际处理效应（MTE）的研究 [J]. 数量经济技术经济研究，2012（11）：116 – 129.
⑦ 彭树宏. 中国大学学历溢价及其变动 [J]. 财经科学，2014（12）：58 – 68.

性收入。各种收入的加和，可以更加全面地衡量个人的实际收入水平。

（2）解释变量。COL 表示大学学历水平虚拟变量。当样本个体获得的最高学历水平为大学专科、大学本科及以上学历时，表示个体具有大学学历水平[①]，此时 COL 赋值为 1；如果样本获得的最高学历水平为职业高中、普通高中、中专与技校时，则表示个体具有高中学历水平，此时 COL 赋值为 0。EXP_i 表示工作经验。借鉴侯风云（2005）、[②] 梁润（2011）、[③] 田茂茜和虞克明（2013）[④] 的方法，本章变量中工作经验是由样本年龄减去其受教育年限再减去学前年龄得到。其计算公式为：工作经验 = 样本年龄 − 受教育年限 − 6。其中，本章对受教育年限的处理方式是根据样本获得的最高学历换算其受教育年限：未受过教育为 0 年，小学为 6 年，初中为 9 年，高中为 12 年，大学为 16 年，研究生及以上为 19 年。在计算获得样本的工作经验数值后，相应得到工作经验平方项。

（3）控制变量。Z_i 表示与个体 i 相关联的控制变量向量，主要

---

① 由于历年 CGSS 问卷中，个人获得的最高学历程度的选项设置不完全相同。为了统一口径，本书对个人获得的最高学历程度进行重新分类，具体处理方式作出如下说明：（1）在 2003 年、2005 年的 CGSS 问卷中，个人获得的最高学历程度的选项为未受过正式教育、私塾、小学、初中、高中、职高、技校、中专、大专（非全日制）、大专（全日制）、本科（非全日制）、本科（全日制）、研究生及以上。本书将私塾合并归入小学学历，将职高、技校、中专合并归入高中学历，将大专（非全日制）、大专（全日制）、本科（非全日制）、本科（全日制）设置为大学学历。（2）在 2006 年、2008 年、2010~2013 年的 CGSS 问卷中，个人获得的最高学历程度的选项包括没有受过任何教育、私塾、扫盲班、小学、初中、职业高中、普通高中、中专、技校、大学专科（成人高等教育）、大学专科（正规高等教育）、大学本科（成人高等教育）、大学本科（正规高等教育）、研究生及以上等类别。本书将原始数据的最高学历程度进行简化，归纳为未受过教育、小学、初中、高中、大学、研究生及以上六类学历水平。其中，小学学历包括原始数据中的私塾、扫盲班与小学；高中学历包括原始数据中的职业高中、普通高中、中专与技校；大学学历包括原始数据中的大学专科（成人高等教育）、大学专科（正规高等教育）、大学本科（成人高等教育）、大学本科（正规高等教育）。

② 侯风云. 中国城镇人力资本收益率研究 [J]. 山东大学学报（哲学社会科学版），2005（2）：109－119.

③ 梁润. 中国城乡教育收益率差异与收入差距 [J]. 当代经济科学，2011（6）：64－71.

④ 田茂茜，虞克明. 中国城镇居民人力资本收益率性别差异分析——基于贝叶斯分位数回归 [J]. 山西财经大学学报，2013（9）：1－10.

包括性别、户口性质、① 政治面貌、单位类型、地区等哑变量，以及父亲受教育年限、母亲受教育年限与配偶受教育年限等个人能力的代理变量。其中，当样本为男性个体时，性别虚拟变量等于1；当样本为女性个体时，性别虚拟变量等于0。户口性质等于1时，表示非农业户口；户口性质等于0则表示农业户口。政治面貌为共产党员时，哑变量等于1；政治面貌哑变量为0，则表示样本为非中共党员。单位类型哑变量等于1时，表示样本所在单位为企业单位；如果样本所在单位为事业单位、党政机关、社会团体、军队等非企业单位，则单位类型哑变量赋值为0。地区哑变量根据中国国家统计局的划分方法，包括东部地区、中部地区、西部地区。当样本所在省份为北京、天津、河北、辽宁、上海、江苏、浙江、福建、山东、广东、海南等省份时，东部地区虚拟变量取值为1，其他地区则为0；当样本所在省份为山西、吉林、黑龙江、安徽、江西、河南、湖北、湖南等省份时，中部地区虚拟变量取值为1，其他地区则为0；当样本所在省份为内蒙古、广西、重庆、四川、贵州、云南、西藏、陕西、甘肃、青海、宁夏、新疆等省份时，西部地区虚拟变量赋值为1，其他地区则赋值为0。控制能力偏误的一组代理变量，即父亲受教育年限、母亲受教育年限与配偶受教育年限，其换算方式与前面解释变量中根据样本获得的最高学历换算其受教育年限的方法相同。

在以上变量设定的基础上，基本明瑟方程模型（6.4）与扩展明瑟方程模型（6.5）中各变量的含义设定与指标赋值情况，具体可由表6-1作出说明。

---

① 由于历年 CGSS 问卷中，户口类型的选项设置不完全相同。为了统一口径，本书对户口类型进行了重新分类，具体处理方式作出如下说明：（1）在2010～2013年的 CGSS 问卷中，个人户口登记状况分为农业户口、非农业户口、蓝印户口、居民户口、军籍、没有户口等类型。根据问卷跳转设置，本书将蓝印户口、居民户口与军籍合并入非农业户口。没有户口则设置为缺失项。（2）在2008年的 CGSS 问卷中，本书根据问卷跳转设置将直辖市城区户口、省会城市城区户口、地级市城区户口、县级市城区户口、集镇或自理口粮户口与军籍等设置为非农业户口，而农村户口设置为农业户口。（3）在2003年与2005年的 CGSS 问卷中，本书将问卷中的城镇常住户口、当地有效城镇户口（如蓝印/自理口粮户口）设置为非农业户口。

表 6 – 1 　　　　　　　　变量设定与含义说明

模型变量	变量名称	变量类型	变量含义及赋值
被解释变量	个人收入	连续变量	个人年总收入，包括工资收入以及补贴、奖金等
解释变量	大学学历	虚拟变量	大学学历为1，高中学历为0
	工作经验	连续变量	年龄 – 受教育年限 – 6
控制变量	性别	虚拟变量	男性为1，女性为0
	户口类型	虚拟变量	非农业户口为1，农业户口为0
	政治面貌	虚拟变量	中共党员为1，非中共党员为0
	单位类型	虚拟变量	企业单位为1，非企业单位为0
	东部地区	虚拟变量	东部地区11个省份赋值为1，否为0
	中部地区	虚拟变量	中部地区8个省份赋值为1，否为0
	西部地区	虚拟变量	西部地区12个省份赋值为1，否为0
	父亲受教育年限	离散变量	受过教育为0年，小学学历为6年，初中学历为9年，高中学历为12年，大学学历为16年，研究生及以上学历为19年
	母亲受教育年限	离散变量	
	配偶受教育年限	离散变量	

综合以上对历年 CGSS 数据处理与变量设定之后，基本明瑟方程模型（6.4）与扩展明瑟方程模型（6.5）中各变量的统计概况，具体如表6 – 2所示。

表 6 – 2 　　　　　　历年 CGSS 数据中各变量的统计概况

变量名称	2003年	2005年	2006年	2008年	2010年	2011年	2012年	2013年
个人年总收入均值（元）	9715	9404	10856	15174	20441	19483	25880	29211
大学学历虚拟变量比例（%）	38.7	32.1	34.5	42.6	51.7	53.0	52.9	53.8
工作经验均值（年）	20.44	21.65	21.07	20.53	21.59	21.56	21.84	21.35

变量名称	2003年	2005年	2006年	2008年	2010年	2011年	2012年	2013年
性别虚拟变量比例（%）	46.9	45.3	44.3	47.2	46.4	44.2	49.3	48.9
户口性质虚拟变量比例（%）	91.5	54.3	49.2	56.2	47.4	43.3	45.6	42.8
政治面貌虚拟变量比例（%）	15.0	7.7	6.7	9.2	10.5	8.3	9.2	9.1
单位类型虚拟变量比例（%）	65.8	75.1	76.7	79.1	79.0	81.7	81.2	81.0
东部地区虚拟变量比例（%）	45.8	44.0	43.6	37.4	38.9	36.6	40.2	41.2
中部地区虚拟变量比例（%）	30.1	30.1	30.3	35.2	34.0	39.4	33.1	32.6
西部地区虚拟变量比例（%）	24.0	26.0	26.2	27.4	27.1	24.0	26.7	26.2
父亲受教育年限平均值（年）	6.59	5.46	5.39	6.22	6.04	6.34	6.28	6.35
母亲受教育年限平均值（年）	4.51	3.50	3.22	4.24	4.08	4.49	4.37	4.51
配偶受教育年限平均值（年）	9.61	8.38	7.89	8.51	8.39	8.33	8.56	8.50

　　根据表6-2中各变量的描述性统计，可以发现各项指标的数值随着时间的推移而呈现出的若干变动趋势。其主要表现，可以归纳总结为以下几个方面：（1）个人年总收入平均值在2003~2013年增长幅度与速度都较为显著。从2003年的9715元增长到2008年的15174元，而到2013年时达到29211元，接近30000元，年均增长率达到了20%以上。（2）大学学历虚拟变量的比例，实际上表征了大学学历劳动力与高中学历劳动力之间的相对比重，即技能劳动力的相对占比。所以，劳动力市场中技能劳动力相对占比＝大

学学历劳动力比重/高中学历劳动力比重＝大学学历虚拟变量比例/（1－大学学历虚拟变量比例）。通过计算，发现：在 2003～2008 年，大学学历劳动者与高中学历劳动者之间的比例小于 1，说明在劳动力市场中高中学历劳动者的占比更高，技能劳动力的相对占比偏低。而 2010 年之后，大学学历劳动力与高中学历劳动者之间的比例显著大于 1，说明技能劳动力的相对供给增加，技能劳动力在劳动力市场中的相对占比不断提高。（3）工作经验平均值以及各控制变量的均值与比例，在 2003～2013 年各年份的抽样调查中基本上保持相对平稳的数据态势。

6.1.3 明瑟方程模型的估计结果

在对历年 CGSS 数据进行样本处理与变量设定后，本部分将各年度的样本数据分别代入基本明瑟方程模型（6.4）以及扩展明瑟方程模型（6.5）中，回归估计得到各个变量的估计系数，并对实证检验结果进行分析。

1. 基本明瑟方程

在 2003～2013 年，大学学历、工作经验以及工作经验平方项对个人收入水平的影响作用，通过基本明瑟方程模型（6.4）的回归检验，得到各个变量的实证结果。具体如表 6-3 所示。

根据表 6-3 的估计结果，可以得出：（1）大学学历对个人收入水平具有正向促进作用，并且在 0.01 水平上呈现显著性。在 2003 年，大学学历的估计系数分别为 0.562，说明具有大学学历的劳动者其个人收入水平相对于高中学历劳动者，要高出 75.4 个百分点（$e^{0.562}-1$）。同理，具有大学学历的劳动者在 2005 年、2006 年、2008 年、2010 年、2011 年、2012 年、2013 年，其个人收入水平相对于高中学历劳动者分别要高出 77.7%、65.5%、66.0%、98.8%、61.6%、74.7%、53.3%。由此可见，大学学历的相对收

表6-3　2003～2013年基本明瑟方程模型的估计结果

变量	2003年		2005年		2006年		2008年	
	系数	t值	系数	t值	系数	t值	系数	t值
大学学历	0.562***	13.52	0.575***	14.36	0.504***	11.45	0.507***	10.26
工作经验	-0.013	-1.360	0.030***	3.860	0.019**	2.210	0.037***	3.830
工作经验平方	0.0004	1.410	-0.001***	-4.590	-0.001***	-3.330	-0.001***	-4.990
常数项	9.044***	111.5	8.971***	134.5	9.206***	127.6	9.407***	113.0
样本观测量	1789		2332		2077		1409	
P值	0		0		0		0	
R平方值	0.109		0.112		0.0999		0.127	

变量	2010年		2011年		2012年		2013年	
	系数	t值	系数	t值	系数	t值	系数	t值
大学学历	0.687***	17.28	0.480***	8.080	0.558***	15.14	0.427***	11.74
工作经验	0.054***	6.500	0.081***	6.660	0.083***	11.46	0.065***	8.890
工作经验平方	-0.002***	-6.700	-0.002***	-6.460	-0.002***	-10.44	-0.002***	-8.380
常数项	9.399***	135.3	9.312***	95.13	9.414***	154.8	9.779***	158.3
样本观测量	2088		916		2282		2162	
P值	0		0		0		0	
R平方值	0.171		0.117		0.138		0.0954	

注：***、**、*分别表示在0.01、0.05、0.1水平上呈现显著性。

益率在 2003～2013 年一直处于较高的水平，大学学历相对于高中学历其教育收益率要高出 53.3% 以上。（2）除 2003 年之外，工作经验对个人收入水平具有显著的促进作用，工作经验平方项对个人收入具有显著的负向作用。2005～2013 年，工作经验的回归系数分别为 0.030、0.019、0.037、0.054、0.081、0.083、0.065。说明在 2005～2013 年，个体每增加 1 年工作经验，其个人收入水平的平均值[①]将分别增加 3%、1.9%、3.7%、5.4%、8.1%、8.3%、6.5%。相应地，工作经验平方项将会导致个人收入水平的平均值减少 0.1～0.2 个百分点。

2. 扩展明瑟方程

在基本明瑟方程模型中引入一系列控制变量，在更严格条件下考察大学学历、工作经验以及相关控制变量对个人收入水平的影响作用。也就是，本部分将 2003～2013 年的样本数据代入扩展明瑟方程模型（6.5）进行回归实证，估计得到各个变量的检验系数。具体的实证结果如表 6-4 所示。

根据表 6-4 的估计结果，可以得出在扩展明瑟方程模型中各个变量对个人收入水平的影响作用：

（1）解释变量中，大学学历在 2003～2013 年各年对个人收入水平具有正向作用，且均在 0.01 水平上呈现统计显著性。在各年的估计系数分别为 0.385、0.443、0.364、0.378、0.497、0.366、0.428、0.281。经过反自然对数处理之后，其含义说明在 2003～2013 年大学学历的劳动者，其个人年总收入相对高中学历劳动者要分别高出 47.0%、55.7%、43.9%、45.9%、64.4%、44.2%、53.4%、32.4%。由此可见，高等教育的相对收益是显著存在的，选择高等教育投资也是相对收益十分明显的行为。工作经验及其平方项对个人收入水平的影响存在正好相反的作用方向，印证了工作经验影响个人收入的非线性关系。

---

① 古扎拉蒂著，林少宫译. 计量经济学（第三版）[M]. 北京：中国人民大学出版社，2000：518-519.

表6-4 2003~2013年扩展明瑟方程模型的估计结果

变量	2003年		2005年		2006年		2008年	
	系数	t值	系数	t值	系数	t值	系数	t值
大学学历	0.385***	8.380	0.443***	11.67	0.364***	7.320	0.378***	7.150
工作经验	-0.032***	-2.910	0.007	0.830	0.016	1.400	0.038***	3.690
工作经验平方	0.001***	2.570	-0.0003	-1.340	-0.001**	-1.990	-0.001***	-4.600
性别	0.153***	3.970	0.273***	8.840	0.352***	8.990	0.211***	5.050
户口类型	-0.022	-0.180	0.124**	2.250	0.248***	3.790	0.206***	3.700
政治面貌	0.179***	3.790	0.020	0.460	-0.012	-0.200	0.055	0.970
单位类型	-0.128***	-3.250	0.087***	2.640	-0.019	-0.440	0.106**	2.190
东部地区	0.365***	7.590	0.419***	10.99	0.327***	6.490	0.526***	10.12
中部地区	-0.018	-0.340	0.003	0.0800	-0.028	-0.500	0.015	0.260
父亲受教育年限	0.010*	1.910	0.007	1.580	-0.004	-0.640	0.002	0.340
母亲受教育年限	0.012**	2.300	0.015***	3.410	0.005	0.700	0.011*	1.870
配偶受教育年限	0.019***	4.570	0.008**	2.370	0.008	1	0.010***	2.570
常数项	8.757***	57.53	8.491***	90.33	8.751***	70.94	8.649***	74.05
样本观测量	1587		2094		1420		1117	
P值	0		0		0		0	
R平方值	0.211		0.226		0.180		0.269	

续表

变量	2010 年		2011 年		2012 年		2013 年	
	系数	t 值	系数	t 值	系数	t 值	系数	t 值
大学学历	0.497***	11.38	0.366***	5.970	0.428***	10.96	0.281***	7.770
工作经验	0.039***	4.560	0.041***	3.120	0.051***	6.690	0.044***	6.050
工作经验平方	-0.001***	-4.420	-0.001***	-3.130	-0.001***	-5.710	-0.001***	-5.410
性别	0.310***	8.950	0.282***	5.560	0.265***	8.580	0.292***	9.990
户口类型	0.085*	1.660	0.148**	2.120	-0.019	-0.450	-0.027	-0.710
政治面貌	0.101**	2.420	0.114*	1.750	0.036	0.890	0.058	1.500
单位类型	0.094**	2.390	0.292***	5.060	0.111***	3.010	0.172***	4.930
东部地区	0.319***	6.930	0.311***	4.280	0.394***	9.450	0.396***	9.940
中部地区	-0.172***	-3.340	-0.088	-1.120	-0.127***	-2.700	-0.030	-0.660
父亲受教育年限	0.004	0.850	0.012*	1.660	0.009**	2.010	0.005	1.020
母亲受教育年限	0.014***	2.960	0.004	0.500	0.008**	1.980	0.009**	2.180
配偶受教育年限	0.010***	3.130	0.011**	2.400	0.017***	5.790	0.008***	3.110
常数项	8.939***	90.92	8.820***	62.13	9.018***	105.3	9.342***	116.6
样本观测量	1804		803		1979		1948	
P 值	0		0		0		0	
R 平方值	0.264		0.227		0.260		0.222	

注：***、**、* 分别表示在 0.01、0.05、0.1 水平上呈现显著性。

（2）控制变量中，性别虚拟变量的估计系数在 2003 年为 0.153，2005 年为 0.273，2006 年为 0.352，2008 年为 0.211，2010 年为 0.310，2011 年为 0.282，2012 年为 0.265，2013 年为 0.292，且均在 0.01 水平上呈现显著性。经过反对数处理后，各年估计系数说明在 2003 年男性劳动者的个人收入要高出女性劳动者 16.5%，2005 年高出 31.4%，2006 年高出 42.2%，2008 年高出 23.5%，2010 年高出 36.3%，2011 年高出 32.6%，2012 年高出 30.3%，2013 年则要高出 33.9%。由此表明，在 2003～2013 年，男性劳动者相对于女性劳动者具有更高的个人收入水平。

（3）户口类型虚拟变量的估计系数在 2005～2011 年期间显著大于 0，说明非农业户口可以为个体带来更高的收入水平。其中，2005 年非农业户口劳动者的收入水平相对于农业户劳动者要高 13.2 个百分点，2006 年高出 28.1%，2008 年高出 22.9，2010 年高出 8.9%，2011 年要高出 16.0%。而在 2003 年、2012 年、2013 年，户口类型的估计系数均小于 0，但都不显著。

（4）政治面貌虚拟变量的估计系数在 2003 年、2010 年、2011 年分别在 0.01、0.05、0.1 水平上呈现显著性。经过反自然对数处理后，其系数表示在 2003 年共产党员相对于非共产党员要多出 19.6% 的个人收入，2010 年为 10.6%，2011 年要多出 12.1%。但是，在其他年份共产党员身份并不能为劳动者带来显著的更多收益，甚至在 2006 年显示出不显著的减少收入水平的负向作用。

（5）单位类型虚拟变量的估计系数在 2003 年、2006 年小于 0，但只在 2003 年具有 0.01 水平的显著性。说明 2003 年企业单位的劳动者收入水平要比非企业单位劳动者低 12%。但是，在 2005 年以及 2008 年以后，企业单位劳动者的收入水平分别高出非企业单位劳动者 9.1%、11.2%、9.9%、33.9%、11.7% 与 18.8%。总体上讲，企业单位能够为劳动者带来更高的收入水平。

（6）地区虚拟变量的估计系数中，东部地区的系数均在 0.01 水平上显著大于 0。说明相对于西部地区来讲，东部地区的劳动者具有更高的个人收入水平，在 2003～2013 年相对高出的收入比例分别为 44.1%、52.0%、38.7%、69.2%、37.6%、36.5%、48.3%与48.6%。但是，中部地区的系数却在大多年份小于0，说明中部地区劳动者相对于西部地区反而具有更低的收入水平。其中，在具有显著性的2010年与2012年，中部地区劳动者的收入水平只有西部地区劳动者的84.2%与88.1%。这一比例也说明，我国低收入地区可能更多地集中在中部地区。

（7）个人能力的一组代理变量除了在2006年都不显著之外，在其余年份都至少有两项呈现显著性且系数均大于0。总体上，父亲受教育年限、母亲受教育年限与配偶受教育年限对个人收入水平具有正向促进作用，并且父亲、母亲或者配偶每增加一年受教育年限其个人收入的均值将会随之产生0.8%~1.9%的增加。

综合以上基本明瑟方程模型与扩展明瑟方程模型的回归结果，本章实证检验了大学学历对个人收入水平的影响效应，并分析了其他相关变量的影响作用。根据实证检验结果，本章研究发现：大学学历对个人年总收入具有显著的促进作用，而且大学学历劳动者的个人收入水平相对于高中学历劳动者要高出32.4%~98.8%之间。同时，大学学历相对收益的显著存在，也实证证明了选择上大学、接受高等教育是一项相对收益丰厚的人力资本投资行为。

6.1.4 样本选择偏差纠正：Heckman 两阶段估计法

在劳动力市场中，劳动者个体的劳动参与存在内生选择问题。对于参与劳动力市场之中的样本，可以观测到其工资报价就是其当期的工资收入。但是，对于那些由于个体自我选择而未参与劳动力市场之中的样本，便无法通过其工资报价获得其当期工资收入水平。所以，如果只使用参加工作者的数据，而将未选择劳动参与的样本直接剔除，则将会导致样本偶然断尾，或非随机样本选择。在非随机样本选择的条件下，使用OLS估计方法是有偏误和不一致的（伍德里奇，2010）。[①] 这种由于样本的自我选择而产生的偶然断尾，所导致的参数估计值偏误，也被称为样本选择偏差（陈强，2010）。[②]

为了检验是否存在样本选择，同时解决样本选择偏差问题，目前最为常使用的方法是 Heckman 两阶段估计法（陈强，2010）。[③] 其中，Heckman 两阶段估计法的基本原理为：第一阶段是通过样本选择方程，估计样本是否决定劳动参与；第二阶段则是通过回归方程，并将第一阶段估计得到的逆米尔斯比作为解释变量引入回归方程中，以纠正样本选择偏差。Heckman 两阶段估计法的基本模型为：

第一阶段：使用 Probit 估计样本选择方程。

$$\text{Probit}(S_i = 1) = \Phi(\alpha X_i + \mu_i) \tag{6.6}$$

第二阶段：将第一阶段估计得到的逆米尔斯代入回归方程中，使用 OLS 方法进行回归。

$$\ln Y_i = \beta_1 Z_i + \beta_2 \lambda + v_i \tag{6.7}$$

在以上两阶段模型中，S_i 表示样本是否选择劳动参与，X_i 表示影响劳动者选择劳动参与的相关变量，Y_i 表示回归方程的被解释变量，Z_i 表示解释变量，λ 表示逆米尔斯比。μ_i 与 v_i 分别表示两阶段的随机扰动项。其中，两个阶段的解释变量之间具有严格的要求，也就是必须满足 Z_i 严格的是 X_i 的一个子集：任何一个 Z_i 中的元素都是 X_i 中的元素，而 X_i 中的某些元素则不在 Z_i 之中（伍德里奇，2010）。[④] 也就是说，Z_i 是 X_i 的一个严格子集，必须同时满足两个条件：一是回归方程中的解释变量的任何一个变量，应该是选择方程中的一个解释变量；二是选择方程中的解释变量，至少有一

① 杰弗里·M. 伍德里奇著，费剑平译校. 计量经济学导论（第四版）[M]. 北京：中国人民大学出版社，2010：578.
② 陈强. 高级计量经济学及 Stata 应用 [M]. 北京：高等教育出版社，2010：218.
③ 陈强. 高级计量经济学及 Stata 应用 [M]. 北京：高等教育出版社，2010：221.
④ 杰弗里·M. 伍德里奇著，费剑平译校. 计量经济学导论（第四版）[M]. 北京：中国人民大学出版社，2010：581.

个变量不在回归方程的解释变量中（伍德里奇，2010），[①] 此种类型的变量就是识别变量。在 Heckman 两阶段估计过程中，识别变量的数量至少要存在一个，其主要作用是消减第一阶段估计得到逆米尔斯比在代入第二阶段回归方程中时所引起的系数偏误。[②]

1. 模型构建与变量设定

根据 Heckman 两阶段估计法的原理与方法要求，本章基于明瑟方程模型构建 Heckman 两阶段估计模型。两阶段模型的具体形式，如下所示：

第一阶段的样本选择方程模型为：

$$\text{Probit}(\text{LDCY}_i = 1) = \Phi(\alpha_1 \text{COL}_i + \alpha_2 \text{EXP}_i + \alpha_3 \text{EXP}_i^2 + \alpha_4 X_i + \mu_i)$$

$$(6.8)$$

在式（6.8）中，$\text{Probit}(\text{LDCY}_i = 1)$ 表示样本选择劳动参与的概率。LDCY_i 表示个体的劳动参与情况。COL_i、EXP_i 分别表示大学学历与工作经验，其变量含义的具体界定同前面相同。X_i 表示影响个体选择劳动参与的其他解释变量。根据检验方程模型的不同，X_i 所包含的变量有所差异。具体来讲，当检验的模型为基本明瑟方程模型时，X_i 仅表示识别变量；当估计扩展明瑟方程模型时，X_i 表示控制变量以及识别变量。α 为各变量的待估计系数，μ_i 表示随机误差项。

第二阶段的回归方程模型，具体如下：

$$\ln\text{INC}_i = c_i + \beta_1 \text{COL}_i + \beta_2 \text{EXP}_i + \beta_3 \text{EXP}_i^2 + \beta_4 Z_i + \beta_5 \lambda + v_i$$

$$(6.9)$$

---

① 杰弗里·M. 伍德里奇著，费剑平译校. 计量经济学导论（第四版）[M]. 北京：中国人民大学出版社，2010：582.
② 根据伍德里奇（2010）的分析，如果在第二阶段的回归方程中没有设定一个排除性约束条件，那么使用 Heckman 两阶段估计法所得到的结果通常是不可信。其主要原因是，尽管第一阶段使用 Probit 模型非线性估计了逆米尔斯比，但是逆米尔斯常常可以使用一个线性函数进行很好的拟合近似。所以，如果 Z＝X，就可能会导致逆米尔斯比与回归方程中 Z 的变量元素高度相关。此时，再将第一阶段估计的逆米尔斯比代入第二阶段回归方程中，就会由于存在多重共线性导致系数估计值产生更高的偏误。因此，在样本选择方程中需要至少存在一个识别变量，以消减这种由于多重共线性导致的估计偏误。

在式（6.9）中，INC_i、COL_i、EXP_i 分别表示个人收入水平、大学学历与工作经验，其具体含义同前面相同。Z_i 表示影响个人收入水平一系列控制变量。同样地，根据检验方程模型的不同，Z_i 所包含的变量有所差异：当检验的模型为基本明瑟方程模型时，Z_i 表示的控制变量向量为空集；当检验的模型为扩展明瑟方程模型时，控制变量 Z_i 包括性别、户口类型、政治面貌、单位类型、地区，以及父亲受教育年限、母亲受教育年限、配偶受教育年限等一组个人能力的代理变量。β 表示各变量的待估计系数。c_i 表示常数项，v_i 表示随机误差项。

在 Heckman 两阶段估计模型中，个人收入水平、大学学历与工作经验，以及一系列控制变量的设定，均与前面 OLS 估计中的变量界定相同（如表 6-1 所作说明）。此处，本部分对劳动参与因变量 $LDCY_i$ 以及识别变量的指标设定与具体处理，作出如下说明：

（1）第一阶段样本选择方程的因变量 $LDCY_i$，根据 Probit 回归模型的二值变量要求，本部分将个体劳动参与 $LDCY_i$ 设置为二元虚拟变量。由于个体参与劳动的结果是获得职业收入或劳动收入，故可以通过考察个体是否具有职业收入或劳动收入来判断样本的劳动参与情况。因此，在历年 CGSS 数据中，如果个人年职业收入（劳动收入）大于 0，表示样本参与劳动力市场之中，则劳动参与虚拟变量赋值为 1。如果个人年职业收入（劳动收入）等于 0，则表示样本未参与劳动力市场之中，则劳动参与虚拟变量赋值为 0。此处需要说明的是，由于各年问卷的设计不完全一样，在 2003 年与 2005 年，如果个人每周用于工作的时间大于 0，则劳动参与虚拟变量赋值为 1，否则赋值为 0；而在 2006 年，如果个体的工资性收入比重大于 0，则劳动参与虚拟变量赋值为 1，否则赋值为 0。

（2）根据 Heckman 两阶段估计法原理，识别变量必须满足影响样本的劳动参与选择，但不直接影响个人收入水平。因此，借鉴颜敏（2013a）、[①] 伍德里奇（2010）[②] 以及陈强（2010）[③] 的研究与方法，本章选择使用年龄、健康状况作为样本选择方程（6.8）中的识别变量。由于在 2003 年、2005 年的 CGSS 问卷中，并没有关于个人健康状况的题目设置，故在这两个年份的识别变量，本部分只设定年龄一项。而除了 2003 年与 2005 年之外，其余年份的识别变量则均包括年龄、健康状况两个变量。其中，年龄是由 CGSS 问卷中，调查年份与样本的出生年相减获得。而个人健康程度，由于在历年 CGSS 问卷设计中，各年有关健康状况的题目与程度细分设置不完全相同，为了统一口径与标准，本部分对 CGSS 数据中的个人健康程度进行了简化处理[④]。在个人健康程度处理之后，本部分将其设置为虚拟变量：如果样本是健康水平，则健康状况虚拟变量赋值为 1；如果样本是不健康水平，则健康状况虚拟变量赋值为 0。

本部分进行 Heckman 两阶段估计所使用的变量中，个人收入水平、大学学历、工作经验以及一系列控制变量的数据概况均与前面说明相同（见表 6 - 2），而新增加的变量为劳动参与比例、年龄、健康状况三个变量。Heckman 两阶段估计中劳动参与、识别变量的数据概况如表 6 - 5 所示。

① 颜敏. 能力偏误、教育溢价与中国工资收入差异 ［M］. 北京：中国社会科学出版社，2013a：144.

② 杰弗里·M. 伍德里奇著，费剑平译校. 计量经济学导论（第四版） ［M］. 北京：中国人民大学出版社，2010：582 - 583.

③ 陈强. 高级计量经济学与 Stata 应用 ［M］. 北京：高等教育出版社，2010：219 - 221.

④ 在 2006 年，相应的 CGSS 问卷题目是要求个人对自己健康满意度进行评价，具体衡量程度细分为非常满意、比较满意、不太满意、非常不满意。本书的处理方式是将非常满意、比较满意、不太满意三种程度合并为健康，将非常不满意视为不健康。在 2008 ~ 2013 年，CGSS 问卷则是要求样本直接评价个人健康状况，具体衡量程度目细分为很健康、比较健康、一般、比较不健康、很不健康。本书的处理方式是将很健康、比较健康、一般三种程度视为健康，将比较不健康、很不健康两种程度视为不健康。

表 6 – 5　　　　　劳动参与、识别变量的数据描述性统计概况

年份	劳动参与比例（％）	年龄平均值（岁）	健康状况比例（％）
	虚拟变量	连续变量	虚拟变量
2003	99.50	37.62	—
2005	99.90	37.11	—
2006	98.90	36.7	82.90
2008	95.80	36.65	90.50
2010	84.70	37.67	89.70
2011	85.80	37.65	93.30
2012	86.40	38.05	90.30
2013	85.20	37.73	91.20

由表 6 – 5 的数据概况，可以发现：（1）经过样本选择与数据处理之后，样本在各年的劳动参与率最低为 2010 年的 84.7％，最高为 2005 年的 99.9％。说明样本的劳动参与率较高，但仍存在未选择劳动参与的样本，故有必要进行 Heckman 两阶段估计以纠正样本选择偏差。（2）识别变量中，样本的平均年龄在 37 岁左右，说明数据样本中占比相对居多的是中青年样本。健康状况也呈现相对良好的结构。其中，在 2006 年健康状况良好的比例最低，为82.9％；2011 年的样本健康结构最好，健康水平的样本占比为93.3％。说明数据样本的健康状况普遍处于健康水平。

2. Heckman 两阶段估计结果

经过对 2003～2013 年各年度 CGSS 数据进行相应的数据处理之后，本部分使用统计软件 Stata 12.0 对基本明瑟方程模型与扩展明瑟方程模型分别进行 Heckman 两阶段估计，得到各个变量的回归系数。2003～2013 年，基本明瑟方程模型在各年份的 Heckman 两阶段估计结果，如表 6 – 6 所示。2003～2013 年，扩展明瑟方程模型在各年的Heckman 两阶段估计结果，由于篇幅原因而拆分为 2003～2008 年、2010～2013 年两部分，具体如表 6 – 7、表 6 – 8 所示。

表6-6　2003~2013年基本明瑟方程模型的Heckman两阶段估计结果

变量	2003年		2005年		2006年		2008年	
	劳动参与	个人收入	劳动参与	个人收入	劳动参与	个人收入	劳动参与	个人收入
大学学历	-3.344*** (-7.85)	0.072 (0.01)	3.42 —	0.554*** (2.07)	0.848 (1.19)	0.514 (1.28)	0.654 (1.46)	0.520*** (7.11)
工作经验	-0.93*** (-7.76)	-0.036 (-0.04)	-0.104 (-0.45)	0.03 (0.99)	0.166 (0.99)	-0.001 (-0.01)	0.212* (1.94)	0.044 (1.52)
工作经验平方	-0.0004 (-0.19)	0.002 (0.05)	0.002 (0.39)	-0.001 (-1.19)	0.001 (1.3)	-0.0001 (-0.04)	-0.003*** (-4.09)	-0.002* (-1.96)
年龄	0.931*** (23.18)		0.077 (1.29)		-0.206 (-1.24)		-0.098 (-0.95)	
健康状况					0.086 (0.43)		0.021 (0.07)	
常数项	-14.03 —	9.754 (0.6)	1.367 —	9.0*** (22.62)	6.027** (1.99)	9.015*** (10.86)	2.74 (1.44)	9.328*** (27.63)
逆米尔斯比		-53.32 (-0.05)		-3.11 (-0.09)		7.659 (0.37)		0.389 (0.24)
样本观测量	1792		2332		2089		1461	
Wald值	0.02		17.24		2.41		164.7	
P值	1		0.0006		0.492		0	

续表

变量	2010 年		2011 年		2012 年		2013 年	
	劳动参与	个人收入	劳动参与	个人收入	劳动参与	个人收入	劳动参与	个人收入
大学学历	0.811*** (4.06)	0.237 (0.9)	1.026** (2.49)	0.523*** (3.22)	0.049 (0.21)	0.307* (1.75)	1.121*** (4.1)	0.340*** (5.01)
工作经验	0.155*** (3.25)	-0.034 (-0.65)	0.228** (2.42)	0.094** (2.5)	0.076 (1.38)	-0.054 (-0.76)	0.246*** (3.98)	0.04*** (2.58)
工作经验平方	-0.003*** (-8.03)	0.001 (0.56)	-0.004*** (-5.62)	-0.003*** (-2.79)	-0.004*** (-9.29)	0.001 (0.74)	-0.004*** (-8.44)	-0.001*** (-2.78)
年龄	-0.033 (-0.72)		-0.087 (-0.93)		0.07 (1.28)		-0.105* (-1.69)	
健康状况	0.325** (2.52)		0.296 (1.21)		0.473*** (3.25)		0.610*** (4.18)	
常数项	0.218 (0.26)	10.77*** (13.96)	1.069 (0.62)	9.135*** (16.83)	-1.66 (-1.64)	11.14*** (12.79)	1.134 (0.99)	10.11*** (47.75)
逆米尔斯比		-2.108* (-1.79)		0.35 (0.45)		-2.763* (-1.92)		-0.381 (-1.22)
样本观测量	2352		1024		2469		2406	
Wald 值	12.9		32.88		12.79		47.92	
P 值	0.0049		0		0.0051		0	

注: ***、**、* 分别表示在 0.01、0.05、0.1 水平上呈现显著性。括号内表示 t 值。

表 6 - 7　2003～2008 年扩展明瑟方程模型的 Heckman 两阶段估计结果

变量	2003 年		2005 年		2006 年		2008 年	
	劳动参与	个人收入	劳动参与	个人收入	劳动参与	个人收入	劳动参与	个人收入
大学学历	-4.086*** (-6.91)	0.381*** (4.37)	2.35 —	0.438*** (8.03)	1.239 (1.5)	0.323* (1.78)	0.203 (0.43)	0.378*** (6.98)
工作经验	-1.101*** (-5.61)	-0.032 (-1.56)	-1.164* (-1.69)	0.007 (0.61)	0.306 (1.58)	0.010 (0.24)	0.13 (1.1)	0.043*** (3.33)
工作经验平方	0.0005 (0.16)	0.001 (1.42)	0.010 (0.67)	-0.0003 (-0.97)	0.002 (1.02)	-0.0004 (-0.39)	-0.003** (-2.35)	-0.001*** (-3.87)
性别	0.649 (1.53)	0.135* (1.73)	-5.472 —	0.277*** (6.26)	0.534** (2.32)	0.423*** (2.64)	0.631*** (3.45)	0.250*** (3.51)
户口类型	1.164* (1.9)	-0.089 (-0.35)	-3.817 —	0.128 (1.63)	-0.091 (-0.22)	0.245 (1.07)	0.030 (0.14)	0.208*** (3.66)
政治面貌	0.042 (0.09)	0.177** (1.99)	4.57 —	0.017 (0.27)	-0.040 (-0.12)	-0.035 (-0.17)	0.846** (1.96)	0.083 (1.17)
单位类型	0.234 (0.69)	-0.137* (-1.82)	-5.628 —	0.089* (1.88)	-0.442 (-1.63)	-0.072 (-0.43)	-0.0005 (0)	0.105** (2.13)
东部地区	-0.527 (-1.11)	0.383*** (4.04)	5.47 —	0.408*** (7.35)	0.326 (1.21)	0.359*** (2)	-0.037 (-0.16)	0.524*** (9.86)
中部地区	4.822 —	-0.025 (-0.26)	5.675 —	-0.008 (-0.12)	-0.009 (-0.03)	-0.046 (-0.23)	-0.266 (-1.12)	-0.001 (-0.02)

续表

变量	2003年 劳动参与	2003年 个人收入	2005年 劳动参与	2005年 个人收入	2006年 劳动参与	2006年 个人收入	2008年 劳动参与	2008年 个人收入
父亲受教育年限	-0.03 (-0.69)	0.011 (1.12)	0.020 (0.15)	0.007 (1.11)	0.011 (0.32)	-0.002 (-0.11)	0.010 (0.41)	0.003 (0.45)
母亲受教育年限	0.050 (1.07)	0.010 (1)	-0.288 (-1.09)	0.015** (2.46)	-0.031 (-0.89)	-0.001 (-0.03)	0.024 (1.02)	0.013* (1.95)
配偶受教育年限	-0.019 (-0.43)	0.019** (2.45)	0.007 (0.12)	0.008 (1.61)	0.642	0.013 (0.45)	-0.002 (-0.11)	0.010** (2.45)
年龄	1.040*** (14.11)		0.877*** (3.4)		-0.371* (-1.91)		-0.050 (-0.46)	
健康状况					-0.512 (-1.31)		0.119 (0.34)	
常数项	-15.98 —	8.836*** (28.07)	5.065 —	8.494*** (63.17)	10.16*** (2.78)	8.747*** (20.31)	1.832 (0.9)	8.556*** (47.08)
逆米尔斯比		-1.388 (-0.6)		-0.963 (-0.87)		2.522 (0.91)		0.533 (0.68)
样本观测量	1590		2094		1427		1151	
Wald值	117.8		295		26.02		306.6	
P值	0		0		0.0107		0	

注：***、**、*分别表示在0.01、0.05、0.1水平上呈现显著性。括号内表示t值。

表6-8　2010~2013年扩展明瑟方程模型的Heckman两阶段估计结果

变量	2010年		2011年		2012年		2013年	
	劳动参与	个人收入	劳动参与	个人收入	劳动参与	个人收入	劳动参与	个人收入
大学学历	0.571* (1.70)	0.477*** (7.59)	0.248 (0.4)	0.362*** (5.87)	0.920* (1.81)	0.422*** (10.54)	1.039** (2.17)	0.288*** (3.82)
工作经验	0.11 (1.34)	0.034** (2.52)	0.117 (0.79)	0.037** (2.17)	0.347*** (2.96)	0.037*** (3.22)	0.347*** (3.27)	0.060*** (3.19)
工作经验平方	-0.003*** (-3.14)	-0.001** (-2.55)	-0.002* (-1.72)	-0.001** (-2.38)	-0.004*** (-4.21)	-0.001*** (-2.85)	-0.003** (-2.02)	-0.001*** (-2.95)
性别	0.290** (2.26)	0.294*** (6.37)	0.229 (1.28)	0.288*** (5.36)	0.337** (2.2)	0.233*** (6.73)	0.430** (2.47)	0.325*** (5.07)
户口类型	-0.050 (-0.29)	0.087* (1.67)	-0.065 (-0.29)	0.161** (2.34)	-0.049 (-0.25)	-0.008 (-0.18)	-0.184 (-0.84)	-0.043 (-0.55)
政治面貌	-0.083 (-0.47)	0.101** (2.31)	-0.174 (-0.7)	0.118* (1.77)	-0.153 (-0.75)	0.060 (1.44)	0.295 (1.02)	0.065 (0.81)
单位类型	-0.303* (-1.75)	0.103** (2.23)	-0.632** (-2.47)	0.297*** (4.12)	-0.353* (-1.73)	0.137*** (3.47)	-0.37 (-1.59)	0.152** (2.04)
东部地区	-0.008 (-0.05)	0.325*** (6.95)	-0.052 (-0.2)	0.283*** (3.93)	0.361* (1.81)	0.372*** (8.43)	-0.183 (-0.66)	0.383*** (4.59)
中部地区	0.031 (0.16)	-0.164*** (-3.11)	0.154 (0.53)	-0.114 (-1.43)	0.107 (0.49)	-0.137*** (-2.84)	-0.34 (-1.11)	-0.054 (-0.57)

续表

变量	2010年 劳动参与	2010年 个人收入	2011年 劳动参与	2011年 个人收入	2012年 劳动参与	2012年 个人收入	2013年 劳动参与	2013年 个人收入
父亲受教育年限	0.021 (1.09)	0.003 (0.53)	0.023 (0.85)	0.011 (1.55)	-0.003 (-0.12)	0.010** (2.13)	-0.029 (-1.06)	0.002 (0.24)
母亲受教育年限	-0.022 (-1.22)	0.015*** (2.89)	-0.043 (-1.57)	0.003 (0.37)	-0.024 (-1.01)	0.010** (2.13)	0.027 (1.04)	0.011 (1.24)
配偶受教育年限	0.021* (1.8)	0.009** (2.16)	0.010 (0.64)	0.011** (2.33)	-0.002 (-0.17)	0.015*** (5.25)	0.014 (0.98)	0.010* (1.79)
年龄	-0.013 (-0.17)		-0.014 (-0.1)		-0.177 (-1.56)		-0.205** (-2.04)	
健康状况	-0.148 (-0.44)		0.771** (2.15)		0.597** (1.98)		0.720* (1.86)	
常数项	1.321 (0.93)	9.029*** (45.11)	0.879 (0.32)	8.865*** (45.86)	3.734* (1.8)	9.162*** (77.74)	4.347** (2.28)	9.168*** (45.3)
逆米尔斯比		-0.414 (-0.49)		0.018 (0.03)		-0.632 (-1.35)		1.296 (1.6)
样本观测量	1837		827		1998		1975	
Wald值	460		233.1		568.1		129.2	
P值	0		0		0		0	

注：***、**、*分别表示在0.01、0.05、0.1水平上呈现显著性。括号内表示t值。

根据表6-6、表6-7、表6-8所示的Heckman两阶段估计检验结果，可以得出：（1）基本明瑟方程模型中，只有2010年、2012年的逆米尔斯比在0.1水平上呈现显著性，其余年份的逆米尔斯比均不显著，说明只有2010年与2012年存在显著的样本选择偏差。解释变量中，大学学历、工作经验对两阶段因变量的影响作用，总体上在多数年份呈现方向一致：大学学历有利于样本选择劳动参与，而工作经验则不利于样本选择劳动参与。识别变量中，年龄对样本选择劳动参与具有负向作用，而健康状况则具有正向作用。说明个体年龄越小、健康状况越良好，个体选择劳动参与的概率越大。此外，2003年与2006年的Heckman两阶段估计的P值均大于0.1，说明这两个年份采用Heckman两阶段估计法是不具有显著性的。（2）扩展明瑟方程模型中，各年的逆米尔斯比均不显著，说明各年并不存在明显的样本选择偏差。解释变量中，大学学历、工作经验、性别、父亲受教育年限与配偶受教育年限等因素，总体上对两阶段因变量的作用方向相同，也就是这五个变量既有利于个体选择劳动参与，又有利于提高个人收入水平。而户口类型、政治面貌、单位类型、地区以及母亲受教育年限等因素对两阶段因变量的影响方向，在多数年份呈现相反方向，也就是这五个因素不利于个体选择劳动参与，但利于提高个人收入水平。在识别变量中，个体年龄对样本选择劳动参与具有负向作用，而个人健康状况则对样本选择劳动参与具有正向作用。说明个体年龄越小、健康状况越良好，个体选择劳动参与的概率越大。

综合以上分析，根据Heckman两阶段估计得到的逆米尔斯比的回归系数是否显著，可以判断出：在2003～2013年，使用基本明瑟方程模型进行回归分析时，2010年与2012年两个年份存在样本选择偏差，说明在此两个年份的回归中需要采用Heckman两阶段估计结果以纠正OLS估计时所产生系数估计偏误。而使用扩展明瑟方程模型进行回归分析时，在2003～2013年各个年份均不存在样本选择偏差，说明使用OLS估计法回归分析扩展明瑟方程模型所估计得到的各个变量系数是无偏的。

6.1.5 微观大学溢价变动：2003～2013 年

在使用 OLS 估计法、Heckman 两阶段估计法对大学学历系数进行回归检验的基础上，本部分根据微观大学溢价指标的计算公式（6.3）将大学学历的估计系数换算成为大学溢价水平。本部分将基于各年微观大学溢价的换算结果，分析我国微观大学溢价在 2003～2013 年的总体变动趋势。同时，本部分根据个人收入水平的分位数回归分析，对微观大学溢价在不同分位数上的变动情况进行结构考察。

1. 微观大学溢价的总体变动趋势

基于 OLS 估计与 Heckman 两阶段估计的回归结果，大学学历的系数估计值是选择 OLS 估计值，还是 Heckman 两阶段估计值，判断指标是逆米尔斯比的显著性。也就是，如果逆米尔斯比呈现显著性，则大学学历的系数值采用 Heckman 两阶段估计法的结果；如果逆米尔斯比不显著，则大学学历的系数值采用 OLS 估计的结果。因此，综合前面两种估计方法的实证检验结果，大学学历虚拟变量的系数值选择，具体如表 6 – 9 所示。

表6 – 9 　　　2003～2013 年大学学历与高中学历之间
相对收益率的估计系数

模型类型		2003 年	2005 年	2006 年	2008 年	2010 年	2011 年	2012 年	2013 年
基本明瑟方程	估计方法	OLS	OLS	OLS	OLS	Heckman	OLS	Heckman	OLS
	系数	0.562***	0.575***	0.504***	0.507***	0.237	0.480***	0.307*	0.427***
	t 值	13.52	14.36	11.45	10.26	0.9	8.08	1.75	11.74
扩展明瑟方程	估计方法	OLS	OLS	OLS	OLS	OLS	OLS	OLS	OLS
	系数	0.385***	0.443***	0.364***	0.378***	0.497***	0.366***	0.428***	0.281***
	t 值	8.38	11.67	7.32	7.15	11.38	5.97	10.96	7.77

注：***、**、*分别表示在 0.01、0.05、0.1 水平上呈现显著性。

根据大学学历虚拟变量回归系数与微观大学溢价水平之间的转换公式（6.3），可以将大学学历与高中学历之间的相对收益率系数测算出相应年份的微观大学溢价水平。具体如表6-10所示。

表6-10   2003~2013年我国微观大学溢价的测算结果

	2003年	2005年	2006年	2008年	2010年	2011年	2012年	2013年
基本明瑟方程	1.754	1.777	1.655	1.660	—	1.616	1.359	1.533
扩展明瑟方程	1.470	1.557	1.439	1.459	1.644	1.442	1.534	1.324

由表6-10的测算结果，可以得出：（1）基于基本明瑟方程模型估计得到的我国微观大学溢价，说明具有大学学历劳动者的平均个人年总收入在2003年是高中学历劳动者的1.154倍，2005年为1.777倍，2006年为1.655倍，2008年为1.660倍，2010年根据Heckman两阶段估计的回归结果并不显著，2011年为1.616倍，2012年为1.359倍，2013年则达到了高中学历劳动者的1.533倍。（2）基于扩展明瑟方程模型测算得到的微观大学溢价水平，说明在2003年具有大学学历劳动者的平均个人年总收入是高中学历劳动者的1.470倍，2005年为高中学历劳动者的1.557倍，2006年为1.439倍，2008年为1.459倍，2010年为1.644倍，2011年为1.442倍，2012年为1.534倍，2013年为高中学历劳动者的1.324倍。

为了更为直观地分析大学溢价的变动趋势，本部分将表6-10中的大学溢价数据转化为点线图形式。由于2010年Heckman两阶段估计的回归结果并不显著，造成基本明瑟方程模型的点线图出现断点而难以考察其在2010年前后的增减变动趋势，同时扩展明瑟方程模型由于引入一系列控制变量而使估计结果更加严格。因此，本部分使用表6-10中扩展明瑟方程模型的大学溢价测算数据制作相应的点线图，以考察大学溢价在2003~2013年的总体变动趋势，具体如图6-1所示。

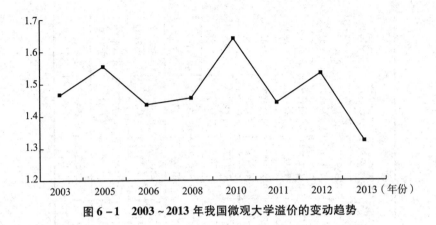

图 6-1　2003~2013 年我国微观大学溢价的变动趋势

从图 6-1 可以发现 2003~2013 年，我国微观大学溢价的变动情况：2003 年微观大学溢价接近于 1.5，2005 年上升到 1.5 以上，在 2006 年、2008 年又回落到 1.5 以下，2010 年再次上升到 1.6 以上，2011 年大学溢价水平再次下降介于 1.4~1.5 之间，2012 年增长到 1.5 以上，但在 2013 年大学溢价在此降低至 1.4 以下且在 1.3 附近的水平上。因此，我国微观大学溢价在 2003~2013 年期间总体上呈现出增长与降低相间的波动趋势。

2. 分位数回归结果

如前面第 3 章中所作分析，劳动力内部并非是同质的，劳动者之间是异质的。同样，在历年 CGSS 的调查样本内部也是存在一定的异质性，据此可以将微观样本划分为不同类型的群体。在不同样本群体之间，大学学历的估计系数以及大学溢价的变动趋势可能会存在相应的差异。因此，本部分以收入水平作为群体划分维度，使用分位数回归分析，以考察不同收入群组之间大学溢价的具体水平与变动趋势。

本部分使用分位数回归方法，分别对基本明瑟方程模型（6.4）、扩展明瑟方程（6.5）进行 10%、25%、50%、75%、90% 五个分位水平上的回归分析。经过整理，大学学历虚拟变量的分位数回归系数在 2003~2013 年的实证检验结果，具体如表 6-11 所示。

表6-11 2003～2013年大学学历的分位数回归结果

年份	基本明瑟方程					扩展明瑟方程				
	10%分位	25%分位	50%分位	75%分位	90%分位	10%分位	25%分位	50%分位	75%分位	90%分位
2003	0.777 *** (7.75)	0.652 *** (19.73)	0.504 *** (8.92)	0.509 *** (9.79)	0.463 *** (6.34)	0.338 ** (2.4)	0.365 *** (5.76)	0.389 *** (8.17)	0.421 *** (7.38)	0.430 *** (6.53)
2005	0.864 *** (7.94)	0.686 *** (13.68)	0.590 *** (12.93)	0.523 *** (7.36)	0.491 *** (6.19)	0.489 *** (5.99)	0.407 *** (8.46)	0.437 *** (9.72)	0.443 *** (8.84)	0.439 *** (7.63)
2006	0.916 *** (8)	0.575 *** (7.83)	0.411 *** (8.05)	0.399 *** (11.94)	0.372 *** (5.13)	0.567 *** (4.28)	0.401 *** (5.94)	0.293 *** (4.82)	0.319 *** (5.24)	0.344 *** (4.4)
2008	0.669 *** (7.1)	0.556 *** (10.11)	0.431 *** (6.47)	0.478 *** (7.34)	0.327 *** (4.12)	0.424 *** (3.72)	0.296 *** (3.95)	0.411 *** (7.78)	0.348 *** (5.77)	0.225 ** (1.97)
2010	0.829 *** (8.22)	0.758 *** (17.71)	0.579 *** (10.89)	0.687 *** (17.05)	0.611 *** (8.12)	0.524 *** (7.05)	0.555 *** (10.95)	0.538 *** (10.74)	0.437 *** (7)	0.351 *** (4.1)
2011	0.509 *** (3.78)	0.511 *** (6.87)	0.428 *** (7.47)	0.441 *** (6)	0.489 *** (4.83)	0.280 ** (2.43)	0.306 *** (4.44)	0.410 *** (5.9)	0.351 *** (3.78)	0.368 *** (3.36)
2012	0.724 *** (12.66)	0.543 *** (7.42)	0.426 *** (7.84)	0.481 *** (8.67)	0.603 *** (8.44)	0.487 *** (5.86)	0.409 *** (8.26)	0.349 *** (8.1)	0.479 *** (9.32)	0.498 *** (7.17)
2013	0.705 *** (10.49)	0.418 *** (16.29)	0.378 *** (7.32)	0.318 *** (6.98)	0.260 *** (2.86)	0.306 *** (3.9)	0.306 *** (6.27)	0.252 *** (7.37)	0.294 *** (5.99)	0.241 *** (2.95)

注：***、**、*分别表示在0.01、0.05、0.1水平上呈现显著性。括号内表示其 t 检验值。

表6-11的回归结果显示，大学学历变量的估计系数在2003~2013年，在10%分位、25%分位、50%分位、75%分位以及90%分位上均大于0且呈现统计显著性，说明大学学历相对于高中学历存在明显的相对收益。在此基础上，根据大学学历虚拟变量回归系数与微观大学溢价水平之间的换算公式（6.3），将表6-11中分位数回归的系数估计值转化为大学溢价，得到2003~2013年各年大学溢价在不同分位数上的分布情况。变量系数转换计算后得到的各个分位数上的大学溢价水平，具体如表6-12所示。

为了可以直观考察微观大学溢价在不同分位数水平上的分布情况，本部分将表6-12中的数据转化为点线图形式。由基本明瑟方程模型分位数回归、扩展明瑟方程分位数回归得到的大学溢价水平，2003~2013年在不同分位数上的变动趋势，具体如图6-2所示。

结合图6-2中的直观趋势图以及表6-12中的具体数据值，可以发现2003~2013年我国微观大学溢价在不同分位数上的分布规律与变动趋势。本部分从大学溢价在同一年份的分布规律与不同年份之间的变化趋势两个方面进行比较分析：（1）在相同年份，不同分位数上的大学溢价水平存在明显差异。具体表现为：大学溢价在10%分位处于最高水平，25%分位有所降低但仍显著高于75%分位，90%分位的大学溢价水平最低。也就是说，大学溢价在低收入分位显著大于高收入分位。在基本明瑟方程模型的回归结果中，大学溢价水平随着分位数提高而降低的分布规律尤其明显。此研究发现与颜敏（2013a）[1]的实证研究结果相一致，进一步印证了大学溢价在不同分位数上的分布规律。本书认为大学溢价之所以随着收入水平分位数的提高而降低，其可能原因是在低收入群体中，学历是决定个体收入水平的主要因素，并且学历水平的提升对提高个人收入的边际贡献相对更高，因而由大学学历差异造成的个

① 颜敏.能力偏误、教育溢价与中国工资收入差异［M］.北京：中国社会科学出版社，2013a：154.

表6-12　　2003~2013年不同分位数上的微观大学溢价

年份	基本明瑟方程					扩展明瑟方程				
	10%分位	25%分位	50%分位	75%分位	90%分位	10%分位	25%分位	50%分位	75%分位	90%分位
2003	2.175	1.919	1.655	1.664	1.589	1.402	1.441	1.476	1.523	1.537
2005	2.373	1.986	1.804	1.687	1.634	1.631	1.502	1.548	1.557	1.551
2006	2.499	1.777	1.508	1.490	1.451	1.763	1.493	1.340	1.376	1.411
2008	1.952	1.744	1.539	1.613	1.387	1.528	1.344	1.508	1.416	1.252
2010	2.291	2.134	1.784	1.988	1.842	1.689	1.742	1.713	1.548	1.420
2011	1.664	1.667	1.534	1.554	1.631	1.323	1.358	1.507	1.420	1.445
2012	2.063	1.721	1.531	1.618	1.828	1.627	1.505	1.418	1.614	1.645
2013	2.024	1.519	1.459	1.374	1.297	1.358	1.358	1.287	1.342	1.273

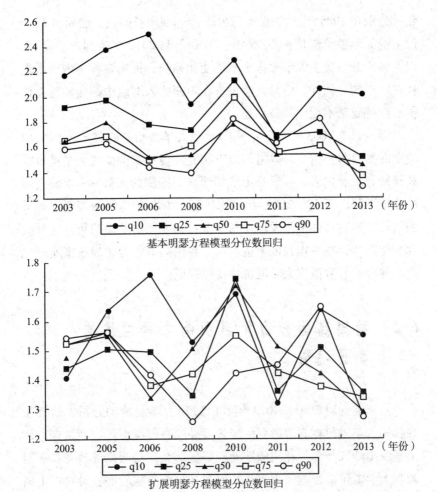

图 6 – 2　2003～2013 年我国微观大学溢价在不同分位数上的变动趋势

体之间收入差距更为显著。但是，在高收入群体中，学历并不是提高个人收入水平的主要原因，学历水平差异对不同个体之间收入水平差距的贡献并不是非常显著。因此，收入水平分位数越高，大学溢价反而越低。（2）在不同年份，同一分位数上的大学溢价水平随着时间的变化，表现出同总体变动趋势相似的态势：在 2003～2013 年呈现出增长与降低相间的波动趋势。其中，25% 分位、50% 分位、75% 分位与 90% 分位上的大学溢价水平，同总体变动趋势相一致，分别在 2005 年、2010 年、2012 年达到增长峰值；然而 10% 分位上的大学溢价则是在 2006 年、2010 年与 2012 年达到增长峰值。以上各个分位数上大学溢价水平的变化趋势，说明在样本内部虽然存在一定的异质性，但是大学溢价在不同收入群组中的变动与总体仍然保持着基本相同的波动趋势。

综合以上 2003～2013 年我国微观大学溢价在总体、不同分位数上的测算与分析，可以得出以下研究发现：我国微观大学溢价在高等教育扩展之后，并没有出现如同直观推测的态势——单调递减的线性下降，反而在 2005 年、2010 年、2012 年等年份表现出显著的增长，并在总体上呈现增长与降低相间变化的波动趋势。这种波动变化趋势，在一定程度上也说明了我国高等教育扩展政策实施之后，并没有导致微观大学溢价的持续降低。

6.2　我国高等教育扩展影响大学溢价的实证检验

基于前面对 2003～2013 年我国微观大学溢价的分析，研究发现我国大学溢价在高等教育扩展之后并没有持续下降，而是在总体上呈现出增长与降低相间的波动趋势。那么，我国高等教育扩展对微观大学溢价的影响作用，将如何展开分析与检验呢？针对以上研究问题，本部分将通过构建考察高等教育扩展政策影响微观大学溢价的计量模型，然后基于经验数据进行实证检验，最后根据实证检验结果归纳总结出相应的研究结论。

6.2.1　方法工具说明与数据库选择

1. 双重差分模型工具的基本原理

在探讨与研究一项政策的实施对某项经济指标的影响作用时，

最为常用的分析工具是使用双重差分模型法。当某些外生事件通常是指政府实施一项政策改变个人、家庭、企业或社会的运行环境时，便产生了自然实验。在自然实验中总有一个不受政策变化影响的控制组和一个被认为受政策变化影响的处理组（伍德里奇，2010）。[①] 为了控制好处理组（D = 1）与控制组（D = 0）之间的系统差异，双重差分模型需要使用至少两个年份的数据：至少一期数据在政策改变之前（T = 0），至少一期数据在政策改变之后（T = 1）。因此，根据政策效应时间与样本分组，数据样本划分为四个群组：政策实施前的处理组、政策实施后的处理组、政策实施前的控制组与政策实施后的控制组。使用双重差分法构建的一般模型形式，如下：

$$Y_{i,T} = \alpha D_i + \beta T_i + \delta D_i \cdot T_i + \lambda X_i + v_i \qquad (6.10)$$

上述模型（6.10）中，$Y_{i,T}$ 表示结果变量，D_i 表示样本分组虚拟变量，T_i 表示政策时间虚拟变量，X_i 表示相关解释变量，v_i 表示随机误差项。其中，样本分组虚拟变量 D_i 与政策时间虚拟变量 T_i 的交互项，其待估计系数 δ 表示政策对处理组的效应。使用双重差分模型方法所估计的政策平均效应（Abadie，2005；[②] Khandker et al.，2009；[③] 伍德里奇，2010[④]），可以表示为：

$$\hat{\delta} = E(Y_{i,1} - Y_{i,0} \mid D_i = 1) - E(Y_{i,1} - Y_{i,0} \mid D_i = 0) \qquad (6.11)$$

在使用双重差分模型法进行政策效应分析的过程中，需要满足相应的数据要求与应用条件。（1）双重差分模型法对数据格式要求，主要包括两个方面：一是数据的样本期必须在政策改变前后至少各包括一期数据；二是具体使用的数据类型包括混合横截面数据

① 杰弗里·M. 伍德里奇著，费剑平译校. 计量经济学导论（第四版）[M]. 北京：中国人民大学出版社，2010：434.
② Abadie, A., Semiparametric Difference – in – Differences Estimators [J]. The Review of Economic Studies, 2005, 72（1）: 1 – 19.
③ Khandker, S. R., Koolwal, G. B. and Samad, H. A., Handbook on Impact Evaluation: Quantitative Methods and Practices [M]. Washington D. C. : World Bank Publications, 2009: 72 – 73.
④ 杰弗里·M. 伍德里奇著，费剑平译校. 计量经济学导论（第四版）[M]. 北京：中国人民大学出版社，2010：434 – 435.

与面板数据两种结构（伍德里奇，2010）。① （2）双重差分模型法的应用条件，主要包括自然实验发生的随机性、样本分组的随机性以及控制组不受政策变项的影响等方面（Bertrand et al.，2004；②陈林、伍海军，2015③）。只有在满足上述要求与条件的情况下，基于双重差分模型估计得到的政策效应才是有效的，否则将存在一定的估计偏差。

2. 微观数据库的选择说明

根据前面说明的双重差分模型方法对数据格式的要求（伍德里奇，2010），④本研究选择使用中国健康与营养调查⑤（CHNS）数据构建微观数据库，实证检验高等教育扩展对微观大学溢价的影响效应。本部分选择中国健康与营养调查（CHNS）数据的主要理由，作出以下说明：（1）中国健康与营养调查的成人调查表中，涵盖了个人工资收入、奖金与补贴、教育程度、性别、户口、工作单位以及地区等信息，为研究大学溢价水平及其变动情况提供了丰富的个体数据。（2）同时，CHNS数据的调查年份跨越1999年高等教育扩展政策实施前后，数据的样本区间分布在以1999年为时间节点

---

①④　杰弗里·M. 伍德里奇著，费剑平译校. 计量经济学导论（第四版）[M]. 北京：中国人民大学出版社，2010：431－445.

②　Bertrand, M., Duflo, E. and Mullainathan, S., How Much Should We Trust Differences－in－Differences Estimates? [J]. The Quarterly Journal of Economics, 2004, 119 (1): 249－275.

③　陈林，伍海军. 国内双重差分法的研究现状与潜在问题 [J]. 数量经济技术经济研究，2015：133－148.

⑤　中国健康与营养调查（China Health and Nutrition Survey，CHNS）是由北卡罗来纳大学人口研究中心、美国国家营养与食物安全研究所和中国疾病与预防控制中心合作开展的调查项目。旨在检验健康、营养和计划生育政策的影响以及研究中国社会经济的转变如何作用于整个人口健康和营养状况，调查内容涉及住户、营养、健康、成人、儿童、社区等方面。该调查采用多阶段整群抽样的方法，在东、中、西三个地区多个省份的城镇和农村进行问卷调查。到目前为止，该调查已进行了9次，分别是1989年、1991年、1993年、1997年、2000年、2004年、2006年、2009年与2011年。其中有几年由于一些原因，导致调查的省份发生了一定的变化：（1）1989～1993年之间的调查范围包括辽宁、江苏、山东、河南、湖北、湖南、广西与贵州8个省份，在1997年将辽宁替换为了黑龙江。（2）2000～2009年之间的调查省份增加为9个，在2000年及以后的年份又将辽宁加入调查范围之内，具体涉及辽宁、黑龙江、江苏、山东、河南、湖北、湖南、广西和贵州9个省市区。（3）2011年的调查省份又增加了北京、上海与重庆三个直辖市，至此样本抽样的调查范围扩增为12个省市区。

的前后两个时间段之内，为考察高等教育扩展实施前后的政策效应提供了经验数据基础。

此外，本部分之所以 CHNS 数据而没有沿用测算微观大学溢价水平时的 CGSS 数据，主要原因是：CHNS 数据中有关样本个体控制变量的信息虽然并不如 CGSS 数据丰富，无法纠正个人能力偏误与样本选择偏差，故其所测算的微观大学溢价水平不如使用 CGSS 数据更加精确。所以，为了提高微观大学溢价水平的测算精度，适宜选择 CGSS 数据。但是，CGSS 数据的调查年份均在 1999 年高等教育扩展之后，难以构建双重差分模型所要求的混合横截面数据进行政策效应分析。而 CHNS 数据的调查年份分布在 1999 年高等教育扩展政策实施前后，满足了使用双重差分模型工具的数据要求。因此，在本部分的实证检验中所选择的数据是基于 1989~2011 年 CHNS 数据组合构建的混合横截面数据库。

6.2.2 模型构建与变量设定

1. 模型构建

根据"干预—控制"框架下的双重差分模型的原理并结合本书研究主题，基于明瑟方程模型构建出大学学历与高等教育扩展政策时间之间的 DID 模型，以考察高等教育扩展影响微观大学溢价的政策效应。基于明瑟方程模型，所构建的半对数形式的双重差分模型，具体如下：

$$\ln Y_i = a_0 + \alpha_0 COL_{treat} + \alpha_1 TEK_{time} + \alpha_2 COL_{treat}$$
$$\times TEK_{time} + \sum \beta_k X_k + \varepsilon_i \qquad (6.12)$$

在式（6.12）中，COL_{treat} 作为处理组与控制组的分组虚拟变量，当 $COL_{treat} = 1$ 时表示大学学历样本为处理组，当 $COL_{treat} = 0$ 时表示高中学历样本作为控制组。TEK_{time} 表示高等教育扩展政策实施的时间虚拟变量，当 $TEK_{time} = 1$ 时表示 1999 年高等教育扩展政策实施之后，而当 $TEK_{time} = 0$ 时则表示 1999 年高等教育扩展政策实施之前。处理组与政策时间两个虚拟变量的交互项 $COL_{treat} \times TEK_{time}$，表征高等教育扩展对微观大学溢价的影响效应。

针对双重差分模型（6.12），本部分需要作出的说明是：这种模型构建方式，虽然有助于本章将实证检验直接聚焦到研究问题上，并且便于本章可以相对简便地得到相应的研究结果，但是其中却存在着方法工具是否符合使用条件的基础问题。

具体来说，在双重差分模型（6.12）中，分组虚拟变量 COL_{treat} 是将大学学历样本表示处理组，将高中学历样本作为控制组。高等教育扩展政策对样本收入的影响作用，主要是通过对劳动力市场的政策冲击而产生的。根据二元劳动力市场分割理论，可以将大学学历样本与高中学历样本划归到两个相对独立的供需均衡之中：大学学历劳动者处于主要劳动力市场，而高中学历劳动者则处于次要劳动力市场。同时，1999 年高等教育扩展政策的主要影响表现为大学毕业生供给数量的大规模增加，大学生就业与工资受到相应的冲击。由此可以认为，高等教育扩展政策对大学学历劳动力市场产生了直接影响，而对高中学历劳动者所在的次要劳动力市场未产生直接冲击。所以，大学学历样本是高等教育扩展政策的处理组，而高中学历样本则可以作为未受政策影响的控制组。但是，根据本书第 3 章中高等教育扩展影响大学溢价的机理分析与实证检验结果，高等教育扩展对技能劳动力的相对供给与需求均具有影响作用。也就是说，高等教育扩展政策对劳动力市场的冲击，包括大学学历劳动者与高中学历劳动者两个群组，只是影响程度存在一定差异：对大学学历样本的影响程度相对显著，而对高中学历样本的影响相对较小。所以，模型（6.12）将高中学历群组直接作为控制组的分组方式，并不能满足控制组不受政策效应影响（陈林、伍海军，2015），[①] 或者所受到的政策影响要小得多（周黎安、陈烨，

---

① 陈林，伍海军. 国内双重差分法的研究现状与潜在问题 [J]. 数量经济技术经济研究，2015（7）：133 –148.

2005)① 的要求。因此，如此构建 DID 模型并不符合双重差分模型所要求的应用条件，使用此模型所估计得到的交互项系数可能会存在严重的估计偏误。

因此，为了消减上述双重差分模型（6.12）构建过程中的偏误，本章采用吴要武和赵泉（2010）② 以及姚先国等（2014）③ 在研究高等教育扩展政策影响大学生就业与工资收入的过程中所使用的模型构建思想与方法，对政策处理组与控制组进行重新选择与设定。吴要武和赵泉（2010）以及姚先国等（2014）的模型构建思路，主要包括以下三个方面：（1）由于高等教育扩展政策的冲击效应主要是通过影响劳动力市场供需均衡而产生作用。同时，新进入劳动力市场的劳动者对供需均衡的反应相对显著，而已经处于劳动力市场之中并具有一定工作年限的劳动者受到供需均衡变动的影响则较小。所以，高等教育扩展政策对新进入劳动力市场的新毕业生具有显著的政策影响，而对于具有一定工作年限的老毕业生则可认为未受到政策影响。有鉴于此，根据入学年龄与受教育年限的推算，本部分将毕业后 3 年以内的大学毕业生，即年龄在 22 ~ 25 岁之间的样本定义为新毕业生，作为高等教育扩展政策的处理组；而将毕业后 10 年及以上的大学毕业生，即年龄在 32 岁及以上的样本定义为老毕业生，作为高等教育扩展政策的控制组。（2）同样考虑到高等教育扩展通过影响劳动力市场而形成政策效应，所以将 1999 年高等教育扩展政策实施后第一届大学生进入劳动力市场的时间作为政策时间的分界点。也就是，2003 年及以后的年份定义为高等教育扩展后，政策时间虚拟变量赋值为 1；而 2003 年之前的年份定义为高等教育扩展前，政策时间虚拟变量赋值为 0。以 2003 年作为高等教育扩展政策的时间分界点，同处理组与控制组的分类标准相统

---

① 周黎安，陈烨. 中国农村税费改革的政策效果：基于双重差分模型的估计 [J]. 经济研究，2005（8）：44 – 53.

② 吴要武，赵泉. 高校扩招与大学毕业生就业 [J]. 经济研究，2010（9）：93 – 108.

③ 姚先国，方昕，钱雪亚. 高校扩招对大学毕业生工资的干预效应 [J]. 人口与经济，2014（1）：67 – 79.

一，均以高等教育扩展影响劳动力市场均衡而产生政策效应作为基础，保证了政策冲击对处理组与控制组属于同时事件的条件（陈林、伍海军，2015），[①] 相比于将 1999 年作为分界点更加符合双重差分模型的应用要求。（3）在本书前文中，使用个人年总收入作为测算微观大学溢价水平的因变量，主要是出于提高估计精确度的考量。而在本部分对高等教育扩展影响微观大学溢价的效应检验中，则需要对高等教育扩展的政策效应进行重点分析。由于个人工资收入相对于总收入来讲，其对劳动力市场均衡变动的反应更加敏感。所以，在考察高等教育扩展影响微观大学溢价的过程中，使用工资收入作为被解释变量，可以更为灵敏地表征高等教育扩展对劳动力市场中处理组群体的政策冲击。

综合以上三个方面的分析，修正后的双重差分模型具体构建形式如下：

$$\ln W_i = a_0 + \alpha_0 NEW_{treat} + \alpha_1 TEK_{time} + \alpha_2 NEW_{treat}$$
$$\times TEK_{time} + \sum \alpha_k X_k + \varepsilon_i \qquad (6.13)$$

在式（6.13）中，因变量 W_i 表示个体 i 的工资收入。当分组虚拟变量 $NEW_{treat} = 1$ 时，表示新毕业生，此时样本作为政策处理组；当 $NEW_{treat} = 0$ 时，则表示老毕业生，此时样本作为政策控制组。当政策时间虚拟变量 $TEK_{time} = 1$ 时，表示 2003 年及以后年份；而当 $TEK_{time} = 0$ 时，则表示 2003 年之前的年份。X_k 表示一系列的控制变量。α 为各变量的待估计系数，其中交互项系数 α_2 表示高等教育扩展对新毕业生工资收入的影响效应。a_0 表示常数项，ε_i 表示随机扰动项。

由于本书的研究问题是高等教育扩展对微观大学溢价影响，而在模型（6.13）中并没有可以表征微观大学溢价的变量。因此，为了对本书拟研究主题的展开与探讨，需要构建包含表示微观大学溢

[①] 陈林，伍海军. 国内双重差分法的研究现状与潜在问题 [J]. 数量经济技术经济研究，2015（7）：133 – 148.

价相关变量的计量模型。因此，本章借鉴吴要武和赵泉（2010）[①]以及姚先国等（2014）[②] 的方法，在修正模型（6.13）的基础上引入大学学历作为不完美的附加控制组，[③] 以改进修正模型并构建相应的三重差分模型。改进后的修正模型形式具体如下：

$$\ln W_i = b_0 + \beta_1 NEW_{treat} + \beta_2 TEK_{time} + \beta_3 COL + \beta_4 NEW_{treat}$$
$$\times TEK_{time} + \beta_5 NEW_{treat} \times COL + \beta_6 COL \times TEK_{time}$$
$$+ \beta_7 NEW_{treat} \times COL \times TEK_{time} + \sum \gamma_m X_m \sum \lambda_n Z_n + \mu_i$$
$$(6.14)$$

在改进模型（6.14）中，因变量 W_i、分组虚拟变量 NEW_{treat} 与政策时间虚拟变量 TEK_{time} 的定义与前面相同。虚拟变量 COL 表示大学学历的指示变量（姚先国、方昕、钱雪亚，2014），[④] 大学学历赋值为 1，高中学历则赋值为 0。控制变量 X_m 表示样本个体特征方面的相关因素，Z_n 表示外部经济发展的控制变量。β、γ、λ 分别表示各个解释变量与控制变量的待估计系数。b_0 表示常数项，μ_i 表示随机误差项。

2. 数据处理与变量设定

根据本书第 3 章中的机理分析以及第 4 章中的实证检验，高等教育扩展影响大学溢价变动是通过影响劳动力市场均衡而发挥作用的，同时在改进的三重差分模型（6.14）中被解释变量为样本的工资收入。因此，本部分的样本范围限定为已经毕业进入劳动力市场，且具有工资收入的未退休的个体。根据前面测算微观大学溢价过程中基于法定退休年龄的分析，本部分的样本范围为年龄在 22 ~ 50 岁之间具有工资收入的个体。

---

① 吴要武，赵泉. 高校扩招与大学毕业生就业 [J]. 经济研究，2010（9）：93 - 108.

②④ 姚先国，方昕，钱雪亚. 高校扩招对大学毕业生工资的干预效应 [J]. 人口与经济，2014（1）：67 - 79.

③ 在考察高等教育扩展政策影响新毕业生就业与工资收入的过程中，吴要武、赵泉（2010）认为增加大学学历作为不完美控制组，能够改进估计结果，并且使用三重差分模型有望可以得到相对更加完美的政策干预效应。

在对 1989～2011 年历年 CHNS 数据样本选择的基础上，本部分对三重差分模型（6.14）中的各个变量进行指标选取与含义设定。各变量的设定情况，具体如下说明：

（1）被解释变量 W_i，定义为个人年工资收入水平。具体指标为历年 CHNS 问卷中由样本个体填写的个人月工资收入数值乘以 12，计算得到年工资总收入。为了消除因各年物价水平引起的误差，收入数据以 1988 年为基年期使用消费者价格指数（CPI）进行平减处理。同时，为了消除工资收入极端值的扰动，本部分使用统计软件 Stata 12.0 中的 Winsorization 命令对个人年工资收入水平进行了 1% 水平的缩尾处理。

（2）解释变量。NEW_{treat} 表示分组虚拟变量，根据样本年龄进行分组：22～25 岁之间赋值为 1，样本年龄在 32 岁及以上则赋值为 0。TEK_{time} 表示政策时间虚拟变量，2003 年及以后年份的调查数据赋值为 1，在 2003 年之前的调查数据则赋值为 0。COL 表示大学学历水平虚拟变量。当样本个体获得的最高学历水平[①]为大学或大学毕业及以上学历时，表示个体具有大学学历水平，此时 COL 赋值为 1；如果样本获得的最高学历水平为高中毕业、中等技术学校或职业学校毕业，则表示个体具有高中学历水平，此时 COL 赋值为 0。

（3）控制变量，分为样本个体特征与宏观经济发展水平两个方面。样本个体特征方面的控制变量 X_m，主要包括工作经验与工作经验平方项、性别、户口类型、单位类型、地区等影响个人工资收入水平的个体相关因素。其中，工作经验是由样本年龄减去其受教育年限再减去学前年龄得到（侯风云，2005；[②] 梁润，2011；[③] 田

---

① 在 CHNS 问卷中，样本的最高教育程度分为小学毕业、初中毕业、高中毕业、中等技术学校或职业学校毕业、大专或大学毕业、硕士及以上六个选项。
② 侯风云. 中国城镇人力资本收益率研究［J］. 山东大学学报（哲学社会科学版），2005（2）：109－119.
③ 梁润. 中国城乡教育收益率差异与收入差距［J］. 当代经济科学，2011（6）：64－71.

茂茜、虞克明，2013[1]）。其计算公式为：工作经验＝样本年龄－受教育年限－6。其中，本部分对受教育年限的处理方式是根据样本获得的最高学历换算其受教育年限：未受过教育为0年，小学为6年，初中为9年，高中为12年，大学为16年，研究生及以上为19年。在计算获得样本的工作经验数值后，相应得到工作经验平方项。当样本为男性个体时，性别虚拟变量等于1；当样本为女性个体时，性别虚拟变量等于0。户口性质等于1时，表示非农业户口；户口性质等于0，则表示农业户口。单位类型哑变量等于1时，表示样本所在单位为企业单位；如果样本所在单位为非企业单位，则单位类型哑变量赋值为0。地区哑变量根据中国国家统计局的划分方法，包括东部地区、中部地区、西部地区。在历年CHNS数据中，当样本所在省份为北京、辽宁、上海、江苏、山东5个省份时，东部地区虚拟变量取值为1，其他地区则为0；当样本所在省份为黑龙江、河南、湖北、湖南4个省份时，中部地区虚拟变量取值为1，其他地区则为0；当样本所在省份为广西、重庆、贵州3个省份时，西部地区虚拟变量赋值为1，其他地区则赋值为0。

除了个体特征之外，外部因素控制变量Z_n表示影响个人工资收入的宏观经济发展状况，本部分从存量与增量两个维度设置控制变量。其中，经济发展的存量水平，由各地区劳均物质资本存量进行表征。具体根据历年《中国统计年鉴》中各地区全社会固定资产投资总额，测算各省物质资本存量。其中，物质资本存量估算采用永续盘存法（Goldsmith，1951）进行估算，测算公式为：$K_{it} = I_{it} + (1 - \delta_{it})K_{i,t-1}$。公式中$K_{it}$表示地区$i$第$t$期末的物质资本存量，$I_{it}$表示地区$i$第$t$期的新增固定资本投资额经过平减后的实际投资额，$\delta_{it}$表示固定资本经济折旧率。本部分采用固定资本形成总额作为新增固定资本的估算值，同时参照张军等（2004）的处理方法，δ_{it}为各地区取无差异固定资本经济折旧率9.6%。然后，根据历年《中国人口与就业统计年鉴》中各地区年末就业人口数，计算得到各地

---

① 田茂茜，虞克明. 中国城镇居民人力资本收益率性别差异分析——基于贝叶斯分位数回归［J］. 山西财经大学学报，2013（9）：1–10。

区劳均固定资本存量。经济发展的增量水平，则由固定资产实际投资额增长率进行表征。具体根据历年《中国统计年鉴》中各地区全社会固定资产投资总额经过平减后得到实际投资额，计算得到各地区历年的固定资产实际投资额增长率，用以衡量各地区经济发展的增长态势。

经过对 1989～2011 年历年 CHNS 数据处理与变量设定的基础上，模型（6.14）中各变量数据概况，具体如表 6－13 所示。

表 6－13　　　　　　　　　1989～2011 年各变量的数据概况

变量	1989年	1991年	1993年	1997年	2000年	2004年	2006年	2009年	2011年	总体
个人年工资收入平均值（元）	1324	1385	1501	4684	6773	10318	12447	18439	26040	8849
大学学历虚拟变量比例（%）	11.7	11.6	9.2	12.0	17.4	15.0	21.3	25.2	45.6	21.1
工作经验平均值（年）	21.54	21.95	22.14	22.03	22.02	23.01	23.25	23.36	22.64	22.37
性别虚拟变量比例（%）	50.1	49.7	49.9	50.4	50.3	47.9	47.1	47.6	46.4	49.0
户口类型虚拟变量比例（%）	—	—	34.80	37.20	37.50	40.20	39.90	38.00	48.40	39.40
单位类型虚拟变量比例（%）	0	0	10.8	10.5	10.6	30.2	32.8	28.4	22.9	13.9
东部地区虚拟变量比例（%）	36.0	36.1	35.5	23.8	32.1	31.5	31.9	31.5	41.0	33.3

续表

变量	1989年	1991年	1993年	1997年	2000年	2004年	2006年	2009年	2011年	总体
中部地区虚拟变量比例（%）	38.2	38.0	38.5	49.8	43.9	45.6	45.5	45.3	33.5	41.9
西部地区虚拟变量比例（%）	25.8	26.0	26.0	26.4	24.0	22.9	22.6	23.2	25.5	24.8
劳均物质资本存量（千元/人）	3.289	3.657	5.074	10.54	18.1	31.33	45.47	84.87	153.6	37.29
固定资产投资增长率（%）	-6.6	18.2	55.1	12.7	11.4	27.7	23.9	31.3	14.3	19.9
样本数量（人）	6447	6122	5863	6330	6728	5118	4769	4647	5871	51895

6.2.3　模型检验结果

在数据处理的基础上，将 1989~2011 年的 CHNS 数据代入改进的三重差分模型（6.14）中进行回归检验，得到各个变量的实证估计结果。具体如表 6-14 所示。

表 6-14　　　　高等教育扩展影响微观大学溢价变动的回归结果

变量名称	因变量：年总工资收入对数					
	模型（1）		模型（2）		模型（3）	
	系数	t 值	系数	t 值	系数	t 值
大学学历	0.275 ***	6.880	0.247 ***	5.830	0.190 ***	5.260
新毕业生	0.095	1.090	-0.110	-1.280	0.091	1.230
高等教育扩展	1.623 ***	67.77	1.223 ***	52.62	1.021 ***	44.01

续表

变量名称	因变量：年总工资收入对数					
	模型（1）		模型（2）		模型（3）	
	系数	t 值	系数	t 值	系数	t 值
新毕业生×大学学历	0.071	0.670	0.045	0.390	−0.004	−0.040
新毕业生×高等教育扩展	0.268 ***	3.610	0.197 ***	2.800	0.109 *	1.820
大学学历×高等教育扩展	0.336 ***	6.900	0.301 ***	6.190	0.183 ***	4.390
新毕业生×大学学历×高等教育扩展	−0.319 **	−2.390	−0.379 ***	−2.780	−0.192 *	−1.650
工作经验	0.051 ***	3.810	0.010	0.820	0.031 ***	2.910
工作经验平方	−0.001 ***	−2.760	−0.0001	−0.240	−0.001 **	−2.380
性别			0.131 ***	7.230	0.158 ***	10.24
户口类型			0.105 ***	4.010	0.081 ***	3.630
单位类型			−0.013 **	−2.050	−0.016 ***	−2.950
东部地区			0.200 ***	7.780	−0.045 *	−1.880
中部地区			0.037	1.450	0.002	0.080
劳均物质资本存量					0.003 ***	17.80
固定资产投资增长率					−1.597 ***	−29.94
常数项	7.252 ***	51.24	7.893 ***	56.91	8.128 ***	68.29
样本观测量	6722		5609		5609	
P 值	0		0		0	
R 平方值	0.607		0.549		0.671	

注：***、**、*分别表示在0.01、0.05、0.1水平上呈现显著性。模型（1）纵列数据表示未加入控制变量的估计结果，模型（2）纵列表示加入个体特征控制变量后的估计结果，模型（3）表示同时加入个体特征与宏观经济发展等控制变量后的检验结果。

根据在表6-14中各个变量系数的回归结果，可以得出以下发现：

（1）新毕业生与大学学历以及高等教育扩展的三重差分交互

项，在模型（1）、模型（2）、模型（3）中的回归系数均显著小于0。其中，未加入控制变量时系数为 -0.319，说明 1999 年高等教育扩展第一届大学毕业生进入劳动力市场之后，导致新毕业生之间的大学学历相对收益率出现了下降，仅为老毕业生之间大学学历相对收益率的 72.69%（$e^{-0.319}$）。加入个人特征因素控制变量后，高等教育扩展导致新毕业生之间的大学学历相对收益率相对于老毕业生群组下降了 31.55%（$1 - e^{-0.379}$）。加入个体特征控制变量与经济发展水平控制变量后，1999 年高等教育扩展政策导致新毕业生群组之间的大学学历相对收益率为老毕业生群组的 82.53%，也就是高等教育扩展导致新毕业生群组的大学溢价下降了 17.47%。

（2）大学学历与高等教育扩展的交互项，在模型（1）、模型（2）、模型（3）中的估计系数均在 0.01 水平上呈现显著性且均大于 0，说明高等教育扩展之后的大学学历相对收益率相对于扩展之前出现了显著提高。在未加入控制变量时，大学学历与高等教育扩展的交互项系数为 0.336，表示 1999 年的高等教育扩展导致微观大学溢价水平相对于扩展之前增加了 39.93%（$e^{0.336} - 1$）。加入个体特征控制变量控制变量后的估计系数为 0.301，表示高等教育扩展之后的微观大学溢价水平相对于扩展之前提高了 35.12%。由模型（3）估计得到的交互项系数为 0.183，表示 1999 年高等教育扩展的第一届大学毕业生进入劳动力市场之后，导致微观大学溢价水平相对于扩展之前升高了 20.08%。

（3）大学学历虚拟变量的系数在 0.01 水平上显著为正，说明 1989～2011 年微观大学溢价显著存在且均值大于 1。其中，大学学历虚拟变量在未加入控制变量时的系数为 0.275，说明 1989～2011 年的平均微观大学溢价为 1.317（$e^{0.275}$）。加入个体特征控制变量之后估计得到的平均大学溢价为 1.280。当加入个体特征与经济发展水平等控制变量之后，大学学历虚拟变量的估计系数为 0.19，说明 1989～2011 年大学学历相对于高中学历的平均相对收益率为 0.19，也就是在 1989～2011 年的微观大学溢价水平的平均值为 1.209。

　　根据以上基于 1989～2011 年 CHNS 数据对三重差分模型 (6.14) 的实证检验结果，以及对相关变量估计系数的分析，可以归纳总结得到本部分的研究结论：1999 年的高等教育扩展政策实施，导致了年龄在 22～25 岁之间新毕业生群组的大学溢价水平相对于年龄在 32 岁及以上的老毕业生下降了 16.03%，但高等教育扩展并没有降低总体的大学溢价水平，反而呈现出提高微观大学溢价水平的效应。高等教育扩展的第一届大学毕业生在 2003 年进入劳动力市场之后，导致微观大学溢价水平相对于扩展之前提高了 20.08%。同时，在 1989～2011 年，微观大学溢价水平显著存在且平均值为 1.209。

　　由于样本个体之间存在一定的异质性，高等教育扩展对微观大学溢价的影响在不同样本群体之间也存在不同。因此，本部分基于样本个体工资收入水平的不同，分析高等教育扩展对不同收入分位群组微观大学溢价水平的影响差异，以及随着收入水平分位的不同所表现出来的效应规律。具体来讲，本部分使用 1989～2011 年的 CHNS 混合横截面数据，对三重差分模型（6.14）进行分位数回归。其中，模型（1）表示未加入控制变量，模型（2）表示加入个体特征控制变量，模型（3）表示同时加入个体特征与宏观经济发展两方面的控制变量。基于三重差分模型，实证检验高等教育扩展对微观大学溢价水平影响的分位数估计结果，具体如表 6 - 15 所示。

　　由表 6 - 15 中的分位数回归结果，可以得出高等教育扩展影响不同收入分位群组大学溢价水平变动的效应差异：（1）三重差分交互项系数的变动表现为：在未加入控制变量时，高等教育扩展对新毕业生群组的大学学历相对收益率的缩减作用显著表现在 10% 分位与 60% 分位上；加入个体特征控制变量后，高等教育扩展导致新毕业生群组大学学历相对收益率的下降，主要在 10%～40% 分位上具有显著性；同时加入个体特征与宏观经济发展状况控制变量后，高等教育扩展仅对 10% 分位上新毕业生群组大学学历相对收益率产生

表6-15　高等教育扩展影响微观大学溢价变动的分位数回归结果

模型（1）	10%分位	20%分位	30%分位	40%分位	50%分位	60%分位	70%分位	80%分位	90%分位
大学学历	0.205*** (6.46)	0.224*** (5.86)	0.198*** (4.2)	0.261** (2.03)	0.346*** (2.78)	0.302*** (3.71)	0.332*** (7.24)	0.371*** (5.19)	0.251*** (5.37)
新毕业生×大学学历	-0.006 (-0.06)	0.033 (0.39)	0.047 (0.27)	0.234 (0.67)	0.183 (0.56)	0.182 (0.83)	-0.046 (-0.28)	-0.316** (-2.07)	-0.097 (-0.6)
新毕业生×高等教育扩展	0.258** (2.45)	0.174** (2.01)	0.352*** (4.21)	0.506*** (5.3)	0.417*** (3.09)	0.278** (2.09)	0.198* (1.89)	0.145 (1.31)	-0.251** (-2.36)
大学学历×高等教育扩展	0.400*** (7.6)	0.346*** (6.84)	0.474*** (8.85)	0.417*** (3.24)	0.323* (2.54)	0.320*** (3.51)	0.237*** (4.11)	0.114 (1.42)	0.260*** (3.73)
新毕业生×大学学历×高等教育扩展	-0.274* (-1.79)	-0.141 (-1.12)	-0.31 (-1.63)	-0.535 (-1.47)	-0.462 (-1.38)	-0.438* (-1.9)	-0.205 (-1.11)	-0.032 (-0.17)	-0.008 (-0.04)
模型（2）	**10%分位**	**20%分位**	**30%分位**	**40%分位**	**50%分位**	**60%分位**	**70%分位**	**80%分位**	**90%分位**
大学学历	0.186*** (2.76)	0.234** (2.37)	0.225** (2.21)	0.290*** (4.43)	0.273*** (5.24)	0.307*** (6.87)	0.330*** (7.15)	0.290*** (7.06)	0.219*** (4.21)
新毕业生×大学学历	0.082 (0.33)	0.399 (1.48)	0.317 (1.4)	0.007 (0.05)	-0.067 (-0.46)	-0.173 (-1.05)	-0.103 (-0.68)	-0.214* (-1.84)	-0.213 (-0.78)
新毕业生×高等教育扩展	0.329*** (3.58)	0.339** (2.19)	0.325** (2.4)	0.251** (2.18)	0.202** (2.25)	0.135 (1.45)	0.071 (0.73)	0.082 (0.96)	0.008 (0.09)

续表

	10%分位	20%分位	30%分位	40%分位	50%分位	60%分位	70%分位	80%分位	90%分位
模型（2）									
大学学历×高等教育扩展	0.377*** (4.89)	0.308*** (2.89)	0.364*** (3.44)	0.349*** (4.87)	0.333*** (5.45)	0.266*** (5.09)	0.190*** (3.49)	0.221*** (4.49)	0.297*** (4.21)
新毕业生×大学学历×高等教育扩展	-0.479* (-1.79)	-0.672** (-2.33)	-0.719*** (-2.92)	-0.404** (-2.22)	-0.233 (-1.39)	-0.159 (-0.9)	-0.202 (-1.15)	-0.213 (-1.41)	-0.125 (-0.43)
	10%分位	20%分位	30%分位	40%分位	50%分位	60%分位	70%分位	80%分位	90%分位
模型（3）									
大学学历	0.097 (1.41)	0.160*** (2.69)	0.215*** (3.71)	0.201*** (4.35)	0.221*** (5.26)	0.267*** (6.05)	0.303*** (6.44)	0.249*** (5.92)	0.168*** (3.64)
新毕业生×大学学历	0.027 (0.18)	-0.094 (-0.68)	-0.047 (-0.28)	-0.033 (-0.23)	-0.074 (-0.59)	-0.129 (-1.14)	-0.205 (-1.56)	-0.067 (-0.41)	-0.054 (-0.24)
新毕业生×高等教育扩展	0.251** (2.53)	0.118 (1.21)	0.187*** (2.21)	0.141* (1.87)	0.093 (1.47)	0.009 (0.16)	-0.065 (-0.91)	-0.106 (-1.3)	0.006 (0.06)
大学学历×高等教育扩展	0.275*** (3.59)	0.245*** (3.85)	0.196*** (3.15)	0.193*** (3.64)	0.192*** (4.08)	0.143*** (2.84)	0.088* (1.74)	0.107* (2.3)	0.159*** (3)
新毕业生×大学学历×高等教育扩展	-0.331* (-1.95)	-0.122 (-0.68)	-0.154 (-0.82)	-0.198 (-1.24)	-0.111 (-0.8)	0.0001 (0)	0.135 (0.9)	-0.027 (-0.16)	-0.236 (-0.99)

注：***、**、* 分别表示在 0.01、0.05、0.1 水平上呈现显著性。括号内表示其 t 检验值。限于篇幅，表中仅保留了主要变量的系数估计结果。

显著下降的影响作用。三重差分交互项系数在不同分位数上的估计结果，表明 1999 年高等教育扩展缩减年龄在 22～25 岁之间新毕业生群组大学溢价的效应主要体现在低收入分位上，也就是说高等教育扩展主要导致了低收入分位上新毕业生群组的大学溢价出现显著下降。（2）大学学历虚拟变量与高等教育扩展虚拟变量交互项的系数均大于 0，在未加入控制变量时除 80% 分位不显著外，在其余分位上均具有 0.01 水平的显著性，并且系数值在总体上随分位数增加而有所下降；加入个体特征控制变量时，各分位均在 0.01 水平上呈现显著性，系数值随分位数增加而逐渐减小；同时加入个体特征与宏观经济发展状况控制变量后，各分位上系数均具有显著性且系数值随分位数增加而下降。说明 1999 年高等教育扩展导致总体大学溢价水平的上升程度，随着分位数增加而呈现出降低的趋势。

根据高等教育扩展对不同收入分位群组大学溢价水平变动的影响，本章研究发现 1999 年高等教育扩展对新毕业生群组大学溢价的缩减效应主要体现在低收入分位上，也就是说高等教育扩展主要导致了低收入分位上新毕业生群组的微观大学溢价出现显著下降。同时，高等教育扩展导致了各收入分位上总体大学溢价水平的提高，并且提增效应的程度呈现出随着分位数增加而逐渐降低的趋势。也就是说，高等教育扩展虽然导致了低收入新毕业生群体大学溢价的显著下降，但总体样本的大学溢价仍然显著大于 1，并且高等教育扩展对总体样本的微观大学溢价具有显著的扩增效应，尤其是对低收入群体大学溢价的扩大程度相对更高。

6.2.4 稳健性检验

为了检验高等教育扩展影响微观大学溢价水平变动的实证结果是否稳健，本部分选择使用替换被解释变量的方式对三重差分模型（6.14）重新进行回归，并将稳健性检验结果与原实证检验结果进行比较。

　　本部分选择使用的被解释变量为样本个体年总收入水平的对数。因变量的具体设定为 CHNS 数据中个人年总工资收入与年将近总数的加和，然后取对数。解释变量以及控制变量的设定同前面实证检验部分相同。之后，将模型（6.14）中的被解释变量由年总工资收入对数替换为年总收入对数，并对各个变量的系数进行估计。所得到的回归结果，具体如表 6-16 所示。

表 6-16　　　　高等教育扩展影响微观大学溢价变动的稳健性检验

变量名称	因变量：年总收入对数					
	模型（1）		模型（2）		模型（3）	
	系数	t 值	系数	t 值	系数	t 值
大学学历	0.281 ***	6.280	0.334 ***	6.810	0.267 ***	6.380
新毕业生	0.078	0.690	-0.167	-1.460	0.099	1.010
高等教育扩展	1.675 ***	50.23	1.269 ***	39.50	1.057 ***	33.48
新毕业生×大学学历	-0.073	-0.550	-0.072	-0.470	-0.133	-1.020
新毕业生×高等教育扩展	0.253 **	2.250	0.220 **	2.080	0.105	1.170
大学学历×高等教育扩展	0.331 ***	5.540	0.222 ***	3.700	0.095 *	1.840
新毕业生×大学学历×高等教育扩展	-0.377 **	-2.080	-0.478 ***	-2.580	-0.245	-1.550
工作经验	0.029 *	1.690	-0.013	-0.760	0.016	1.100
工作经验平方	-0.0003	-0.700	0.001	1.510	-0.0001	-0.430
性别			0.081 ***	3.300	0.113 ***	5.350
户口类型			0.008	0.190	0.036	0.980
单位类型			-0.015	-1.240	-0.021 **	-2.010
东部地区			0.286 ***	8.560	0.037	1.150
中部地区			0.054	1.620	0.014	0.500
劳均物质资本存量					0.003 ***	12.09

变量名称	因变量：年总收入对数					
	模型（1）		模型（2）		模型（3）	
	系数	t 值	系数	t 值	系数	t 值
固定资产投资增长率					−1.581 ***	−22.97
常数项	7.596 ***	41.33	8.302 ***	44.36	8.434 ***	52.64
样本观测量	3815		3011		3011	
P 值	0		0		0	
R 平方值	0.620		0.583		0.697	

注：*** 、** 、* 分别表示在 0.01、0.05、0.1 水平上呈现显著性。模型（1）纵列数据表示未加入控制变量的估计结果，模型（2）纵列表示加入个体特征控制变量后的估计结果，模型（3）表示同时加入个体特征与宏观经济发展等控制变量后的检验结果。

通过将表 6-16 中的估计结果与表 6-14 中的实证检验结果进行比对，可以得出：由于年总收入相对于年工资收入对劳动力市场均衡变动的反应迟滞，高等教育扩展影响微观大学溢价变动的相关变量，其估计系数并不如实证检验结果显著。但是，总体上替换被解释变量之后，各个变量的系数符号与显著性以及系数大小基本上同实证检验结果相一致。

因此，基于稳健性检验结果的比对与分析，本章使用三重差分模型（6.14）回归得到的实证检验结果（如表 6-14 所示）具有良好的稳健性。

6.3 本章小结

首先，本部分根据第 2 章中的文献梳理，基于明瑟工资方程比较分析了现有研究获得不同学历水平之间相对收益率的方法，同时根据古扎拉蒂（2010）的分析，将微观大学溢价的衡量指标界定为学历水平虚拟变量估计系数的反自然对数，用此表征大学学历与高中学历之间明瑟收益率的比值形式。

然后，本章为了克服个人能力偏误与样本选择偏差以提高微观大学溢价水平的测算精度，选择使用 CGSS 数据测算了 2003～2013 年的各年微观大学溢价水平。根据基本明瑟方程模型的检验结果，发现大学学历对个人收入水平具有正向促进作用，并且在 0.01 水平上呈现显著性。在 2003 年具有大学学历的劳动者其个人收入水平相对于高中学历劳动者，要高出 75.4%，在 2005 年、2006 年、2008 年、2010 年、2011 年、2012 年、2013 年，其个人收入水平相对于高中学历劳动者分别要高出 77.7%、65.5%、66.0%、98.8%、61.6%、74.7%、53.3%。根据扩展明瑟方程模型的回归结果，在 2003～2013 年大学学历的劳动者，其个人年总收入相对高中学历劳动者要分别高出 47.0%、55.7%、43.9%、45.9%、64.4%、44.2%、53.4%、32.4%。综合以上基本明瑟方程模型与扩展明瑟方程模型的回归结果，本章研究发现：大学学历对个人年总收入具有显著的促进作用，而且大学学历劳动者的个人收入水平相对于高中学历劳动者要高出 32.4%～98.8% 之间。同时，大学学历相对收益的显著存在，也实证证明了选择上大学、接受高等教育是一项相对收益丰厚的人力资本投资行为。

由于在劳动力市场中，劳动者个体的劳动参与存在内生选择问题。样本的自我选择会产生偶然断尾进而可能导致 OLS 参数估计值偏误。因此，为了解决样本选择偏差问题，本章采用目前最为常使用的方法是 Heckman 两阶段估计法，以纠正样本选择偏差。根据 Heckman 两阶段估计法的原理与方法要求，本章选择使用年龄与健康状况作为识别变量，并基于明瑟方程模型构建 Heckman 两阶段估计模型。经过对 2003～2013 年各年度 CGSS 数据进行 Heckman 两阶段估计，根据两阶段估计检验结果得出：在 2003～2013 年，使用基本明瑟方程模型进行回归分析时，2010 年与 2012 年两个年份存在样本选择偏差，说明在此两个年份的回归中需要采用 Heckman 两阶段估计结果以纠正 OLS 估计时所产生系数估计偏误。而使用扩展明瑟方程模型进行回归分析时，在 2003～2013 年各个年份均不存在样本选择偏差，说明使用 OLS 估计法回归分析扩展明瑟方程模型所估计得到的各个变量系数是无偏的。因此，综合两种估计方法的实证检验结果，本章分析了我国微观大学溢价在 2003～2013 年总体上呈现出增长与降低相间的波动趋势。本部分以收入水平作为群体划分维度，使用分位数回归分析，发现收入水平分位数越高，大学溢价反而越低，不同收入群组大学溢价的变动与总体保持着基本相同的波动趋势。因此，综合 2003～2013 年我国微观大学溢价在总体、不同分位数上的测算与分析，可以得出以下研究发现：我国微观大学溢价在高等教育扩展之后，并没有出现单调递减的线性下降，而是在总体上呈现增长与降低相间变化的波动趋势。这种波动变化趋势，在一定程度上也说明了我国高等教育扩展政策实施之后，并没有导致微观大学溢价的持续降低。

之后，本章使用分析政策效应的双重差分模型工具，并根据"干预—控制"框架的数据要求选择 1989～2011 年 CHNS 数据组合构建混合横截面数据。根据本书第 3 章中高等教育扩展影响大学溢价的机理分析与实证检验，本章采用吴要武和赵泉（2010）以及姚先国等（2014）在研究高等教育扩展政策影响大学生就业与工资收入的过程中所使用的模型构建思想与方法，将毕业后 3 年以内的大学毕业生，即年龄在 22～25 岁之间的样本定义为新毕业生，作为高等教育扩展政策的处理组；而将毕业后 10 年及以上的大学毕业生，即年龄在 32 岁及以上的样本定义为老毕业生，作为高等教育扩展政策的控制组。将 1999 年高等教育扩展政策实施后第一届大学生进入劳动力市场的时间，也就是 2003 年作为政策时间虚拟变量的分界点，构建修正的双重差分模型。由于本书的研究主题的需要，本章同样借鉴吴要武和赵泉（2010）以及姚先国等（2014）的方法，在修正模型的基础上引入大学学历作为不完美的附加控制组，以得到改进的三重差分模型。通过将 1989～2011 年的 CHNS 数据代入改进的三重差分模型中进行回归检验，本章研究发现：（1）新毕业生与大学学历以及高等教育扩展的三重差分交互项的回归系数均显著小于 0。在加入个体特征控制变量与经济发展水平控制变量后，1999 年高等教育扩展政策导致新毕业生群组之间的大学学历相对收益率相对于老毕业生群组有所下降，具体来讲就是高等教育扩展导致新毕业生群组的大学溢价下降了 17.47%。(2) 大学学历与高等教育扩展的交互项的估计系数均在 0.01 水平上呈现显著性且均大于 0，说明高等教育扩展之后的大学学历相对收益率相对于扩展之前出现了显著提高。在加入个体特征与宏观经济发展水平控制变量后，1999 年高等教育扩展的第一届大学毕业生进入劳动力市场之后，导致微观总体大学溢价水平相对于扩展之前升高了20.08%。(3) 1989 ~ 2011 年微观大学溢价显著存在且均值大于1。当加入个体特征与经济发展水平等控制变量之后，1989 ~2011 年大学学历相对于高中学历的平均相对收益率为 0.19，也就是在 1989 ~ 2011 年的微观大学溢价水平的平均值为 1.209。

因此，根据 1989 ~ 2011 年 CHNS 数据对三重差分模型的实证检验结果，本部分的研究结论是：1999 年的高等教育扩展政策实施，导致了年龄在 22 ~ 25 岁之间新毕业生群组的大学溢价水平相对于年龄在 32 岁及以上的老毕业生下降了 16.03%，但高等教育扩展并没有降低总体的大学溢价水平，反而呈现出提高微观大学溢价水平的效应。高等教育扩展的第一届大学毕业生在 2003 年进入劳动力市场之后，导致微观大学溢价水平相对于扩展之前提高了20.08%。同时，在 1989 ~ 2011 年，微观大学溢价水平显著存在且平均值为 1.209。

根据分位数回归结果，本章估计了高等教育扩展影响不同收入分位群组大学溢价水平变动的效应差异：1999 年高等教育扩展对新毕业生群组大学溢价的缩减效应主要体现在低收入分位上，也就是说高等教育扩展主要导致了低收入分位上新毕业生群组的微观大学溢价出现显著下降。同时，高等教育扩展导致了各收入分位上总体大学溢价水平的提高，并且提增效应的程度呈现出随着分位数增加而逐渐降低的趋势。也就是说，高等教育扩展虽然导致了低收入新毕业生群体大学溢价的显著下降，但总体样本的大学溢价仍然显著大于 1，并且高等教育扩展对总体样本的微观大学溢价具有显著的扩增效应，尤其是对低收入群体大学溢价的扩大程度相对更高。

　　最后，本章将三重差分模型中的被解释变量由年总工资收入对数替换为年总收入对数，重新进行回归并将稳健性检验结果与元实证检验结果进行比较，得出替换被解释变量之后各个变量的系数符号与显著性以及系数大小基本上同实证检验结果相一致。说明本章使用三重差分模型回归得到的实证检验结果具有良好的稳健性。

第 7 章

研究结论与对策建议

7.1 研究结论

　　本书从宏观与微观两个层面，对我国高等教育扩展影响大学溢价变动的具体效应进行了实证研究。在宏观层面实证检验中，本书分别从高等教育规模扩展与高等教育经费投入扩展两个维度，使用我国 31 个省份的省级面板数据实证检验了总体数量规模对大学溢价变动的 D－S 分渠道效应与综合净效应。之后，使用随机前沿分析法估计了高等教育经费投入与人力资本积累间的数量关系，同时从高等教育经费投入总量结构与层级结构两个方面实证检验高等教育经费投入扩展对大学溢价变动的影响效应。在微观层面实证检验中，本书首先使用 2003 ~ 2013 年的 CGSS 微观个体数据，通过明瑟工资决定方程模型估计大学学历与高中学历之间的教育收益率，进而测算出我国历年微观大学溢价及其变动趋势。然后，根据"干预—控制"框架的原理与双重差分模型思想构建了与研究主题相匹配的改进三重差分模型，并使用 1989 ~ 2011 年的 CHNS 数据实证检验了高等教育扩展对微观大学溢价水平的政策效应。

　　根据以上宏观与微观两个层面的实证检验结果，本书得出的主要研究结论可以归纳总结为以下三个方面：（1）我国高等教育扩展并没有持续缩减大学溢价，反而扩大了大学溢价水平；（2）公共经费投入可显著增加技能劳动力相对供给而降低大学溢价，私人经费投入则相反；（3）我国大学溢价水平随着个人收入分位群组的升高呈现出逐渐降低的趋势。本书基于实证检验所归纳得出的研究结论，具体如下面阐述。

7.1.1 我国高等教育扩展并没有持续缩减大学溢价，反而扩大了大学溢价水平

基于第 3 章对高等教育扩展影响大学溢价的机理分析以及多部门经济均衡模型的推导，本书在第 4 章中使用 2004～2010 年我国 31 个省份的省级面板数据，回归估计了高等教育扩展影响大学溢价的具体效应。根据实证检验结果以及稳健性检验结果，本书验证了第 3 章中高等教育扩展影响大学溢价的传导路径：高等教育扩展→技能劳动相对供需框架→大学溢价是成立的。同时，本书得出在技能劳动相对供需框架中，我国高等教育扩展对大学溢价的相对需求渠道效应大于相对供给渠道效应，因而在宏观层面上我国高等教育扩展并没有降低大学学历的相对收益，而是提高了大学溢价水平，并且扩增程度呈现出逐年增大的趋势。第 6 章的微观层面回归检验结果，进一步印证了第 4 章的宏观层面实证结果。在"干预—控制"框架下，本书通过构建三重差分模型并使用 1989～2011 年 CHNS 数据，实证分析了高等教育扩展影响微观大学溢价变动的政策效应。根据三重差分模型的实证检验结果，本书得出：1999 年的高等教育扩展政策实施，导致了年龄在 22～25 岁之间新毕业生群组的大学溢价水平相对于年龄在 32 岁及以上的老毕业生下降了 16.03%，但高等教育扩展并没有降低总体的大学溢价水平，反而导致微观大学溢价水平相对于扩展之前提高了 20.08%。同时，在 1989～2011 年，微观大学溢价水平显著存在且平均值为 1.209。此外，综合 Heckman 两阶段估计与 OLS 估计的检验结果，

本书研究发现我国微观大学溢价在 2003～2013 年并没有出现持续的单调线性递减，而是在总体上呈现出增长与降低相间的波动趋势。

综合以上宏观与微观两个层面实证检验结果，本书证明了我国高等教育扩展并没有导致大学溢价的持续降低，并且总体上高等教育扩展并没有降低大学溢价，反而扩大了大学溢价水平。此实证结论在一定程度上也证明了"读书无用论""大学无用论"的问题根源并不是由高等教育规模扩展引起的。

7.1.2 公共经费投入可显著增加技能劳动力相对供给且降低大学溢价，私人经费投入则相反

在第 5 章中，本书使用我国 31 个省份 1998～2011 年的省级面板数据，对我国高等教育的人力资本积累效率进行了随机前沿分析。根据 SFA 估计结果，本书研究发现：高等教育公共经费投入与私人经费投入的要素产出弹性分别为 0.433、0.177，说明我国高等教育人力资本积累仍然是依靠公共经费投入提供主要驱动力量，也就是说公共经费投入相对于私人经费投入可以更为显著地增加技能劳动力的相对供给。同时，本书根据高等教育部门生产函数与大学溢价决定方程，构建了高等教育经费投入扩展影响大学溢价的面板回归模型，并使用我国 31 个省份的省级面板数据进行了实证检验。回归结果显示，我国高等教育经费投入扩展影响大学溢价的效应表现为：公共经费投入对大学溢价具有显著的缩减作用，而私人经费投入则对大学溢价具有显著的扩大作用，并且在中西部地区的影响程度相对于东部地区均更加显著。从高等教育经费投入结构的角度进行考察，本书发现我国高等教育经费投入扩展对大学溢价的影响效应主要是通过地方属高校与高职高专院校发挥作用的，而中央属高校与高等本科院校的影响作用相对偏小或不显著。

因此，综合以上实证检验结果，高等教育公共经费投入由于是

提高高等教育人力资本积累效率的主要因素，可以显著增加技能劳动力相对供给，并且其通过技能劳动相对供需框架对大学溢价具有缩减效应；而私人教育经费投入则对技能劳动力相对供给的促进作用相对较小，并且对大学溢价呈现出扩大效应。

7.1.3 我国大学溢价水平随着个人收入分位群组的升高呈现出逐渐降低的趋势

在第 6 章中，为了克服个人能力偏误与样本选择偏差以提高微观大学溢价水平的测算精度，本书选择使用 CGSS 数据测算了 2003 ~ 2013 年的各年微观大学溢价水平及其变动趋势。根据基本明瑟方程模型的检验结果，发现在 2003 ~ 2013 年大学学历对个人收入水平具有正向促进作用，在 2003 年具有大学学历的劳动者其个人收入水平相对于高中学历劳动者，要高出 75.4%，在 2005 年、2006 年、2008 年、2010 年、2011 年、2012 年、2013 年，其个人收入水平相对于高中学历劳动者分别要高出 77.7%、65.5%、66.0%、98.8%、61.6%、74.7%、53.3%。根据扩展明瑟方程模型的回归结果，在 2003 ~ 2013 年期间大学学历的劳动者，其个人年总收入相对高中学历劳动者要分别高出 47.0%、55.7%、43.9%、45.9%、64.4%、44.2%、53.4%、32.4%。明瑟方程模型的回归结果，表明大学学历对个人年总收入具有显著的促进作用，而且大学学历劳动者的个人收入水平相对于高中学历劳动者要高出 32.4% 以上。同时，本书以收入水平作为群体划分维度进行了分位数回归分析，发现大学溢价在 10% 分位处于最高水平，25% 分位有所降低但仍显著高于 75% 分位，90% 分位的大学溢价水平最低。也就是说，大学溢价在低收入分位显著大于高收入分位，收入水平分位数越高，大学溢价反而越低。即大学溢价水平随着收入水平分位数的升高而逐渐减小。

基于以上大学溢价水平的测算，大学学历相对收益率的显著存在实证证明了选择上大学、接受高等教育是一项相对收益丰厚的人力资本投资行为。并且，大学溢价随收入分位群组的升高而减小的分布规律，表明接受高等教育，获得大学学历将更加有利于中低收入人群实现收入水平的增加。同时，这也在一定程度上证明了高等教育有利于促进社会公平、增加居民收入以及消减贫困的功能。

7.2　对策建议

基于研究主题，本书从大学溢价的视角探讨实证检验结果与主要研究结论中的政策意涵，为我国高等教育扩展的未来发展与改革提出以下若干方面的研究参考与政策建议。

7.2.1　继续实施高等教育规模扩展，增加技能劳动力相对供给

本书实证证明了高等教育扩展对大学溢价具有扩大作用，并不会导致大学学历相对收益的持续降低。所以，继续扩大高等教育招生规模（吴要武、赵泉，2010），可以打消由于高等教育规模扩展导致大学溢价大幅缩减，进而产生诸如"大学无用论"等认知偏差，最终阻碍高等教育长远发展的政策顾虑。同时，根据教育部《国家中长期教育改革和发展规划纲要（2010～2020年）》的要求：到2020年我国高等教育大众化水平进一步提高，毛入学率达到40%；[①] 新增劳动力平均受教育年限从12.4年提高到13.5年；主要劳动年龄人口中受过高等教育的比例达到20%。为了实现与达成《国家中长期教育改革和发展规划纲要（2010～2020年）》中所制定的高等教育扩展目标，就必须不断扩大高等教育规模，继续实施高等教育规模扩展也成为高等教育现实发展过程中的必然选择。此

---

① 根据教育部公布的《2015年全国教育事业发展统计公报》数据，我国高等教育毛入学率在2015年已经达到了40%。那么，在此后的发展过程中，我国高等教育毛入学率将逐步向50%的目标进步，届时我国将进入高等教育普及化阶段。

外，根据技能劳动力相对供给可以显著促进技能偏态型技术进步的检验结果，继续实施高等教育规模扩展将会增加技能劳动力的相对供给，不仅可以促进我国技术进步水平（华萍，2005），[①] 还将有利于深化我国技术进步与技能劳动力之间的互补进而形成技能偏态型技术进步，并且有助于推动我国经济发展动力从要素驱动、投资驱动向创新驱动的转变。

7.2.2 均衡地区间高等教育发展，扩大中西部地区高等教育招生数

本书的实证结果表明，高等教育规模扩展扩大大学溢价的影响程度，中西部地区高于东部地区。也就是说，提高中西部地区高等教育招生数规模，对本地区大学溢价水平的提升程度要高于东部地区，将对本地区高等教育发展产生更加有力的社会激励效应。但是，由于历史原因以及各地区经济发展水平的差异，我国高等教育资源的地区分布具有显著的不均衡特征：大部分的优质高等教育资源集中在东部地区，而中西部地区高等教育发展则相对薄弱。为了促进地区间高等教育的均衡发展，突破点在于增强中西部地区高等教育的建设与发展。首先，需要中央政府与东部经济发达地区综合运用纵向转移支付、横向转移支付等方式，均衡地区间财力差距，支持中西部地区不断提高教育经费投入，提高高等教育的均衡发展水平。同时，深入实施《中西部高等教育振兴计划（2012～2020年）》，增加中西部地区学生高等教育招生数，特别是不断提高中西部地区农村学生生源的录取比重。通过以上旨在均衡地区间高等教育发展的措施，不仅有利于减小地区间高等教育不均衡程度，增进地区间高等教育教育公平，还将有利于缩小地区间收入

① 华萍. 不同教育水平对全要素生产率增长的影响——来自中国省份的实证研究 [J]. 经济学（季刊），2005（1）：147–165.

差距（马丁·卡诺依等，2013；① 马磊，2015②）。

7.2.3 继续高等教育公共经费的主体投入，适度增加高等教育私人经费投入比例

　　根据本书分析，高等教育是具有一定外部效应的准公共产品，因此公共财政经费投入应承担主体责任。随着高等教育规模扩展的快速发展，高等教育经费压力也在不断加剧，我国高等教育经费投入来源正逐渐向多元化方向发展，积极拓展经费来源渠道的构成。但是，公共教育经费投入依然是高等教育发展的主要资金来源，在未来高等教育发展过程中，公共财政经费投入比例仍然需要不断提高（岳昌君，2011），③ 继续发挥主体作用，才能有力地保障高等教育的经费需求。同时，高等教育私人教育经费投入可以有效地补充公共经费投入不足的状况，减缓高等教育经费供求之间的紧张程度。因此，在保持高等教育公共经费投入的主体地位的同时，适度增加私人经费投入的比例。但是，从高等教育发展所追求的公平目标考虑，高等教育私人经费投入的持续上升，将不利于中低收入家庭。因为不同收入水平的家庭，其经济承受能力是存在差异的，学费水平过高将会限制中低收入家庭的教育需求，减小中低收入家庭接受高等教育的可及度，进而导致教育机会不平等。因此，为了兼顾经费筹措与教育公平，应在增加高等教育公共经费投入比例的同时，适度提高大学学费上涨，并适当降低中低收入群体的高等教育私人经费投入比例（马磊，2017）。④

---

　　① 马丁·卡诺依，罗朴尚，格雷戈里·安卓希查克. 知识经济中高等教育扩张是否促进了收入分配平等化——来自金砖国家的经验 [J]. 北京大学教育评论，2013（2）：64 – 83.

　　② 马磊. 高等教育财政投入影响技能溢价的机理分析——基于技能劳动相对供需框架的视角 [J]. 经济问题探索，2015（9）：32 – 40.

　　③ 岳昌君. 高等教育经费供给与需求的国际比较研究 [J]. 北京大学教育评论，2011（3）：92 – 104.

　　④ 马磊. 我国高等教育人力资本积累效率的随机前沿分析 [J]. 黑龙江高教研究，2017（4）：75 – 79.

7.2.4　完善大学生资助政策体系，保障高等教育 对中低收入家庭的反贫困功能

本书研究发现接受高等教育，获得大学学历将更加有利于中低收入人群实现收入水平的增加。因此，高等教育扩展将有利于增加中低收入人群的收入水平，发挥消减贫困的功能。但是，在高等教育扩展过程中，学费成本会产生一定幅度的上涨，中低收入家庭将会由于经济压力与融资约束而难以获得高等教育的增收减贫效应，最终导致高等教育扩招政策更加有利于高收入家庭。这种政策选择效应不仅损害了社会公平，同时还可能加剧社会阶层固化与贫困代际传递等社会问题，产生"马太效应"并循环叠加。因此，为了高等教育扩展过程中可能发生的人群选择，减弱"马太效应"的影响，在控制大学学费上涨的同时还要配套更加丰富完善的大学生资助政策体系。根据教育部《国家学生资助政策体系简介（2016）》，我国在本专科生教育阶段已经建立了包括国家奖助学金、国家助学贷款、学费补偿贷款代偿、校内奖助学金、勤工助学、困难补助、伙食补贴、学费减免、"绿色通道"等多种方式的混合资助体系。在高等教育国家资助政策实施过程中，应进一步扩大对贫困大学生的资助覆盖面（范先佐，2010；[①] 王红等，2011[②]），通过"奖、贷、助、减、免"等混合手段支持与资助中低收入家庭的大学生，促进高等教育在家庭层面的公平，保障高等教育对中低收入家庭的增加收入以及反贫困功能。

---

① 范先佐. 我国学生资助制度的回顾与反思 [J]. 华中师范大学学报（人文社会科学版），2010（6）：123－132.

② 王红，陈纯槿，童宏保. 高校学生资助制度对高等教育公平的影响 [J]. 中国高教研究，2011（9）：74－78.

7.2.5 推进高等教育"双一流"建设，提升高等教育质量与人力资本积累效率

本书在测算我国高等教育人力资本积累效率的过程中，发现高等教育部门的技术效率呈现衰退趋势。为了提高高等教育部门的技术效率，必须在高等教育规模扩展的同时注重高等教育质量发展，从注重速度和规模的外向式发展转向更多地注重质量的内涵式发展（何亦名，2009），[①] 以增强高等教育培育与优化人力资本水平的能力。2015 年 10 月，国务院发布了《统筹推进世界一流大学和一流学科建设总体方案》。在高等教育"双一流"建设总体方案中，明确提出为了支撑创新驱动发展战略、服务经济社会发展为导向，我国必须加快建成一批世界一流大学和一流学科，提升我国高等教育综合实力和国际竞争力。同时，深化产教融合，将一流大学和一流学科建设与推动经济社会发展紧密结合，着力提高高校对产业转型升级的贡献率，增强高校创新资源对经济社会发展的驱动力。由于"双一流"建设更加注重学校内部的特色学科发展，因而对高等教育院校发展具有多样化导向作用。学科与学校的多样化发展，将有利于不同学校之间形成大学生劳动力的差异化供给，大幅改变大学毕业生在劳动力市场中的同质化竞争状况（袁晖光、谢作诗，2010），[②] 进而提高大学毕业生的就业质量。因此，推进高等教育"双一流"建设，不仅有利于提高高等教育质量，促进大学生就业，同时将从根本上提升我国高等教育部门的人力资本积累效率。

此外，从教育体系的衔接维度考虑，高等教育扩展以及质量提升需要中等教育的铺垫与筑基。因此，在理念上应将能力培养环节由高等教育阶段下放到中等教育与初等教育阶段，高等教育阶段重

---

① 何亦名. 教育扩张下教育收益率变化的实证分析 [J]. 中国人口科学，2009 (2)：44-54.

② 袁晖光，谢作诗. 高校扩招后大学生就业和相对工资调整检验研究 [J]. 教育研究，2012 (3)：27-34.

点集中在专业技能的培养与深化；在财政政策上应加大对中等教育、初等教育的财政经费投入，逐步扭转我国公共教育经费在三级教育分配格局中重高等教育、轻初等教育的倒挂现象。根据本书第2章中对大学溢价效应相关文献的梳理，本书发现大学溢价对大学学历劳动者与高中学历劳动者之间的工资收入差距会产生持续的扩大效应。因此，在促进大学溢价适度扩大的同时，还需采取一定措施预防大学溢价的负面效应，例如不同学历水平劳动者之间收入分配差距急剧拉大，劳动力市场的就业极化与收入分布极化现象，以及因高等教育扩展导致厂商对非大学生劳动者的市场歧视程度加剧（徐舒，2010）[①] 等隐忧。针对这些可能发生的问题，除了采取上述政策建议之外，还需要综合多种制度措施协同应对，比如加强对高中学历劳动者的在职培训，大力发展高等职业技术教育与院校，强化对低学历从业人员的最低工资保障制度等。

7.3 未来研究展望

在未来研究中，首先要有针对性地完善本书的研究不足之处。同时，由于研究主题限制，本书对一些相关问题并未详细展开分析，在未来研究中需要相应拓展与探讨。未来研究的展望方向主要包括：大学生群体更多的异质性划分，高等教育扩展对入学机会的差异化影响及其收入分配效应，以及大学溢价变动对微观个体教育决策行为的影响。关于本书的未来研究展望，具体如下述三个方面。

（1）人力资本异质性是本书的理论基础之一，本书将其与劳动力市场供需均衡理论相结合，阐述分析了大学溢价的形成机理与变动规律，以及高等教育扩展影响大学溢价的机理路径。在劳动力是异质构成之外，大学毕业生群体内部也是具有异质性的（姚先国、

---

① 徐舒. 技术进步、教育收益与收入不平等 [J]. 经济研究，2010（9）：79–92.

方昕、钱雪亚，2014；① 张巍巍、李雪松，2014；② 蔡静海、马汴京，2015③）。本书在微观实证分析部分，虽然已经进行了分位数回归与三重差分模型分析，以比较不同收入水平与年龄群组的大学溢价变动差异。区分大学毕业生群体的异质构成，除了收入水平、年龄标准之外还有其他维度，如性别、地区、学历层次与院校类型等。但是，囿于现有数据限制，本研究未能进行更多种类的群组细分。因此，在未来研究中，期望可以通过搜集包含更多特征变量的数据库，使用更多的划分标准将大学毕业生细化为更多类型的不同群体，基于多重差分模型技术更加深入地比较高等教育扩展对不同大学毕业生群组的效应差异。

（2）高等教育扩展不是一项平均惠及不同特征群体的政策（邢春冰、李实，2011）。④ 除了大学生群体内部的异质性因素之外，高等教育扩展对不同人群、不同地区的入学机会也具有不同的影响（刘精明，2006；⑤ 李春玲，2010；⑥ 吴愈晓，2013⑦）。基于大学溢价收入分配效应的文献综述，本书认为高等教育入学机会的差异可能会通过大学溢价的传导作用，延伸影响城乡之间、地区之间以及不同阶层、不同户口身份、不同民族和性别之间的收入分配差距。因此，未来研究中，在高等教育扩展影响大学溢价的传导路径中，应考虑引入入学机会因素，更加全面地考察不同维度变量对大学溢价的影响。同时，进一步深入分析高等教育扩展对不同人群、不同地区入学机会的影响差异，及其对收入分配差距的效应，

---

① 姚先国，方昕，钱雪亚. 高校扩招对大学毕业生工资的干预效应 [J]. 人口与经济，2014（1）：67-79.

② 张巍巍，李雪松. 中国高等教育异质性回报的变化：1992~2009——基于MTE方法的实证研究 [J]. 首都经济贸易大学学报，2014（3）：63-77.

③ 蔡静海，马汴京. 高校扩招、能力异质性与大学生毕业就业 [J]. 中国人口科学，2015（4）：102-110.

④ 邢春冰，李实. 扩招"大跃进"、教育机会与大学毕业生就业 [J]. 经济学（季刊），2011（4）：1187-1208.

⑤ 刘精明. 劳动力市场结构变迁与人力资本收益 [J]. 社会学研究，2006（6）：89-119.

⑥ 李春玲. 高等教育扩张与教育机会不平等——高校扩招的平等化效应 [J]. 社会学研究，2010（3）：82-113.

⑦ 吴愈晓. 中国城乡居民的教育机会不平等及其演变（1978~2008）[J]. 中国社会科学，2013（3）：4-21.

如对地区间收入分配差距、行业间收入分配差距的影响。

（3）大学溢价变动对微观个体教育决策行为的影响，是未来研究的一个扩展方向。大学溢价的后续效应之一，就是其可能会对居民选择高等教育的意愿产生相关影响。依据本书定义，大学溢价水平表征了大学学历的相对收益率，基于成本—收益的理性比较，大学溢价水平的上升将有利于促进居民个体进行人力资本投资（赵西亮、朱喜，2009[①]；杨新铭，2012[②]）。虽然，大学溢价对居民选择高等教育意愿与决策的影响同本书研究主题存在关联，但更多的是高等教育扩展的一种后续效应，故限于本书的研究主题并未对此问题展开具体分析。因此，在未来微观研究的拓展过程中，需要构建居民教育决策模型，并将大学溢价水平引入其中，以对大学溢价的人力资本投资的诱致效应是否存在，以及其具体作用究竟是增强效应还是减弱影响予以深入分析与验证。

综上所述，本书期望在未来后续研究中，对以上研究问题进行拓展与完善，以围绕高等教育扩展影响大学溢价变动这一研究主题进行更加深入、更加丰富的研究与探讨。

[①] 赵西亮，朱喜. 城镇居民的大学教育收益率估计：倾向指数匹配方法 [J]. 南方经济，2009（10）：45－56.
[②] 杨新铭，劳动力结构转换与居民收入差距 [M]. 北京：经济科学出版社，2012：87.

参考文献

[1] [美] 巴罗，萨拉－伊－马丁著，夏俊译. 经济增长（第2版）[M]. 上海：上海人民出版社，2010.

[2] 蔡昉，王美艳. 为什么劳动力流动没有缩小城乡收入差距 [J]. 经济学动态，2009（8）.

[3] 蔡静海，马汴京. 高校扩招、能力异质性与大学生毕业就业 [J]. 中国人口科学，2015（4）.

[4] 常进雄，项俊夫. 扩招对大学毕业生工资及教育收益率的影响研究 [J]. 中国人口科学，2013（3）.

[5] 陈安平. 财政分权、城乡收入差距与经济增长 [J]. 山西财经大学学报，2009（8）.

[6] 陈斌开，林毅夫. 发展战略、城市化与中国城乡收入差距 [J]. 中国社会科学，2013（4）.

[7] 陈斌开，张鹏飞，杨汝岱. 政府教育投入、人力资本投资与中国城乡收入差距 [J]. 管理世界，2010（1）.

[8] 陈工，洪礼阳. 财政分权对城乡收入差距的影响研究——基于省级面板数据的分析 [J]. 财政研究，2012（8）.

[9] 陈林，伍海军. 国内双重差分法的研究现状与潜在问题 [J]. 数量经济技术经济研究，2015（7）.

[10] 陈琳，夏俊. 高校扩招对创新效率的政策效应——基于准实验与双重差分模型的计量检验 [J]. 中国人口科学，2015（5）.

[11] 陈强. 高级计量经济学及 Stata 应用 [M]. 北京：高等教育出版社，2010.

[12] 陈志刚，师文明．金融发展、人力资本和城乡收入差距——基于中国分省面板数据的实证研究 [J]．中南民族大学学报，2008（2）．

[13] 陈宗胜，周云波．中国的城乡差别及其对居民总体收入差别的影响 [J]．南方论丛，2002（2）．

[14] 储朝晖，范如永，黄长喜．高等教育经费分担的现状、问题及应对 [J]．清华大学教育研究，2008（1）．

[15] 邓峰，孙百才．高校扩招后毕业生就业影响因素的变动趋势研究：2003～2011 [J]．北京师范大学学报（社会科学版），2014（2）．

[16] 丁小浩，于洪霞，余秋梅．中国城镇居民各级教育收益率及其变化研究：2002～2009 年 [J]．北京大学教育评论，2012（3）．

[17] 董克用，刘昕．劳动经济学 [M]．北京：中国人民大学出版社，2011．

[18] 董直庆，蔡啸，王林辉．技能溢价：基于技术进步方向的解释 [J]．中国社会科学，2014（10）．

[19] 董直庆，王芳玲，高庆昆．技能溢价源于技术进步偏向性吗？[J]．统计研究，2013（6）．

[20] 董直庆，王林辉．劳动力市场需求分化和技能溢价源于技术进步吗 [J]．经济学家，2011（8）．

[21] 杜鹏．我国教育发展对收入差距影响的实证分析 [J]．南开经济研究，2005（4）．

[22] 杜育红，梁文艳．农村教育与农村经济发展：人力资本的视角 [J]．北京师范大学学报（社会科学版），2011（6）．

[23] 樊丽明，石绍宾．技术进步、制度创新与公共品市场供给——以中国基础设施发展为例 [J]．财政研究，2006（2）．

[24] 樊丽明．中国公共品市场与自愿供给分析 [M]．上海：上海人民出版社，2005．

[25] 范先佐．我国学生资助制度的回顾与反思 [J]．华中师

范大学学报（人文社会科学版），2010（6）.

[26] 高连水. 什么因素在多大程度上影响了居民地区收入差距水平？[J]. 数量经济技术经济研究，2011（1）.

[27] 高连水. 我国地区收入差距变动的特征及应对 [N]. 人民日报，2009，10（7）.

[28] 高铁梅，陈磊，王金明，张同斌. 经济周期波动分析与预测方法 [M]. 北京：清华大学出版社，2015.

[29] 高文兵，郝书辰. 中国高等教育资源分布与协调发展研究 [M]. 北京：高等教育出版社，2008.

[30] 高文书. 社会保障对收入分配差距的调节效应——基于陕西省宝鸡市住户调查数据的实证研究 [J]. 社会保障研究，2012（4）.

[31] [美] 古扎拉蒂著，林少宫译. 计量经济学（第三版）[M]. 北京：中国人民大学出版社，2000.

[32] 郭剑雄. 公平教育、竞争市场与收入增长的城乡分享 [J]. 陕西师范大学学报（哲学社会科学版），2007（4）.

[33] 郭剑雄. 人力资本、生育率与城乡收入差距的收敛 [J]. 中国社会科学，2005（3）.

[34] 郭庆旺，贾俊雪. 公共教育政策、经济增长与人力资本溢价 [J]. 经济研究，2009（10）.

[35] 郭庆旺，赵志耘. 公共经济学 [M]. 北京：高等教育出版社，2010.

[36] 郭庆旺，赵志耘，贾俊雪. 中国省份经济的全要素生产率分析 [J]. 世界经济，2005（5）.

[37] 何亦名. 教育扩张下教育收益率变化的实证分析 [J]. 中国人口科学，2009（2）.

[38] 侯风云，付洁，张凤兵. 城乡收入不平等及其动态演化模型构建——中国城乡收入差距变化的理论机制 [J]. 财经研究，2009（1）.

[39] 侯风云，徐慧. 城乡发展差距的人力资本解释 [J]. 理

论学刊，2004（2）.

[40] 侯风云，张凤兵. 山东省人力资本投资与城乡收入差距实证分析 [J]. 山东经济，2010（2）.

[41] 侯风云，邹融冰. 中国城乡人力资本投资收益非对称性特征及其后果 [J]. 四川大学学报（哲学社会科学版），2005（4）.

[42] 侯风云. 中国城镇人力资本收益率研究 [J]. 山东大学学报（哲学社会科学版），2005（2）.

[43] 胡宝娣，刘伟，刘新. 社会保障支出对城乡居民收入差距影响的实证分析——来自中国的经验证据 [J]. 江西财经大学学报，2011（2）.

[44] 胡金焱，卢立香. 山东省金融发展与城乡收入差距关系的实证研究：1978～2007 [J]. 山东大学学报，2009（3）.

[45] 胡学勤. 劳动经济学（第四版）[M]. 北京：高等教育出版社，2015.

[46] 华萍. 不同教育水平对全要素生产率增长的影响——来自中国省份的实证研究 [J]. 经济学（季刊），2005（1）.

[47] [美] 加里·贝克尔著，郭虹等译. 人力资本理论 [M]. 北京：中信出版社，2007.

[48] 简必希，宁光杰. 教育异质性回报的对比研究 [J]. 经济研究，2013（3）.

[49] [美] 杰弗里·M. 伍德里奇著，费剑平译校. 计量经济学导论（第四版）[M]. 北京：中国人民大学出版社，2010.

[50] 阚大学，罗良文. 外商直接投资、人力资本与城乡收入差距——基于省级面板数据的实证研究 [J]. 财经科学，2013（2）.

[51] 赖小琼，黄智淋. 财政分权、通货膨胀与城乡收入差距关系研究 [J]. 厦门大学学报，2011（1）.

[52] 李春玲. 高等教育扩张与教育机会不平等——高校扩招的平等化效应 [J]. 社会学研究，2010（3）.

[53] 李京文. 知识经济学概论 [M]. 北京：社会科学文献出版社，1999.

[54] 李立国. 中国高等教育大众化发展模式的转变 [J]. 清华大学教育研究, 2014 (1).

[55] 李培林, 田丰. 中国劳动力市场人力资本对社会经济地位的影响 [J]. 社会, 2010 (1).

[56] 李平, 高敬云, 李蕾蕾. 中国普通高等教育质量对技能溢价的影响——基于技能偏向型技术进步的视角 [J]. 山东大学学报 (哲学与社会科学版), 2014 (4).

[57] 李实, 丁赛. 中国城镇教育收益率的长期变动趋势 [J]. 中国社会科学, 2003 (6).

[58] 李实. 我国市场化改革与收入分配 [J]. 上海金融学院学报, 2010 (2).

[59] 李欣. 技术进步对我国工资差距的影响——基于全球化的视角 [M]. 北京: 中国社会科学出版社, 2014.

[60] 李雪松, 詹姆斯·赫克曼. 选择偏差、比较优势与教育的异质性回报: 基于中国微观数据的实证研究 [J]. 经济研究, 2004 (4).

[61] 梁润. 中国城乡教育收益率差异与收入差距 [J]. 当代经济科学, 2011 (6).

[62] 林毅夫, 陈斌开. 发展战略、产业结构与收入分配 [J]. 经济学 (季刊), 2013 (4).

[63] 林毅夫, 刘明兴. 中国经济的增长收敛与收入分配 [J]. 世界经济, 2003 (8).

[64] 刘凤良, 易信. 资本偏向技术进步是否影响了中国城乡收入差距 [J]. 福建论坛 (人文社会科学版), 2013 (7).

[65] 刘精明. 劳动力市场结构变迁与人力资本收益 [J]. 社会学研究, 2006 (6).

[66] 刘兰, 邹薇. 技能溢价与工资不平等理论研究进展 [J]. 中南财经政法大学学报, 2010 (1).

[67] 刘兰. 偏向型技术进步、技能溢价与工资不平等 [J]. 理论月刊, 2013 (2).

［68］刘渝琳，陈玲．教育投入与社会保障对城乡收入差距的联合影响［J］．人口学刊，2002（2）．

［69］刘泽云．教育与工资不平等——中国城镇地区的经验研究［J］．统计研究，2009（4）．

［70］刘泽云．上大学是有价值的投资吗——中国高等教育回报率的长期变动（1988～2007）［J］．北京大学教育评论，2015（4）．

［71］陆铭，陈钊．城市化、城市倾向的经济政策与城乡收入差距［J］．经济研究，2004（6）．

［72］陆铭．劳动经济学——当代经济体制的视角［M］．上海：复旦大学出版社，2002．

［73］陆雪琴，文雁兵．偏向型技术进步、技能结构与溢价逆转——基于中国省级面板数据的经验研究［J］．中国工业经济，2013（10）．

［74］罗楚亮．城乡居民收入差距的动态演变：1988～2002年［J］．财经研究，2006（9）．

［75］马汴京，蔡静海，姚先国．高校扩招与大学教育回报率变动——基于CGSS数据的经验研究［J］．经济理论与经济管理，2016（6）．

［76］马丁·卡诺依，罗朴尚，格雷戈里·安卓希查克．知识经济中高等教育扩张是否促进了收入分配平等化——来自金砖国家的经验［J］．北京大学教育评论，2013（2）．

［77］马丁·特罗著，王香丽译．从精英向大众高等教育转变中的问题［J］．外国高等教育资料，1999（1）．

［78］马红旗．"资本—技能互补"对我国技能溢价的影响［J］．上海财经大学学报，2016（2）．

［79］马磊．高等教育财政投入影响技能溢价的机理分析——基于技能劳动相对供需框架的视角［J］．经济问题探索，2015（9）．

［80］马磊．人力资本结构、技术进步与城乡收入差距——基于中国2002～2013年30个省区面板数据的分析［J］．华东经济管

理，2016（2）.

[81] 马磊. 人力资本结构、全要素生产率对城乡收入差距的影响 [J]. 经济与管理研究，2016（4）.

[82] 马磊，魏天保. 高校扩招后我国大学学历溢价的波动研究——基于2003～2013年CGSS数据的分析 [J]. 教育科学，2017（1）.

[83] 马磊. 我国高等教育人力资本积累效率的随机前沿分析 [J]. 黑龙江高教研究，2017（4）.

[84] 马莉萍，岳昌君，闵维方. 高等院校布局与大学生区域流动 [J]. 教育发展研究，2009（23）.

[85] 潘懋元. 中国高等教育大众化的理论与政策 [M]. 广州：广东高等教育出版社，2008.

[86] 彭国华. 中国地区收入差距、全要素生产率及其收敛分析 [J]. 经济研究，2005（9）.

[87] 彭树宏. 中国大学学历溢价及其变动 [J]. 财经科学，2014（12）.

[88] 钱雪亚，缪仁余，胡博文. 教育投入的人力资本积累效率研究——基于随机前沿教育生产函数模型 [J]. 中国人口科学，2014（2）.

[89] 钱雪亚. 人力资本水平：方法与实证 [M]. 北京：商务印书馆，2011.

[90] 钱争鸣，方丽婷. 我国财政支出结构对城乡居民收入差距的影响——基于非参数可加模型的分析 [J]. 厦门大学学报（哲学社会科学版），2012（5）.

[91] 乔锦忠，洪煜. 我国高等教育扩展模式的实证研究 [J]. 北京师范大学学报（社会科学版），2009（2）.

[92] [美] 乔治·鲍哈斯著，夏业良译. 劳动经济学（第三版）[M]. 北京：中国人民大学出版社，2010.

[93] 邱兆林，马磊. 经济新常态下政府财政支出的就业效应——基于中国省级面板数据的系统GMM分析 [J]. 中央财经大

学学报，2015（12）.

[94] 邵敏，刘重力. 外资进入与技能溢价——兼论我国 FDI 技术外溢的偏向性 [J]. 世界经济研究，2011（1）.

[95] 宋冬林，王林辉，董直庆. 技能偏向型技术进步存在吗？——来自中国的经验证据 [J]. 经济研究，2010（5）.

[96] 苏雪串. 城市化与城乡收入差距 [J]. 中央财经大学学报，2002（3）.

[97] 孙百才. 中国教育扩展与收入分配研究 [D]. 北京：北京师范大学，2005.

[98] 田茂茜，虞克明. 中国城镇居民人力资本收益率性别差异分析——基于贝叶斯分位数回归 [J]. 山西财经大学学报，2013（9）.

[99] 王海港，李实，刘京军. 城镇居民教育收益率的地区差异及其解释 [J]. 经济研究，2007（8）.

[100] 王海军，李愿宏. FDI 与中国城乡收入差距：理论分析与实证检验 [J]. 北京科技大学学报，2010（3）.

[101] 王红，陈纯槿，童宏保. 高校学生资助制度对高等教育公平的影响 [J]. 中国高教研究，2011（9）.

[102] 王艺明. 财政支出结构与城乡收入差距——基于全国东、中、西部地区省级面板数据的经验分析 [J]. 上海财经大学学报，2010（5）.

[103] 王子敏. 我国城市化与城乡收入差距关系再检验 [J]. 经济地理，2011（8）.

[104] 魏下海. 中国全要素生产率增长与人力资本效应研究 [M]. 北京：人民出版社，2012.

[105] 温涛，王小华，董文杰. 金融发展、人力资本投入与缩小城乡收入差距——基于中国西部地区 40 个区县的经验研究 [J]. 吉林大学社会科学学报，2014（2）.

[106] 邬大光. 高等教育大众化理论的内涵与价值——与马丁·特罗教授的对话 [J]. 高等教育研究，2003（6）.

[107] 吴要武，赵泉．高校扩招与大学毕业生就业 [J]．经济研究，2010（9）．

[108] 吴愈晓．中国城乡居民的教育机会不平等及其演变（1978~2008）[J]．中国社会科学，2013（3）．

[109] 解垩．财政分权、公共品供给与城乡收入差距 [J]．经济经纬，2007（1）．

[110] 邢春冰，李实．扩招"大跃进"、教育机会与大学毕业生就业 [J]．经济学（季刊），2011（4）．

[111] 徐舒．技术进步、教育收益与收入不平等 [J]．经济研究，2010（9）．

[112] 许玲丽，李雪松，周亚虹．中国高等教育扩招效应的实证分析——基于边际处理效应（MTE）的研究 [J]．数量经济技术经济研究，2012（11）．

[113] 颜敏，王维国．中国技能偏态性技术变迁的实证检验：兼论大学教育溢价 [J]．统计研究，2014（10）．

[114] 颜敏．高等教育对我国工资收入差距的贡献 [J]．上海经济研究，2013b（4）．

[115] 颜敏．能力偏误、教育溢价与中国工资收入差异 [M]．北京：中国社会科学出版社，2013a．

[116] 杨飞．南北贸易与技能偏向性技术进步——兼论中国进出口对前沿技术的影响 [J]．国际经贸探索，2014（1）．

[117] 杨新铭，周云波．技术进步与人力资本对城乡收入差距的作用——基于我国1995—2005年分省数据面板分析的实证研究 [J]．山西财经大学学报，2008（9）．

[118] 杨新铭．劳动力结构转换与居民收入差距 [M]．北京：经济科学出版社，2012．

[119] 姚先国，方昕，钱雪亚．高校扩招对大学毕业生工资的干预效应 [J]．人口与经济，2014（1）．

[120] 姚洋，崔静远．中国人力资本的测算研究 [J]．中国人口科学，2015（1）．

[121] 余菊，刘新．城市化、社会保障支出与城乡收入差距——来自中国省级面板数据的经验证据［J］．经济地理，2014（3）．

[122] 余玲铮，魏下海，王临风．人力资本溢价、学历结构与劳动收入份额［J］．学术研究，2016（1）．

[123] 俞美辞．进口贸易、R&D 溢出与相对工资差距：基于我国制造业面板数据的实证分析［J］．国际贸易问题，2010（7）．

[124] 袁诚，张磊．对低收入家庭子女大学收益的观察［J］．经济研究，2009（5）．

[125] 袁晖光，谢作诗．高校扩招后大学生就业和相对工资调整检验研究［J］．教育研究，2012（3）．

[126] 岳昌君．高等教育经费供给与需求的国际比较研究［J］．北京大学教育评论，2011（3）．

[127] 张车伟．人力资本回报率变化与收入差距："马太效应"及其政策含义［J］．经济研究，2006（12）．

[128] 张红伟，陈伟国．中国金融发展与城乡收入差距关系的实证研究［J］．财政研究，2008（12）．

[129] 张军，吴桂英，张吉鹏．中国省际物质资本存量估算：1952~2000［J］．经济研究，2004（10）．

[130] 张守一，葛新权．知识经济学原理［M］．北京：经济科学出版社，2010．

[131] 张巍巍，李雪松．中国高等教育异质性回报的变化：1992~2009——基于 MTE 方法的实证研究［J］．首都经济贸易大学学报，2014（3）．

[132] 张兴祥．我国城乡教育回报率差异研究——基于 CHIP2002 数据的实证分析［J］．厦门大学学报（哲学社会科学版），2012（6）．

[133] 张艳华，刘力．农村人力资本对农村经济增长贡献的实证分析［J］．中央财经大学学报，2006（8）．

[134] 张卓，徐峻．高校扩招如何影响大学毕业生收入——基于 CHIPS 微观数据的实证分析［J］．南方人口，2015（5）．

［135］赵人伟，李实，卡尔·李思勤. 中国居民收入分配再研究［M］. 北京：中国财政经济出版社，1998.

［136］赵西亮，朱喜. 城镇居民的大学教育收益率估计：倾向指数匹配方法［J］. 南方经济，2009（10）.

［137］赵志耘，杨朝峰. 中国全要素生产率的测算与解释：1979～2009 年［J］. 财经问题研究，2011（9）.

［138］周黎安，陈烨. 中国农村税费改革的政策效果：基于双重差分模型的估计［J］. 经济研究，2005（8）.

［139］周云波，高连水，武鹏. 我国地区收入差距的演变及影响因素分析：1985～2005［J］. 中央财经大学学报，2010（5）.

［140］周云波. 城市化、城乡差距以及全国居民总体收入差距的变动——收入差距倒 U 形假说的实证检验［J］. 经济学（季刊），2009（4）.

［141］邹薇. 发展经济学——一种新古典政治经济学的研究框架［M］. 北京：经济日报出版社，2007.

［142］Abadie A. Semiparametric Difference – in – Differences Estimators［J］. The Review of Economic Studies，2005，72（1）：1 – 19.

［143］Acemoglu D，Autor D. What Does Human Capital Do? A Review of Goldin and Katz's "The Race between Education and Technology"［J］. Journal of Economic Literature，2012，50（2）：426 – 463.

［144］Acemoglu D，Guerrieri V. Capital Deepening and Nonbalanced Economic Growth［J］. The Journal of Political Economy，2008，116（3）：467 – 498.

［145］Acemoglu D. Patterns of Skill Premia［J］. Review of Economic Studies，2003b，70（2）：199 – 230.

［146］Acemoglu D，Autor D. Skills，Tasks and Technologies：Implications for Employment and Earnings. NBER Working Paper. No. 16082，2010.

［147］Acemoglu D. Cross – Country Inequality Trends［J］. The Economic Journal，2003b，113（485）：F121 – F149.

［148］Acemoglu D. Directed Technical Change ［J］. The Review of Economic Studies, 2002b, 69 (4): 781 - 809.

［149］Acemoglu D. Equilibrium Bias of Technology ［J］. Econometrica, 2007, 75 (5): 1371 - 1409.

［150］Acemoglu D. Labor and Capital Augmenting Technical Change ［J］. Journal of the European Economic Association, 2003c, 1 (1): 1 - 37.

［151］Acemoglu D. Patterns of Skill Premia ［J］. The Review of Economic Studies, 2003a, 70 (2): 199 - 230.

［152］Acemoglu D. Technical Change, Inequality and the Labor Market ［J］. Journal of Economic Literature, 2002a, 40 (1): 7 - 72.

［153］Acemoglu D. Why Do New Technologies Complement Skills? Directed Technical Change and Wage Inequality ［J］. The Quarterly Journal of Economics, 1998, 113 (4): 1055 - 1089.

［154］Aguayo Téllez E. Income Divergence between Mexican States in the 1990s: The Role of Skill Premium ［J］. Growth and Change, 2006, 37 (2): 255 - 277.

［155］Aigner D, Lovell C and Schmidt P. Formulation and Estimation of Stochastic Frontier Production Function Models ［J］. Journal of Econometrics, 1977, 6 (1): 21 - 37.

［156］Allen S. Technology and the Wage Structure ［J］. Journal of Labor Economics, 2001, 19 (2): 440 - 483.

［157］Autor D, Katz L and Kearney M. Trends in U. S. Wage Inequality: Revising the Revisionists ［J］. The Review of Economics and Statistics, 2008, 90 (2): 300 - 323.

［158］Autor D, Katz L and Krueger A. Computing Inequality: Have Computers Changed the Labor Market? ［J］. The Quarterly Journal of Economics, 1998, 113 (4): 1169 - 1213.

［159］Autor D, Levy F and Murnane R. The Skill Content of Recent Technological Change: An Empirical Explanation ［J］. The Quarterly Journal of Economics, 2003, 118 (4): 1279 - 1333.

[160] Autor D. The Polarization of Job Opportunities in the U. S. Labor Market: Implications for Employment and Earnings [J]. Community Investments, 2011 (Fall): 11 - 16, 40 - 41.

[161] Balleer A, Rens T. Skill - Biased Technological Change and the Business Cycle. Kiel Working Paper No. 1775, 2012.

[162] Barany Z. Increasing Skill Premium and Skill Supply - Steady State Effects or Transition? Working Paper, hal - 00972941, 2011.

[163] Barrow L, Rouse C. Does College Still Pays? [J]. The Economists' Voice, 2005, 2 (4): 1 - 9.

[164] Bartel A, Sicherman N. Technological Change and Wages: An Interindustry Analysis [J]. Journal of Political Economy, 1999, 107 (2): 285 - 325.

[165] Battese G, Coelli T. A Model for Technical Inefficiency Effects in a Stochastic Frontier Production Function for Panel Data [J]. Empirical Economics, 1995, 20 (2): 325 - 332.

[166] Battese G, Coelli T. Frontier Production Functions, Technical Efficiency and Panel Data: With Application to Paddy Farmers in India [J]. Journal of Productivity Analysis, 1992, 3 (1): 153 - 169.

[167] Bertrand M, Duflo E and Mullainathan S. How Much Should We Trust Differences-in Differences Estimates? [J]. The Quarterly Journal of Economics, 2004, 119 (1): 249 - 275.

[168] Bjorvatn K, Cappelen A. The Challenge of a Rising Skill Premium for Redistributive Taxation [J]. International Tax and Public Finance, 2010, 17 (1): 15 - 24.

[169] Bound J, Johnson G. Changes in the Structure of Wages in the 1980's: an Evaluation of Alternative Explanations [J]. American Economic Review, 1992, 82 (3): 371 - 392.

[170] Burbidge J, Magee L and Robb A. The Education Premium in Canada and the United States [J]. Canadian Public Policy. 2002, 28

（2）：203 - 217.

［171］Burstein A，Vogel J. Globalization，Technology and the Skill Premium：A Quantitative Analysis. National Bureau of Economic Research，No. w16459，2010.

［172］Card，DiNardo. Skill - Biased Technological Change and Rising Wage Inequality：Some Problems and Puzzles ［J］. Journal of Labor Economics，2002，20（4）：733 - 783.

［173］César Patricio Bouillon. Returns to Education，Sector Premiums and Male Wage Inequality in Mexico，IDB Publications（Working Papers）51038，2000.

［174］Croix D，Docquier F. School Attendance and Skill Premiums in France and the US：A General Equilibrium Approach ［J］. Fiscal Studies，2007，28（4）：383 - 416.

［175］Deere D，Murphy K and Welch F. Employment and the 1990 - 1991 Minimum - Wage Hike ［J］. The American Economic Review，1995，85（2）：232 - 237.

［176］DiNardo J，Fortin N and Lemieux T. Labor Market Institutions and the Distribution of Wages，1973 - 1992：A Semiparametric Approach ［J］. Econometrica，1996，64（5）：1001 - 1044.

［177］Doms M，Dunne T and Troske K. Workers，Wages and Technology ［J］. The Quarterly Journal of Economics，1997，112（1）：253 - 290.

［178］Easterly W，Levine R. It's Not Factor Accumulation：Stylized Facts and Growth Models ［J］. World Bank Economic Review，2001，15（2）：177 - 219.

［179］Farès J，Yuen T. Technological Change and the Education Premium in Canada：Sectoral Evidence. Bank of Canada Working Paper，2003.

［180］Farrell M. The Measurement of Productive Efficiency ［J］. Journal of the Royal Statistical Society. Series A（General）. 1957，120

（3）：253 – 290.

[181] Feenstra R, Hanson G. Global Production Sharing and Rising Inequality: A Survey of Trade and Wages. Handbook of International Trade, Oxford: Blackwell Publishing Ltd, 2003: 146 – 185.

[182] Freeman R. How Much Has De – Unionisation Contributed to the Rise in Male Earnings Inequality? . NBER Working Paper No. 3826, 1991.

[183] Goldin C, Katz L. The Race between Education and Technology: The Evolution of U. S. Educational Wage Differentials, 1890 to 2005, NBER Working Paper. No. 12984, 2007.

[184] Hanushek E, Welch F. Handbook of the Economics of Education [M]. Amsterdam: North Holland. 2006. Vol. 1.

[185] Harris R, Robertson P. Trade, Wages and Skill Accumulation in the Emerging Giants [J]. Journal of International Economics, 2013, 89 (2): 407 – 421.

[186] Hidalgo M. A Demand – Supply Analysis of the Apanish Education Wage Premium [J]. Revista de Economía Aplicada, 2010, 18 (54): 57 – 78.

[187] Hornstein A, Krusell P and Violante G. The Effects of Technical Change on Labour Market Inequalities. Handbook of Economic Growth. Volume 1, Part B, 2005: 1275 – 1370.

[188] Juhn C, Murphy K and Pierce B. Wage Inequality and the Rise in Returns to Skill [J]. Journal of Political Economy, 1993, 101 (3): 410 – 442.

[189] Juhn C, Murphy K. Wage Inequality and Family Labor Supply [J]. Journal of Labor Economics, 1997, 15 (1): 72 – 97.

[190] Katz L, Murphy K. Changes in Relative Wages, 1963 – 1987: Supply and Demand Factors [J]. Quarterly Journal of Economics, 1992, 107 (1): 35 – 78.

[191] Katz L, Kearney M. The Polarization of The U. S. Labor

Market [J]. The American Economic Review, 2006, 96 (2): 189 –
194.

[192] Khandker S, Koolwal G and Samad H. Handbook on Impact
Evaluation: Quantitative Methods and Practices [M]. Washington D. C. :
World Bank Publications, 2009: 72 –73.

[193] Konstantinos A, James M and Apostolis P. Human capital,
social mobility and the skill premium. SIRE Discussion Papers from Scot-
tish Institute for Research in Economics (SIRE). No 2013 –55, 2013.

[194] Krueger A. How Computers Have Changed the Wage Struc-
ture: Evidence from Microdata, 1984 – 1989 [J]. The Quarterly Jour-
nal of Economics, 1993, 108 (1): 33 –60.

[195] Krusell P, Ohanian L, Rios – Rull J and Violante G. Cap-
ital – Skill Complementarity and Inequality: A Macroeconomic Analysis
[J]. Econometrica, 2000, 68 (5): 1029 –1053.

[196] Kryvtsov O, Ueberfeldt A. What Accounts for the US – Can-
ada Education Premium Difference? . Bank of Canada Working Paper,
2009.

[197] Kuznets S. Economic Growth and Income Inequality [J].
American Economic Review, 1955, 45 (1): 1 –28.

[198] Levy F, Murnane R. With What Skills Are Computers a
Complement? [J]. The American Economic Review, 1996, 86 (2):
258 –262.

[199] Lindley J, Machin S. Spatial Changes in Labour Market In-
equality [J]. Journal of Urban Economics, 2014, 79 (1): 121 –138.

[200] Meeusen W, Broeck J. Efficiency Estimation from Cobb –
Douglas Production Functions with Composed Error [J]. International
Economic Review, 1977, 18 (2): 435 –444.

[201] Murphy K, Welch F. Inequality and Relative Wages [J].
The American Economic Review, 1993, 83 (2): 104 –109.

[202] Murphy K, Welch F. Occupational Change and the Demand

for Skill, 1940 – 1990 [J]. The American Economic Review, 1993, 83 (2): 122 – 126.

[203] Murphy K, Welch F. The Structure of Wages [J]. The Quarterly Journal of Economics, 1992, 107 (1): 285 – 326.

[204] Murphy K, Riddell W and Romer P. Wages, Skills and Technology in the United States and Canada. NBER Working Paper. No. 6638, 1998.

[205] Murphy K, Shleifer A and Vishny R. Why Is Rent – Seeking So Costly to Growth? [J]. The American Economic Review, 1993, 83 (2): 409 – 414.

[206] Oreopoulos P, Petronijevic U. Making College Worth It: A Review of the Returns to Higher Education [J]. The Future of Children, 2013, 23 (1): 41 – 65.

[207] Parro F. Capital – Skill Complementarity and the Skill Premium in a Quantitative Model of Trade [J]. American Economic Journal: Macroeconomics, 2013, 5 (2): 72 – 117.

[208] Prescott E. Needed: A Theory of Total Factor Productivity [J]. International Economic Review, 1998, 39 (3): 525 – 551.

[209] Samuelson P. The Pure Theory of Public Expenditure [J]. The Review of Economics and Statistics, 1954, 36 (4): 387 – 389.

[210] Strauss H, Christine D. The Wage Premium on Tertiary Education: New Estimates for 21 OECD Countries. OECD Economics Department Working Papers. No. 589, 2007.

[211] Wood A. Globalisation and the Rise in Labour Market Inequalities [J]. The Economic Journal, 1998, 108 (450): 1463 – 1482.

[212] Yip CM. Can't SBTC Explain the U. S. Wage Inequality Dynamics? . MPRA Working Paper. No. 31198, 2011.

后　记

本书是在笔者博士学位论文的基础上修改完成的，在修改成稿之际，本人内心里面更多的心绪是感恩与感激！

首先感谢我的导师樊丽明教授，感谢樊老师对自己的教诲、指导与培养。在我博士论文的研究主题选择、研究题目确定、研究提纲设计、各级目录拟订等方面，樊老师都给予了悉心、认真、仔细的指导。尤其是在论文写作与修改的过程中，樊老师总会在繁忙的公务工作之余抽出时间帮助本人修改完善，从思维逻辑、框架结构、理论基础到遣词造句、标点符号，樊丽明老师都付出了大量的心血。樊老师专业知识积累深厚，学术功力素养精笃，在论文指导过程中所提供的修改与完善的方向，大多是本人尚难达及的视角与高度，但为本篇论文的思路结构更加符合逻辑思维、理论基础更加扎实发挥了提升、增强、加深、巩固的作用。行源于思，行成于思。数句分分钟的话语指导，需要数十分钟的思虑，老师为学生指导所付出的"隐形时间"或许数十倍于自己所感触觉知的那一小部分。学生资质驽钝，劳费老师更多的时间与精力，学生心中更加感恩樊老师的各种指导与辛劳。

同时，感谢山东大学哲学与社会发展学院的高鉴国老师、李芹老师、程胜利老师，三位老师对自己选择读博给予了重要的支持与指导。感谢经济学院李齐云老师、陈东老师、解垩老师、李文老师、李华老师、石绍宾老师、汤玉刚老师、李一花老师对论文写作的指导。感谢论文匿名外审专家的评阅意见！感谢答辩委员会各位老师提出的宝贵修改建议！谢谢读博期间教导过自己的每一位老师，谢谢诸位老师的课堂教诲。

感谢读博期间遇到的每一位同学，能够相见相识是我一生的幸运。感谢"公共经济学研讨班"的博士伙伴们：李占一、张晓雯、马万里、李娟娟、宋琪、朱洁、葛玉御、李昕凝、范辰辰、王澍，感谢上海财经大学的"师门讨论班"的同学孙文平、徐超、魏天保、白玉、杨政宇、周伟、韩浦洋、杨阔宇、王恒淑，同学之间的头脑风暴与交流学习为论文写作与修改提供了良多助益！感谢宿舍老友马春光、于明涛、鲍有为、刘宏，周末一起爬山一起郊游，给略有单调的博士论文写作生活增添了不少"诗情画意"。

感谢我的父母和兄弟姐妹，感谢家人对我成长过程中各种不足之处的包容。唯有不断成长，回报家人温暖的关爱。

最后，感谢山东省公共经济与公共政策重点研究基地对本书的大力支持，以及齐鲁文库编委会专家对本书的中肯评价。诚挚祝愿山东省公共经济与公共政策重点研究基地、山东大学公共经济与公共政策研究中心越办越强，越办越好！

马磊

2017 年 5 月